Operativität und Typik

Thomas Drepper

Operativität und Typik

Sinn- und kommunikations-
theoretische Studien zur
Organisationsforschung

 Springer VS

Thomas Drepper
Institut für Soziologie
Universität Luzern
Luzern, Schweiz

ISBN 978-3-658-17648-8   ISBN 978-3-658-17649-5   (eBook)
DOI 10.1007/978-3-658-17649-5

Die Deutsche Nationalbibliothek verzeichnet diese Publikation in der Deutschen Nationalbibliografie; detaillierte bibliografische Daten sind im Internet über http://dnb.d-nb.de abrufbar.

Springer VS

Lektorat: Katrin Emmerich

Gedruckt auf säurefreiem und chlorfrei gebleichtem Papier

Springer VS ist Teil von Springer Nature
Die eingetragene Gesellschaft ist Springer Fachmedien Wiesbaden GmbH
Die Anschrift der Gesellschaft ist: Abraham-Lincoln-Str. 46, 65189 Wiesbaden, Germany

Vorwort

Der vorliegende Text diskutiert sinntheoretische Grundlagen der neueren Organisationsforschung und macht diese durch die Analyse erkenntnisleitender Begriffe aktueller organisationswissenschaftlicher Diskurse (Kognition, Institution, Praxis, Kultur, Kommunikation, Semantik) sichtbar. In einem weiteren Schritt wird Kommunikation als operativer Leitbegriff zum Verständnis organisationaler Reproduktion und Vernetzung auf verschiedene Organisationsphänomene (z. B. Managementisierung, Standardisierung, Ideenzirkulation, Übersetzung, Design) angewendet. Dieses Buch versteht sich damit sowohl als ein Beitrag zur Theorieentwicklung in der Organisationsforschung als auch als ein Beitrag im Forschungsfeld „(Welt-)Gesellschaft und Organisation". Insgesamt wird in den Einzelstudien dieses Textes die Relevanz einer erkenntnis-, sozial- und gesellschaftstheoretischen Fundierung der Organisationstheorie auf Basis einer *operativen Sinntheorie* diskutiert und ausgelotet.

Dieser Text ist für mich persönlich ein Text der Grenz- und Übergänge, faktisch wie symbolisch. Viele der vorliegenden Ideen sind im Kontext und Zeitraum meiner Tätigkeit an der Nijmegen School of Management der Radboud Universität Nijmegen entstanden. Ich bedanke mich sehr herzlich bei Wil Martens, Jan Achterbergh, Dirk de Vriens und Bas van der Linden für die kooperativen und gleichzeitig freundschaftlichen Begegnungen und Diskussionen. An der Universität Luzern konnte ich viele Ideen reifen lassen und in Seminaren kommunikativ ausprobieren. Ich bedanke mich besonders bei Raimund Hasse und Eva Passarge, Swaran Sandhu und Hendrik Wortmann für die zugleich kollegiale und freundschaftliche Ebene und sehr angenehme Arbeitsatmosphäre dort am Ort und darüber hinaus. Bei Gaetano Romano bedanke ich mich sehr dafür, in Luzern einen fachlichen Ort für die Verbindung von kommunikationswissenschaftlicher und soziologischer Themenausrichtung begründet zu haben, an dem ich teilhaben konnte. Veronika Tacke hat mich über eine gemeinsame Kooperation motivierend an diesen Text erinnert. Dafür bedanke ich mich herzlich. Des Weiteren bedanke ich mich sehr bei Thomas Klatetzki, Günther Ortmann und Arnold Windeler für die Unterstützung in den letzten Jahren.

Einige Ideen gehen auch auf meine Zeit an der Universität Essen und die langjährige Mitarbeit am Lehrstuhl von Eckart Pankoke zurück. Die Sozialfigur des „Grenzgängers" war eines von Eckart Pankoke bevorzugten Themen und „soziologische Grenzgängerei" (Pankoke 1991, S. 1262) ein für ihn wichtiges Erkenntnismittel, inkongruente Perspektiven als Irritationsquelle in die eigene Disziplin einzubringen. Das habe ich immer als sehr inspirierend empfunden und erinnere mich mit großer Dankbarkeit an die wertschätzende Zusprache von Eckart Pankoke.

Meiner Frau Claudia und meiner Tochter Laura gebührt mehr Dank, als ich ausdrücken kann. Dieser Text ist für mich in mehrfacher Hinsicht einer der Grenzgänge und so hoffe ich, dass das Maß zwischen bekannten und gewagten Gängen, zwischen bekannten Pfaden und gewagten Abzweigen, stimmungs- und spannungsvoll komponiert ist und sich möglicherweise auch neue Gänge auftun. Im Ruhrgebiet wünscht man an solch einer Wegstelle: „Glückauf!"

Essen, Deutschland   Thomas Drepper
im April 2017

Inhaltsverzeichnis

Einleitung: Grundfragen einer sinntheoretischen Organisationsforschung

1.1 Ideen- und begriffsgeschichtliche Zugänge

Einiges ist passiert seit Burells und Morgans (1979) Bestimmungen der epistemischen Grundierungen der Organisationstheorie. Sicherlich kommt man heute immer noch recht weit, ihrer Einteilung der epistemologischen und sozialtheoretischen Anlehnungskontexte der Organisationswissenschaften in funktionalistische, interpretative, humanistisch-subjektivistische und strukturalistisch-objektivistische Begründungen zu folgen, aber man kommt nicht umhin festzustellen, dass in den letzten fast vierzig Jahren viele ideenförmige Ausdifferenzierungen stattgefunden haben, die diese Zuordnungen und Begründungen z. T. bestätigen, aber auch relativieren, korrigieren und erweitern. Die Ideenentwicklungen und Begriffsverschiebungen der vielen *turns* in den Sozial- und Kulturwissenschaften haben auch die Organisationsforschung erreicht und in unterschiedlichen Graden deren epistemologische Grundstimmung geprägt, sicherlich mit zu beachtenden Rezeptions- und Akzeptanzdifferenzen, da nicht alle Ideen den Mainstream sofort oder mitunter jemals erreichen, sondern erst einmal an den Rändern rezipiert, ausprobiert und in die Denknische gerettet oder wegen Idiosynkrasievorwurf wieder fallen gelassen werden. Wie Kieser es formuliert, erscheint manchen Organisationswissenschaftlern „ihre Disziplin deshalb als wild wuchernder Garten (…), anderen als besonders fruchtbares Biotop (…)" (Kieser 2002, S. 20). Auch Pfeffer (1997, S. 4 f.) weist auf die Interdisziplinarität und Durchlässigkeit der Disziplingrenzen in den Organisationswissenschaften hin, wodurch das Feld der *Organization Studies* einerseits sehr produktiv und attraktiv, andererseits aber auch recht breit und mitunter diffus wird. Diese Reichhaltigkeit und Vielschichtigkeit des akademischen Wissensfeldes zu Organisationen drückt sich heutzutage sowohl in der Vielzahl an Zeitschriften, Sammelbänden und Handbüchern (vgl. Drepper 2008b) als auch in der hochfrequenten Taktung von Tagungen und Großkonferenzen ausdifferenzierter

© Springer Fachmedien Wiesbaden GmbH 2017
T. Drepper, *Operativität und Typik*,
DOI 10.1007/978-3-658-17649-5_1

Fachorganisationen (z. B. EGOS) aus. Das liegt sicherlich auch darin begründet, dass Organisationen eines der produktivsten sozial- und kulturwissenschaftlichen Schnittstellenthemen überhaupt sind. Nahezu jeder Lebensbereich in der modernen Gesellschaft weist Organisationsaspekte auf (vgl. Drepper 2003a; Hasse 2003) und wirft damit Organisations- und Entscheidungsfragen auf (vgl. Schimank 2005). Es wundert deshalb auch nicht, dass sich neben dem, aus der organisationalen Organisations- und Entscheidungspraxis selbst entstehenden, Kommunikationsvolumen, Problemlösungs- und Gestaltungswissen viele sozialwissenschaftliche Fachdisziplinen mit den Organisationsaspekten ihrer Forschungsgegenstände beschäftigen und damit ihrerseits zur Wissens- und Perspektivenmultiplikation beitragen.

Um die Viel- und Mehrstimmigkeit der angesprochenen Multidisziplinarität und Polyperspektivik innerhalb der Organisationswissenschaften ausdrücken zu können, ist in der Forschung oft von „Polyphonie" die Rede (vgl. Grant et al. 1999; Eberle et al. 2007; Boje 2008, 2011; Thorpe und Holt 2008). Hier lässt sich nachfragen, ob es sich dabei um eine stimmige Polyfonie handelt oder eher um kakofonische Verstimmungen, die die paradigmatische Beliebigkeit der Organisationsforschung zum Ausdruck bringen? Kann Polyfonie als die angemessene epistemologische Grundstimmung und passende requisite variety-Form der Forschung in Bezug auf die Ubiquität und Diversität organisationaler Formen, Funktionen und Folgen in der modernen Gesellschaft verstanden werden? Oder ist Polyfonie vielleicht gar nicht der angemessene Begriff, sondern vielmehr „Inkommensurabilität" (vgl. Scherer 2006, S. 40 ff.), die, anders als der Konsonanz- und Harmoniebegriff der Polyfonie es ausdrückt, epistemologische und methodologische Unvereinbarkeiten und Unübersetzbarkeiten adressiert?[1] Damit

---

[1]Greifen wir den hier angebotenen musiktheoretischen Begriff auf, dann beruht *Polyfonie* auf Konsonanz und Harmonik, da die Mehrstimmigkeit auf einem harmonischen Unterbau (einheitliche Tonart, Tonleitern, Harmonien) aufsetzt. *Inkommensurabilität* beschreibt hingegen – übersetzt in die musiktheoretische Sprache – dissonante und disharmonische Relationen. Der Rekurs auf Begriffe und Konzepte aus der Musik-, Schwingungs- und Wellentheorie (vgl. Pretor-Pinney 2011, S. 75 ff. und S. 207 ff.) in Bezug auf menschliche Kommunikations- und soziale Koordinationsphänomene hat in den letzten Jahren zugenommen. Dabei soll es nicht um die „textliche Herstellung eines musikalisch-ästhetischen Milieus" (Rotter 1985) gehen, sondern um grundlegende Fragen zur vorsprachlich-kommunikativen Medialität und dem koordinativen Fungieren von Klängen und musikalischen Formen. Diese Perspektive wurde in den letzten Jahren stark durch neurowissenschaftliche und anthropologische Forschungen zum Zusammenhang von Musikalität, Kognition, Emotion und Sozialität angeschoben (vgl. Levitin 2006, 2008; Sacks 2008; Spitzer 2002) und auch populärwissenschaftlich breit rezipiert (Ball 2011; Drösser 2009). Damit werden Fragen aufgegriffen und gestellt, die in der Soziologie (Casimir 1991; Drepper 1992; Fuchs 1987, 1992b; Großmann 1991; Rotter 1985) sowie Kulturgeschichte (Blanning 2008; Richter 1997) und Philosophie der Musik (Adorno 1986, 1989, 1991; Becker und Vogel 2007) bereits diskutiert wurden und noch werden.

sind grundlegende Fragen zur Epistemologie und Methodologie der Organisationswissenschaften angesprochen, die den Blick auf die epistemische Verfassung der Organisationstheorie und die epistemologischen und sozialtheoretischen Anlehnungskontexte der Organisationswissenschaften richten (vgl. Scherer 2006; Tsoukas und Knudsen 2003; Hassard 1993).[2]

Wissenssoziologisch bedeutsam ist in diesem Zusammenhang des Weiteren, dass sowohl das (Beobachter-)Verständnis von Organisationen als auch deren Selbstbeobachtungen und Selbstbeschreibungen von jeweils gesellschaftlich geltenden Wirklichkeitskonzepten und dominanten Weltanschauungen geprägt sind. Die epistemischen Grundstimmungen einer jeweiligen Gesellschaftsformation haben Einfluss auf die Außen- und Selbstwahrnehmungen und -beschreibungen von Organisationen und drücken sich semantisch in den kommunikativ zirkulierenden Organisationsbegriffen aus (vgl. Türk et al. 2002): *Organisation als Organismus* (Natursemantik, Organologie und Biologismus), *Organisation als Maschine und Uhrwerk* (Maschinensemantik, Technizismus und Mechanizismus), *Organisation als Prozess* (Zeitsemantik, Temporalismus und Dynamismus), *Organisation als System* (Systemtheorie, Kybernetik und Neokybernetik) *Organisation als Kollektiv* (Gruppen-/Gemeinschaftssemantik, Sozialpsychologismen und Soziologismen), *Organisation als Netzwerk* (Konnektionismus). Das bedenkend, entsteht die wissenssoziologische Reflexionsperspektive einer Ideengeschichte von Organisation(en) (vgl. Bonazzi 2008), wobei die Historizität organisationalen Denkens auf die Historizität der weltanschaulichen und epistemischen Anlehnungskontextualität der Organisationsvorstellungen verweist. Die verschiedenen Begriffe, Konzepte und „Images of Organization" (Morgan 2002) kann man in diesem Sinne als Verarbeitungen der vielfältigen Ideenquellen der Anlehnungskontexte verstehen, die im Diskurs über Organisationen zirkulieren: „Our knowledge of organization is intertwined with the historical situation of both its creators and users. In other words, there is no knowledge or truth in organizations independent of a historical context" (Thatchenkery 2001, S. 117). In diesem Sinne hängt Organisationsanschaulichkeit mit Weltanschaulichkeit zusammen. Im Umkehrschluss wird die gesellschaftliche Ideenentwicklung im und seit dem 20. Jahrhundert stark von Organisationssemantiken und -konzepten geprägt, wodurch Weltanschaulichkeit immer häufiger auch auf Organisationsanschaulichkeit zurückgeht. Zu nennen

---

[2]Ortmann (2004, S. 57) hat in diesem Zusammenhang darauf hingewiesen, dass Reflexionstheorien (vgl. Luhmann 1993) keineswegs nur neutrale Beobachter, Beschreiber, Versteher und Erklärer sind, sondern ihren Gegenstand dadurch beeinflussen, dass ihre Ideen und ihr Wissen in die Gegenstandskommunikation (z. B. organisationale Selbstbeschreibungen) mit eingehen (vgl. Ortmann 2004, S. 66).

sind hier etwa Planungs-, Steuerungs- und Kontrollvorstellungen, in denen mechanistische, kybernetische und neokybernetische Konzepte aus der Welt der Technik
und Steuerungsregulation (vgl. Achterbergh und Riesewijk 1999; Achterbergh und
Vriens 2009) in die Organisations- und Berufswelt importiert und von dort aus auf
gesellschaftliche und individuelle Phänomene und Probleme bezogen werden. An
diesen Übertragungen lässt sich einerseits beobachten, wie gesellschaftliche Wertekommunikation und Werterwartungen Organisationswirklichkeiten überfordern
können, und im Umkehrschluss, dass soziotechnische, zweck- und zielbezogene
Machbarkeits- und Gestaltungsvorstellungen der Komplexität und Kontingenz
gesellschaftlicher Problemlagen oft nicht angemessen sind.[3]

Treten wir aber zunächst noch einen Schritt zurück aus diesem umfassenden
ideengeschichtlichen Zusammenhang und schauen uns einige wesentliche wis-
senschaftsinterne Strömungen an, die in den letzten Jahren für Anregungen der
Organisationswissenschaft gesorgt haben. Zu denken ist hier etwa an den Neoinstitutionalismus in der Organisationsforschung, die Strukturationstheorie, die
soziologische Systemtheorie, Sense-Making-Ansätze, Kognitions-, Praxis-, Dis-
kurs- und Dekonstruktionstheorien, Narrations- und Übersetzungsansätze sowie
Critical-Management-Studies, die alle, trotz der in einer Detailansicht zu konsta-
tierenden Unterschiede hinsichtlich begrifflicher und konzeptioneller Konsistenz,
einen gemeinsamen Nenner in der Kritik eines instrumentalistisch-rationalisti-
schen Organisationsverständnisses und der damit einhergehenden Erwartung auf
plan-, steuer- und kontrollierbare Rationalität, Effizienz und Effektivität finden.[4]

---

[3]Aktuelle Beispiele hierzu finden sich in der Managerialismus-Debatte, auf die wir später
eingehen werden.

[4]Das Verhältnis von Theorien und Ansätzen ist wissenschaftstheoretisch erklärungsbedürftig und soll hier nicht übergangen werden. Gerade in den letzten Jahren sind in den Sozial-
und Kulturwissenschaften ein starker Trend zu Ansätzen und eine Multiplikation derselben
zu verzeichnen. Ansätze scheinen ihrer kognitiven Konsistenz nach niederschwelliger
angesetzt zu sein als Theorien, so dass man mit ihnen tentativer, allmählicher, bescheidener
und auch bürdeloser „unterwegs" sein kann als mit „großen" und mitunter als „beschwe-
rend" empfundenen Theorien. Methodologisch klingt es dann oft so, als wären Ansätze
näher an der Empirie als Theorien, die aufwendiger respezifiziert werden müssen. Des Weiteren scheinen sich Ansätze auch einfacher kombinieren und schneller wechseln zu lassen.
Damit wird möglicherweise das Risiko minimiert, als Forschungsindividuum auf eine Theorie festgelegt zu werden. Ansätzen zu folgen ist etwas anderes als Theorien zu vertreten.
Pathetisch gesprochen, scheint es fast so, als ob die „Zeit der Theorien" abgelaufen ist und
die unterschiedlichen Ansätze im Rahmen der verschiedenen *turns* das wissenschaftliche
Feld bestimmen. Aber das mag einer *Wellen-* und mitunter *Mode-Logik* unterliegen. Den
Begriff der *Mode* werden wir später für die Zirkulation von Managementideen wieder aufgreifen und diskutieren.

Die Metaerzählung der neueren Organisationsforschung ist die Relativierung des Rationalitätsbegriffes und des Rationalmodells der Organisation (vgl. Tacke und Drepper 2017, S. 33 ff.) und die „Korrektur eines technischen zugunsten eines sozialen Verständnisses von Organisation" (Baecker 2003, S. 137). Dass Organisationen lange Zeit so dominant unter einem rationalistisch-technizistischen und so wenig unter einem sozialen und kulturellen Blickwinkel betrachtet wurden, führt Dobbin auf zwei wesentliche Aspekte zurück, einerseits auf die Dominanz des rationalistisch-instrumentalistischen Weltbildes westlicher Prägung mit mitunter „neomythischer" Qualität (vgl. Hauser 2005, 2009, 2016), andererseits auf die Position der Organisationswissenschaft als *hybride Disziplin,* die zwischen theoretischer Systematisierung und Anwendungspragmatik pendelt (vgl. Dobbin 1994, S. 117). Auch Starbuck macht die epistemologische Grundstimmung im frühen Denken über Organisationen wie folgt aus: „Even the earliest generalizations about organizations tended to treat organizations as almost mechanistic systems, and rational behavior has long been a component of the mechanistic philosophical tradition" (Starbuck 2003, S. 161).

Wie konnte es zu einer solchen Dominanz und historischen Persistenz des rationalistischen Konzeptes innerhalb des organisationalen Denkens kommen? Das mechanistische Denken des frühen 20. Jahrhunderts sieht in Organisationen den Maschinentypus der effektiven und effizienten Transformation von Inputs in Outputs. Mit Organisation scheint das soziale Werkzeug gefunden und bezeichnet zu sein, mit dem sich das Rationalitätsprinzip gesellschaftlich bestmöglich in die Welt setzen und verwirklichen lässt. An dieser Denkstelle herrschte laut Dobbin lange eine Wahlverwandtschaft und enge Kopplung von neoklassischer Wirtschafts- und Unternehmenstheorie und instrumentell-rationalistischer Organisationstheorie, was zu einer „undersocialized rationalist conception of organizations" (Dobbin 1994, S. 119) führte. In diesem rationalistischen *lock in* wurde leicht übersehen, dass Organisationspraktiken und Organisationsstrukturen als kulturell- und historisch-kontingente soziale Formen zu begreifen sind (vgl. Dobbin 1994, S. 119). Ist diese Perspektive erst einmal eingenommen, dann lässt sich Rationalität nicht mehr als selbstverständliches und unausweichliches Organisationskriterium voraussetzen, sondern muss als Wissensformation, Semantik, kulturelles Muster, epistemisches Dispositiv oder Erwartungskonstellation identifiziert und als historisch-variabel begriffen werden. Damit wird die Kritik an einer selbstverständlichen Kopplung von Organisations-, Rationalitäts- und Fortschrittserwartungen auf den Punkt gebracht und das Interesse auf das *Wie* der Konstitution und Konstruktion von Sinn- und Bedeutungskomplexen, Regelsystemen und gesellschaftlichen Institutionen verschoben:

By suggesting that instrumental rationality is just one in a series of constructed meaning systems, alongside mysticism, religion, and secular philosophy, the phenomenological approach to modernity problematizes foundations of rationality that most social scientists thought they did not have to explain. (…) In other words, phenomenologists presume that instrumental rationality emerged for identifiable social and historical reasons that merit examination, rather than because, as a meaning system, it more accurately represents the nature of reality than the mysticism, religion, or philosophy (Dobbin 1994, S. 122 f.).

Dieser Einsicht folgend, haben sich die Organisationswissenschaften in den letzten Jahren über die Leitbegriffe *Sprache, Kommunikation, Kultur* und *Institution* verstärkt auf die Analyse der symbolischen Wirklichkeit(en) und des sinnhaften Aufbaus von Organisationen fokussiert, sowohl in Bezug auf deren innere Form(en) als auch auf deren externe Relationen. Diese Leitbegriffe haben viele wichtige Fragen aufgeworfen, um sowohl der kulturellen Formung, der Sinn- und Bedeutungskonstitution als auch der gesellschaftlichen Einbettungs- und Differenzierungsverhältnisse von Organisationen nachgehen zu können.[5] Schauen wir uns dazu einige wichtige Impulse an. Die ausführlichen Diskussionen folgen in den einzelnen Kapiteln.

Organisation als *Sprachphänomen* zu betrachten, betont die kommunikative, sozialkonstitutive und sozialkonstruktive Funktion der Sprache (vgl. Hancock und Tyler 2001, S. 1; Westwood und Linstead 2001, S. 1 ff.; Chia und King 2001), was etwa über Sprachfigurenanalyse – Rhetoriktropen wie Metapher, Analogon, Metonym, Oxymoron etc. – erfolgen kann (vgl. Tietze et al. 2003; Gergen 1999). Auf diese Weise wird das wechselseitige Konstitutionsverhältnis von Organisation und Sprache in den Blick genommen:

Interest has centered on: the significance of language in the structuring of organizations: its place in the very constitution of organization; the use of language and other forms of signification in the very processes and activity of organization; the constitution of identities and subjectivities in the textual space of organization; and the conception of organization theories and theorizing as forms of language; as a *method* of language (Westwood und Linstead 2001, S. 4).

Organisationen als *Text* zu begreifen, baut auf der Sprachperspektive auf und betont die *Textualität* von Organisation (vgl. Hatch und Yanow 2003). Die Welt

---

[5]Wissenssoziologisch ist hieran bemerkenswert, dass *Kultur* und *Institution* identitätsstiftende Semantiken aus dem Selbstbeschreibungsrepertoire der modernen Gesellschaft sind, wobei Kultur als *Vergleichsbegriff* und Institution als *Ordnungs-* und *Verfassungsbegriff* seine sozialstrukturelle Plausibilität gewinnt. Das wird uns in den folgenden Diskussionen wieder beschäftigen.

der Organisation erscheint als codierter und decodierbarer Text, der erzählt, aufgeschrieben und interpretiert werden kann (vgl. Richards 2001, S. 21; Thatchenkery 2001, S. 113). Die kommunikative Funktion von Erzählungen und Geschichten für die Wirklichkeitskonstitution in und von Organisationen wird besonders vom Narrativen Paradigma (vgl. Czarniawska 1997, 1998, 2004; Boje 2008, 2011) betont, in dem die Kommunikationsmodi *Oralität* und *Literalität* auf ihre wirklichkeitsstiftenden Aspekte hin beobachtet werden. In diesem Ansatz findet sich die Verbindung von kulturalistischer, linguistischer und interpretativer Perspektive, um die kulturelle Kontextierung von Geschichten, von kleinen Alltagserzählungen und umfassenden Hintergrund- und Metaerzählungen identifizieren zu können und dabei deutlich zu machen, wie dieser kommunikative Prozess organisationale Strukturwirklichkeiten produziert.

Auf die interpretative Perspektive (vgl. Putnam 1983) geht auch der sogenannte CCO-Ansatz („communication constitutes organization", Putnam et al. 1999; Putnam und Nicotera 2009) zurück, der den Kommunikationsbegriff noch zentraler stellt, um die *kommunikative Formkonstitution* von Organisationen begreifen zu können. Organisationen als Kommunikationssysteme zu bestimmen, ist immer noch eine begründungsaufwendige Position, denn die Relationierung von Organisation und Kommunikation läuft üblicherweise über eine Beinhaltungs- (Organisationen beinhalten Kommunikation neben anderen Elementen) und Produktionsperspektive (Organisationen produzieren Kommunikation) und nicht über eine (Selbst-)Konstitutionsperspektive (Kommunikation konstituiert Organisation – Organisation konstituiert Kommunikation) (vgl. Putnam et al. 1999, S. 125).[6]

Auch der *Diskursbegriff* betont eine Kommunikations- und Ereignisperspektive, denn Reden und Schreiben sind verschiedene Kommunikationsmodi, die den Diskurs als Temporaleinheit konstituieren und realisieren (vgl. Silverman 1994, S. 121). In und über diskursive Praktiken und verschiedene Diskursmodi als themenkonstituierende, -verbreitende und -selektierende Rede- und Schreibweisen wird die Konstruktion der organisationalen Wirklichkeit vollzogen, denn Diskurse wirken immer grenzbestimmend und selektiv, sie inkludieren und exkludieren, indem sie *etwas* thematisieren, anderes dadurch aber gerade eben nicht:

---

[6]Für eine kommunikative (Selbst-)Konstitutionsperspektive der Organisation steht prominent die Luhmann'sche Systemtheorie (Luhmann 2000a; vgl. ausführlich Drepper 2003a, S. 95 ff.). Dazu komme ich später ausführlich.

All writing, all discourse works as an inclusion-exclusion practise. What a writing presents is made meaningful, in part by what is not written. This is part of the paradigmatic properties of language. Every discourse appropriates an area of knowledge and in the move excludes others. (…) Every discourse participates in a power/knowledge practice in that what is privileged by the discourse at the same time banishes alternatives. (…) Language texts and discourse are sides of productivity and potentiality in which the struggles for meaning and power are played out (Westwood und Linstead 2001, S. 6 ff.).

Als (*Dauer-)Konversationen* werden Organisationen aufbauend auf der Sprachperspektive analysiert, wobei ethnomethodologische und konversationsanalytische Anleihen den Interaktions- und Situationsbegriff einbringen und die Relation von Rahmen, Kontext und Situation thematisieren. Die Begriffe Rahmen, Kontext und Situation spielen in dramaturgischen Organisationskonzepten in der Verwendung des Drama-Konzeptes zum Verständnis sozialer Prozesse eine entscheidende Rolle. Es geht um Konstitution und Konstruktion und nicht um Repräsentation im Verhältnis von *acting* and *scripting*. Die Rekurse auf Goffmans Rollen- und Rahmenanalyse (Goffman 1980, 1988) machen den Zusammenhang von *Akten* und *Skripten* sowie die Gleichzeitigkeit von *Ausführung* und *Aufführung* deutlich. Es geht um „scripted and dramaturgical aspects of organizational activity" (Kärreman 2001, S. 90). Diese Perspektive wird am Begriff der *Performance* greifbar, der sowohl den situativen und *kontextuellen Aufführungscharakter* als auch den *normativen Ausführungscharakter* von geskripteten Handlungen betont. Hier fallen die Betonung von Interaktion, Kontextualität, Situativität und Sprachkonstruktivität in eins, denn Sprache wird in der Tradition von Burke (1969) als ein *Handlungsmodus* begriffen und in Relationen gedacht: Handlungsakte (act) und Szenen (scenes), Agenten (agents), Modus (agency) und Motive (purpose) (vgl. Kärreman 2001, S. 97).

Wo Konstruktion ist, ist *Dekonstruktion* nicht weit (vgl. Silverman 1994). Ist einmal die wirklichkeitskonstruierende Funktion von Sprache erkannt, kann das Dekonstruktionsspiel beginnen. Ein dekonstruktives Organisationsverständnis orientiert sich ebenfalls am Leitparadigma der Sprache (vgl. Grant und Oswick 1996; Hassard und Parker 1993; Ortmann 2004; Westwood und Linstead 2001; Tietze et al. 2003: Richards 2001) und betont dabei den Wandel des epistemologischen Grundverständnisses von einem ontologischen Paradigma der Organisation als Struktur zur „more fluid conception of organization as process" (Hancock und Tyler 2001, S. 1). Damit wird der Blick auf Differenzen, Brüche und Diskontinuitäten der Organisationswirklichkeit gelegt.

Der *Ästhetikbegriff* (vgl. Linstead und Höpfl 2000; Strati 1999) betont Einschränkungen, Auslassungen, Kehrseiten, Zwischentöne und Zwischenfarben der üblichen Organisationsbilder und -verständnisse, wobei Ästhetik als synthetischer Wahrnehmungs-, Beobachtungs- und Wissensmodus sowohl für das begriffliche Verständnis der Selbstkonstitution als auch für die externe Beobachtung und Beschreibung von Organisationswirklichkeiten vorgeschlagen wird. Dabei geht es um das Abkühlen üblicher Organisationsbegriffe, die – wie Strati (1999) es ausdrückt – sowohl durch akademische Fremdbeschreibungen als auch durch fetischisierende Selbstbeschreibungen zu einem barocken Bild formaler Organisationen geführt haben. Die Ästhetik der Organisation soll die, bei diesem opulenten Gemälde zu kurz gekommenen, ausgelassenen, unüblichen und z. T. auch ungeliebten Themen und Phänomene (Emotion und Intuition, Subversion und Konfusion, Komödie und Tragödie, Ordnung und Unordnung, Empfindsamkeiten und Grausamkeiten, Unbestimmtes und Unheimliches, Schauplätze und Schlachtfelder, Schau- und Trugbilder, Licht und Schatten, Tragendes und Unerträgliches, Über- und Untertreibungen, Übergänge und Überschwänge, Wucht und Unwucht, Verfall und Zerfall) vor Augen führen und zu Gehör bringen. Dabei kann auch die Stille, das „Schweigen der Organisation" (vgl. Ortmann 2011, S. 366) als Differenzphänomen erkannt werden. Organisationen als Differenzphänomen und multimodales Wahrnehmungs- und Kommunikationsdatum zu verstehen, das sowohl durch alle menschlichen Sinne konstruiert als auch durch diese wahrgenommen und erlebt wird, die Hör- und Unhörbarkeiten, die Sicht- und Unsichtbarkeiten sowie das Spür- und Unspürbare zu entdecken und auszudrücken, das ist das ästhetische Programm. Ob man diese Rundumsicht überhaupt will, raten und aushalten soll, ist eine ganz andere Frage, als Erkenntnisprogramm ist es aber dadurch aufschlussreich, dass eher unübliche und unkonventionelle Kategorien und Unterscheidungen für die Organisationsbeobachtung und -beschreibung ausprobiert werden:

Aesthetic approaches more in the spaces between the organization as a regulatory (the Law) and as experience (the Body); between the cognitive and the sensory; and between the stimulus and the response. Consequently, aesthetic approaches have much to contribute to the study of organizations by working outside conventional categories and by challenging the *logic* of the organizing process. (…) the silences, the unspoken, the inevitable, incompleteness, the implicit, the ambiguous, that quality which cannot be specified. These are the necessary and inescapable complement to the positive aspects of signification which are required for meaning and order to become real in the enacted organization, or which may subvert its purposes (Strati 1999, S. 2).

Fassen wir zusammen. Sprache und Sprachspiele, Textualität und Diskurse, Erzählungen und Geschichten, Kommunikation, Theater, Drama und Ästhetik sind Begriffe, die durch den *linguistic* und den *cultural turn* in die Organisationswissenschaften eingegangen sind. Die bereits angesprochenen interpretativ-symbolischen, dramaturgisch-performativen, institutionalistischen und praxeologischen Sichtweisen treffen damit auf ein vorbereitetes Denk- und Begriffsfeld. Bachmann-Medick (2007, S. 7) spricht vom *interpretative turn*, dem *performative turn*, dem *reflexive turn*, dem *postcolonial turn*, dem *spatial turn*, dem *iconic* oder auch *pictorial turn* sowie dem *translational turn*, die im Windschatten des linguistic turns selbst schon wieder Relativierungen und Umbauten an dessen Sprach- und Textorientierung vornehmen:

> Die ‚Meistererzählung' des ‚Cultural Turn' wird von den Differenzierungsimpulsen dieser verschiedenen cultural turns geradezu unterwandert. Zudem bringen ihre markanten Verschiebungen der Blickwinkel auch den Geltungsanspruch des linguistic turn selbst zum Verblassen. Denn sie führen tendenziell weg von der Sprach- und Textlastigkeit der Kulturanalyse, weg von der Vorherrschaft der Repräsentation, der bloßen Selbstreferenzialität und der ‚Grammatik' des Verhaltens. Doch wo führen sie hin? Gerade das breite Reservoir von Neufokussierungen eröffnet weite Horizonte für eine Kulturwissenschaft nach dem linguistic turn: Selbstauslegung und Inszenierung, Körperlichkeit und Handlungsmacht, aber auch die Politik sozialer und interkultureller Differenzen mit ihren Übersetzungs- und Aushandlungspraktiken rücken in den Vordergrund, darüber hinaus visuelle Einsichten, Bildwahrnehmung und Kulturen des Blicks sowie Räumlichkeit und Raumbezüge sozialen Handelns, schließlich gar die unhintergehbare Materialität von Erfahrung und Geschichte (Bachmann-Medick 2007, S. 8)[7].

Als wichtige Errungenschaften dieser thematischen Bewegungen können die weitere Untermauerung der *Kritik eines zweckrationalen Organisationsbegriffes*

---

[7]Bachmann-Medick spricht von Forschungswenden statt Paradigmenwechseln. Das nimmt i. E. die Übertreibungen und Überhöhungen aus dem Geschehen und hängt die vermeintlichen Innovationen und Neuerungen nicht so hoch:

> Eine gemeinsame Sicht der sozialen und kulturellen Welt kann daher von den wettstreitenden Theoriepositionen oder gar Theoriegenerationen in den Kultur- und Sozialwissenschaften nicht erwartet werden. Entsprechend der Abkehr von ‚großen Erzählungen' und ‚Meisterparadigmen' sind die Wenden in den Kulturwissenschaften eben nicht ‚kopernikanisch'. Viel vorsichtiger und experimenteller, ja viel allmählicher verhelfen sie Schritt für Schritt neuen Sichtweisen und Herangehensweisen zum Durchbruch. (…) Niemals handelt es sich um vollständige und umfassende Kehrtwenden eines Faches, sondern eher um die Ausbildung und Profilierung einzelner Wendungen und Neufokussierungen, mit denen sich ein Fach oder ein Forschungsansatz interdisziplinäre anschlussfähig machen kann. Es kommt zum Methodenpluralismus, zu Grenzüberschreitungen, eklektizistischen Methodenübernahmen – nicht jedoch zur Herausbildung eines Paradigmas, das ein anderes, vorhergehendes vollständig ersetzt (Bachmann-Medick 2007, S. 17 f.).

sowie die Bestimmung der *Organisation als Sinnphänomen* festgehalten werden. Ortmann (2004, S. 67) betont hierzu, dass eine konsistente Sinntheorie innerhalb der Organisationstheorie bislang ein „Stiefmütterchendasein" gefristet hat. Hinzukommt, dass dieses zarte Pflänzchen während seiner Wachstumsphase schon wieder bedrängt wird, etwa durch die Wiederentdeckung der Materialität im Kontext des schon angesprochenen Praxis-, Raum- und Ästhetik-Turns. Scheint sich die Sinnperspektive gerade zu entwickeln, so rückt ihr sogleich die Perspektive der Organisation als materielles Phänomen auf den Leib! Der Mainstream wundert sich und ruft: „Nicht so viel drehen, einfach mal stehen bleiben, denn das wussten wir doch eigentlich schon immer, dass Organisationen etwas mit Materialität und Ressourcen zu tun haben".

Was also tun? Will man nicht gerade gewonnene Impulse direkt wieder verlieren, dann müssen verschiedene Perspektiven begrifflich miteinander in Einklang gebracht werden, um die Gleichzeitigkeit von Sinnförmigkeit und Materialität denken zu können. Dafür braucht es einen *mehrdimensionalen Organisationsbegriff*, der Organisationen als differenzielle Einheiten zu bestimmen erlaubt. Bei dieser Aufgabenstellung kann man sich zunutze machen, dass Forschungswenden in der Regel auch ein neues Vokabular anbieten. Wie Reckwitz anführt, bedeutet die kulturalistische Perspektive „in den Sozialwissenschaften das, was man in der Terminologie von Gaston Bachelard einen ‚epistemologischen Bruch' nennen kann: die Einführung und Verbreitung eines neuen erkenntnisleitenden Vokabulars, das neuartige analytische Perspektiven eröffnet" (Reckwitz 2000, S. 644).[8] Dabei kann man sehen, dass Differenzbegriffe an die Stelle von Kohärenzbegriffen treten, die die Gleichzeitigkeit des Verschiedenen, Zirkularitäten, Mehrdeutigkeiten, Ambivalenzen, Widersprüchlichkeiten und Paradoxien denken und begreifen lassen. Es handelt sich dabei um Begriffe wie Diskontinuität, Bruch, Schwelle, Verschiebung, Grenze und Form, die im Begriffshaushalt differenzlogischer Sprach-, Diskurs-, Kultur-, Kognitions-, Praxis-, Kommunikations- und Systemtheorien zu finden sind und in denen *Differenz als Möglichkeitsbedingung für Einheitskonstitution* diskutiert wird.

Eine solche Differenzorientierung kann auch innerhalb der Organisationstheorie sehr instruktiv sein, wenn man die Geschichte des organisationstheoretischen Denkens und die verschiedenen Fassungen des Organisationsbegriffes wissenssoziologisch als ein Wechselspiel von Begriff und Gegenbegriff rekonstruiert

---

[8]Reckwitz 2000 arbeitet seine Konvergenzthese dahin gehend aus, dass die zwei Hauptzweige des kulturwissenschaftlichen Feldes, die *strukturalistisch-semiotische* und die *phänomenologisch-hermeneutische* Tradition in Praxistheorien einmünden. Dieser Fragestellung gehe ich hier nicht weiter nach.

(vgl. Luhmann 2000a, S. 11 ff.).[9] In dieser wissenssoziologischen Rekonstruktion wird die analytische Bewegung sichtbar, sowohl die *strukturelle* als auch die *konstitutionslogische* Mehrseitigkeit, Mehrförmigkeit und Mehrdimensionalität von Organisation begreifen zu können. So wurde im Laufe des organisationstheoretischen Denkens immer deutlicher, dass neben der *strukturförmigen Differenzialität* – Organisationen bilden verschiedene arbeitsteilige Struktur*aspekte* aus – auch so etwas wie eine *sinntypische Differenzialität* – in Organisationen *wirken* gleichzeitig verschiedene soziale Sinnlogiken – in Rechnung zu stellen ist, denn gerade diese sinnlogische Gleichzeitigkeit des Verschiedenen, die sich strukturdifferenzierend ausdrückt, macht die Komplexitätsgrade organisierter Koordination und Kooperation aus (vgl. Wehrsig 1986).[10]

Die Relevanz eines mehrdimensionalen Organisationsbegriffes lässt sich durch eine Rekonstruktion der erkenntnisleitenden Begriffe und Konzepte organisationalen Denkens entlang von *Sinndimensionalitäten* (Sozial-, Sach-, Zeit- und Raumdimension) untermauern. Organisationale Mehrdimensionalität kann auf dieser Basis als *Mehrsinndimensionalität* konzeptualisiert werden.[11] Nimmt man die

---

[9]Oder wie Bardmann es ausdrückt: „Arbeitsorganisationen lassen sich nicht über Einheit symbolisierende Konzepte abbilden. Sie lassen sich nicht mehr begreifen als Rationalitätsgebilde oder als Herrschaftszusammenhänge, ohne dass sogleich entweder die Irrationalität oder der Widerstand der Beherrschten bzw. die Ohnmacht der Herrschenden mitgedacht werden müsste" (Bardmann 1994, S. 35).

[10]Am Deutlichsten hat Niklas Luhmann die *sinnlogische Differenzialität einer Einheit* in der Unterscheidung von „Zweck- und Systemrationalität" (Luhmann 1968, S. 55 ff.) zum Ausdruck gebracht, die das gleichzeitige Wirken unterschiedlicher Rationalitätstypen als Sinnlogiken in einer Einheit ausdrückt. Das späte Luhmann'sche Konzept der *paradoxalen Konstitution* und der dadurch ausgelösten *Eigenbeweglichkeit von Sinneinheiten* (vgl. Luhmann 1997, 2000a) denkt diese Idee konsequent weiter (vgl. ausführlich Drepper 2003a, S. 67 ff.). Im Rahmen neuerer organisationstheoretischer Ansätze noch verbreiteter ist sicherlich Nils Brunssons Unterscheidung von „Rationalität und Irrationalität" (vgl. Brunsson 1985). Diese Konzeption geht ebenfalls über die Idee struktureller Mehrdimensionalität hinaus und nimmt eine sinnlogische Konstitutionsdifferenz in den Blick, da Rationalität und Irrationalität verschiedene Sinnlogiken und nicht nur Strukturaspekte meinen. Die weitere Brunsson'sche Konzeptionierung von *talk, decision* und *action* vertieft diese Richtung, indem die *operative Ebene* bzw. die *operativen Modi* des Hervorbringens dieser Sinnlogiken benannt werden. Wir werden das im weiteren Verlauf des Textes wieder aufgreifen.

[11]Die Nichtbegründung der Einführung der drei Sinndimensionen und die Ablehnung des Raumes als vierte Sinndimension finden sich in Luhmann (2002, S. 238 f.). Dem kann man dogmatisch verpflichtet folgen. Oder man geht genauso experimentell damit um wie Luhmann selbst. Für diese Option entscheide ich mich in diesem Text.

sinndimensionale Perspektive ein, dann wird deutlich, dass die Organisationstheorie und vor ihr die Organisationslehre mit starker Dominanz auf Versachlichung und *Sachdimensionalität* starten, was in Leitbegriffen wie *Formalität* und *Rationalität* und durch einen starken Bezug zur Materialität und Instrumentalität der Organisation zum Ausdruck kommt. Organisation wird im Zusammenwirken von praktischer Erfahrung und Industrie- und Herrschaftslehre als *zweckrational-instrumenteller Sachzusammenhang* aufgefasst, was einerseits in der Weber'schen Bürokratietheorie und Herrschaftssoziologie beschrieben und reflektiert wird (vgl. Kieser 2006a) und andererseits in der klassischen Organisations- und Managementlehre mit entworfen und normiert (vgl. Kieser 2006b).[12] Im Laufe des weiteren Beobachtens und Beschreibens von Organisationen im 20. Jahrhundert stellte sich immer mehr ein Unbehagen gegenüber der überformalisierten und überrationalisierten Sichtweise ein. Eine Reaktion war die Gewichtung des Informalen in der Organisation und damit der „nonrational elements of behaviour" (Dobbin 1994, S. 120). Zwei Ansätze können konzeptionengeschichtlich, mit je eigenem Profil und je eigener Schwerpunktsetzung, als Relativierungspositionen der sachdimensionalen Rationalitätsvorstellung der frühen Organisationslehre verstanden werden. Das sind die Human Relations-Bewegung und die verhaltenswissenschaftliche Entscheidungstheorie. So unterschiedlich beide Ansätze natürlich sind, in beiden Fällen wird *Verhalten* als Gegenbegriff gegenüber normativen Organisationsvorstellungen verstanden. Während Chester Barnard Organisationen als Koordinations- und Kooperationssysteme im Rahmen seiner Kommunikationstheorie der Organisation begriff und mit Koordination und Kooperation bereits soziale Modi bzw. Mechanismen der Einheitskonstitution bezeichnete, baute Herbert Simon darauf auf und konzeptualisierte Organisationen als *Verhaltenskontexte mit begrenzter Entscheidungsrationalität* und machte dabei besonders auf die Diskrepanz zwischen normativen Vorgaben und faktischen Abläufen in Organisationen aufmerksam. Die *Sozialität* von Organisationen meint hier die empirisch auf- und vorfindbaren faktischen Verhaltensabläufe im Gegensatz zu normativ überhöhten Erwartungen an modellhafte Entscheidungsrationalität, die in Organisationen angefertigt werden sollen. Die Organisation kommt als *sozialer Bedingungskontext faktischen Verhaltens* in

---

[12]Oder wie Günter (1994, S. 326) das für die Hochphase der Industrialisierung in Deutschland ausdrückt: „Die Modernisierungen geschehen in einer Mischung von Erfahrung und Berechnung. Im Modernisierungs-Schub um 1900 entwickelt sich ein Verbund von Produktion und Wissenschaft. Eisen und Stahl regen den Ausbau der Technischen Hochschulen an (…). Die Hochschulen bilden qualifizierte Ingenieure aus und forschen im Verbund mit der Industrie."

den Blick und nicht mehr als ein rationales Modell. Die Human Relations-Schule
machte auf ihre Weise mit der speziellen Mischung aus wissenschaftlichem Expe-
riment und wertbezogener Weltanschauung (Humanismus) das Verständnis der
Organisation als „natürliches System" populär (vgl. Scott 1986, S. 119 ff.; Preisendörfer 2005, S. 114; Kieser 2006c). Die Entdeckung der Bedeutung sozialer Beziehungen und das dadurch begründete Konzept der *Informalität* förderten ebenfalls
die Wahrnehmung der *Sozialdimensionalität* der Organisation, denn die Betonung
der Relevanz der sozialen Beziehungen in der Organisation und die Entdeckung
der Informalität machen auf die Organisation als sozialen Zusammenhang aufmerksam, wobei das Verhalten von Individuen und Verhaltensrelationen zwischen
Individuen als Organisationsvariablen verstanden wurden. Ab diesem Zeitpunkt
konnte es für relevant gehalten werden, über Verhalten, Persönlichkeitsdispositi-
onen, persönliche Einstellungen, Motive, Bedürfnisse und zwischenmenschliche
Beziehungen nachzudenken und deren Einfluss auf Organisationen zu betrachten.
Kurzum, das Verhältnis von Individuum und Organisation wird erklärungsbedürftig
und erklärungsrelevant. Begriffe, die auf die Sozialdimensionalität der Organisation
verweisen, sind Individuum, soziale Beziehungen und Informalität, aber eben auch
Verhalten als Aktivitätsbegriff. In der weiteren theoretischen Entwicklung wird der
Verhaltensbegriff immer häufiger verallgemeinert und nicht mehr nur für die Ebene
des Individuums angenommen, sondern im Konzept des *Organizational Behaviour*
auch für Organisation als eigenständige Einheit (Gebilde, Kollektiv, System) zum
Grundbegriff.[13]

---

[13]Pfeffer (1997, S. 2) macht mit der methodologischen Ausgangsunterscheidung *individu-
als* vs. *situations* deutlich, welchen Unterschied es organisationstheoretisch macht, ob man
Organisationselemente über *Substanzeinheiten* oder *temporalisierte Einheiten* (Ereignisse)
bestimmt. Pfeffer (1997, S. 4) macht dabei auf die lange Tradition und Dominanz des
Verhaltensbegriffes innerhalb der Organisationstheorie aufmerksam und führt die Attraktivität des Topos *Organizational Behavior* auf dessen hohe Anschlussfähigkeit im Schnittfeld zwischen Soziologie und Sozialpsychologie zurück. Gleichzeitig ist das Theorie- und
Forschungsfeld des *Organizational Behavior* Pfeffer zufolge durch die hohe Anschlussfähigkeit und interdisziplinäre Strahlkraft, aber auch gleichzeitige Vagheit, Diffusität und
Durchlässigkeit des Sammel- und Bündelungsbegriffes „Verhalten" (vgl. Starbuck 2003,
S. 144) sehr breit und unüberschaubar geworden. Pfeffer (1997, S. 42 ff.). weist ebenfalls
darauf hin, dass Verhalten und Handlung grundbegrifflich oftmals nicht auseinandergehal-
ten werden. Baecker (1999, S. 137) versucht bereits die frühen subkutanen Umbauten der
Grundbegrifflichkeiten nachzuweisen: „Die Entscheidungstheorien von Simon und March
und Simon sind in einem strengen Sinne bereits Kommunikationstheorien der Organisation, selbst wenn sie noch als Handlungs- oder Verhaltenstheorien formuliert werden"
(Baecker 1999, S. 137).

Das Verständnis der Organisation als eigenständige Sozialentität wird im Weiteren besonders durch den Begriff des *sozialen Systems* betont, der über den Grenzbegriff und die System/Umwelt-Unterscheidung auf Aspekte wie Grenzziehung und Grenzbeziehungen, Abhängigkeit und Unabhängigkeit sowie Eigenlogik und Eigendynamik abzielt.[14] Eigendynamik verweist auf die *Zeitdimension,* und so werden Organisationen nun auch stärker als Zeitphänomen analysiert. Dabei werden Temporalität und Temporalisierung nicht mehr nur als Mittel zum Zweck − z. B. in Arbeitsabläufen, Arbeitszeitregelungen, Zeitmessungen, Beschaffungs-, Produktions- und Distributionszeiten − begriffen, sondern über *Prozess* als Leitbegriff auf die Organisation als Ganzes bezogen. Organisationen erscheinen als eigendynamische und eigenrhythmische Entitäten mit einer Eigenzeit und Eigengeschichte. Sie haben ein Initial, bauen eine Geschichte auf und können auf ein Ende zugehen. Sie agieren damit im Spannungsfeld von Stabilität und Wandel.[15] Diese Zeitperspektive drückt sich im operativen Grundbegriff aus. Stärker als der Verhaltensbegriff betonen der *Aktivitäts-* und der *Handlungsbegriff* (organizations in action, organizational action) eine Prozess- und Temporalperspektive, denn beide sind Bewegungsbegriffe. Und auch der üblicherweise eher als Sachbegriff verstandene Informationsbegriff (Information als Ressource, Element, Partikel) unterstützt diese Zeitperspektive, denn er fungiert eben nicht nur als sachdimensionaler Inhaltsbegriff, sondern macht darauf aufmerksam, dass, wenn Organisationen als Systeme verstanden werden, die Informationen prozessieren und informational mit ihren Umwelten in Kontakt stehen, es eine *zeitlogische Idee* verschiedener Zeitpunkte braucht, an denen man Zustandsänderungen beobachten und festmachen kann, sowohl als externer Beobachter als auch als Selbstbeobachter. Nach der Information muss es anders aussehen und weitergehen als vorher, das ist der Sinn von „sich zu informieren" oder „sich informieren zu lassen".

Die Organisation als sachlich, sozial und zeitlich *typisiertes Sinnsystem* zu begreifen, hat Niklas Luhmann (1964) vorgeschlagen und entlang des Konzeptes der „kongruenten Sinngeneralisierung" gezeigt, wie über *Formalisierung* und

---

[14]Vgl. Tacke und Drepper (2017, S. 42 ff.) zur begriffsgeschichtlichen Relevanz und Entwicklung des Systembegriffes vom „Conceptual Scheme" zum Gegenstandsbegriff in der Geschichte der Organisationsforschung. Als Vorläuferkonzept muss der Organismusbegriff im Rahmen einer „Organologie der Organisation" genannt werden (vgl. Türk et al. 2002, S. 93 ff.).

[15]In der Evolutionstheorie und Populationsökologie der Organisation findet sich ebenfalls die Verbindung von Zeit- und Sozialperspektive im Organisationsbegriff. Hier wird die Frage nach sozialer Typisierung über den Populationsbegriff und die Zeitperspektive über Lebenszyklenmodelle begriffen (vgl. Kieser und Woywode 2006).

(entschiedene) Mitgliedschaft die Sinndimensionen aufeinander abgestimmt werden (vgl. Drepper 2003a, S. 62 ff.). Im weiteren Verlauf der Theorieentwicklung wurde bei Luhmann der zeit- und ereignistheoretische Umbau des Konzeptes der Organisation als formalisiertes Handlungssystem zum Konzept des ereignisförmigen Entscheidungs- und Kommunikationssystems immer prägnanter.[16]

Als eine letzte Idee in diesem Zusammenhang möchte ich herausstellen, dass die *Raumdimensionalität* in den letzten Jahren immer mehr dadurch zum Thema geworden ist, dass Organisation über den Einbettungs-, Feld- und Netzwerkbegriff als *positionales* und *relationales* Phänomen bestimmt wird. In dieser Perspektive geht es um Positionen, Positionsrelationen und Positionskonstellationen in Feldern und Netzwerken, was verstärkt sowohl vom Neoinstitutionalismus in der Organisationsforschung als auch von Akteur-Netzwerk-Ansätzen in die Diskussion eingebracht wird.

Ein *mehrsinndimensionaler Organisationsbegriff* umfasst und betrachtet alle Sinndimensionen, die in der Geschichte der Organisationstheorie von den einzelnen Ansätzen und Theorien mit unterschiedlicher Gewichtung betont wurden. Organisationen können auf dieser Basis als *mehrsinndimensionale soziale Formen* verstanden werden, die *operativ* auf eine *typische* Weise sowohl mit Sozial-, Zeit-, Sach- und Raumverhältnissen umgehen und diese ordnen, regeln, aneinander orientieren und aufeinander beziehen können, während sie gleichzeitig auch gesellschaftliche Produzenten und Gestalter dieser Sinndimensionen sind. Genau an dieser Stelle wird in den letzten Jahren immer häufiger *Kommunikation* als Grundbegriff ins Spiel gebracht, da der Kommunikationsbegriff es im Besonderen zu erlauben scheint, die mehrdimensionalen Sinnkonstruktionen und Sinnbewegungen in und durch Organisationen zu analysieren. So könnte die Sequenz *Organizational Behavior, Organizational Action* und *Organizational Communication* auch für eine Komplexitätssteigerung der analytischen Potenziale der Organisationstheorie sprechen.

---

[16]Der Kommunikationsbegriff wurde innerhalb der Organisationstheorie lange nicht als operativer Leitbegriff in Betracht gezogen, obwohl schon früh mit Chester Barnard und später mit Lee Thayer Kommunikationstheorien der Organisation vorliegen. In Marchs wegweisendem „Handbook of Organizations" (1965) findet sich interessanterweise ein Artikel zu „Communication", nicht aber zu Action. Kommunikation wird hierin als *ein* Aktivitätsmodus in Organisationen verstanden, aber noch nicht als einheitskonstituierende Operation diskutiert.

1.2 Begriffliche Konkretisierungen: Operativität, Form und Typik

Rekapitulieren wir nun noch einmal die wesentlichen Begriffe der *Operativität, Formhaftigkeit* und *Sinntypik,* um die herum sich dieser Text organisieren wird. *Operativität* dient als Oberbegriff, die Ereignishaftigkeit und Ereignisförmigkeit der sozialen Wirklichkeitskonstitution zu betonen. Die „Basierung in Ereignissen" (Luhmann 2000a, S. 46) meint das gegenwartsbezogene konkrete Geschehen sowie das Verhältnis von „Gegenwarten und Kontexten" (Nassehi 2009, S. 235). Operative Theorien interessieren „sich sowohl für die Gegenwart der Praxis als auch für den gesellschaftlichen Kontext dieser Praxis" (Nassehi 2009, S. 236). Es geht Ihnen darum, „die durch operative Praxis selbst erzeugte Form sozialer Ordnung zu beschreiben" (Nassehi 2009, S. 244). Operativität ist als Begriff zunächst inhaltlich unbestimmt, ähnlich wie der Praxisbegriff, der von sich aus noch nicht mitbezeichnet, um was für eine Praxis es sich handelt, etwa um eine Denk-, Verhaltens-, Handlungs- oder Kommunikationspraxis, oder auch wie der Begriff der Autopoiesis, den man für lebende, psychische oder soziale Systeme anwenden und spezifizieren kann.[17] Operative Theorien gehen nicht von Wesensannahmen aus, sondern von zirkulären Begründungen. Es geht um Ereignisse (Elemente) und Ereignisverknüpfungen (Elementrelationen), auf denen Formeinheiten basieren.

Der *Formbegriff* ist ein differenzbasierter Begriff, der auf *Unterscheidungen* und *Relationen* zwischen Unterscheidungsseiten verweist (Inhalt/Form, Hintergrund/Form, Medium/Form). Die wesentliche Frage im Rahmen einer „operativen Formtheorie" (vgl. Baecker 2011, S. 310 ff.) ist dann, *wie* die Formen

---

[17]Hannan et al. 2007, S. 12 weisen ebenfalls auf die Breite und Spezifikationsbedürftigkeit, aber gleichzeitig auch auf die Relevanz des Operationsbegriffes als „fuzzy category" im Organisationskontext hin. Insgesamt ist die Abhandlung von Hannan et al. ein wichtiger Beitrag zum Zusammenhang von sprachlicher Operativität und der Produktion von Typik, hier autologisch bezogen auf die Produktion verschiedener Typiken der Organisationstheorie. Die Entwicklung einer allgemeinen Theorie der Organisation schlagen sie durch die Übersetzung von natürlicher in formalisierte Sprache vor, durch „translation from natural to formal language" (9). Durch *formale Übersetzung* können kommunikative Alltagsbeobachtungen und -beschreibungen zu Organisationen ihrer Meinung nach zu theoretischen Propositionen verallgemeinert werden. Dem gehe ich hier nicht nach, ich finde nur den Zusammenhang von *Sprache, Übersetzung* und *Produktion von Typik* bemerkenswert. Dieser Zusammenhang wird uns im Text wieder begegnen. Insgesamt stellt die Populationsökologie der Organisation im Rahmen einer allgemeinen Evolutionstheorie des Sozialen (vgl. Wortmann 2010, S. 111 ff.) einen sehr wichtigen Ansatz zum Zusammenhang von Form und Typik dar.

konstituiert werden, die Frage nach den Ereignistypen, die Formen hervorbringen. Und was bedeutet das für Organisation als Sozialeinheit? Dass eine Organisation sich überhaupt als Organisation erzeugen kann, hängt von den gesellschaftlich anschlussfähigen *Formmöglichkeiten* (Potenzialität) ab, die eine Organisation aktualisiert und realisiert (Aktualität).[18] Das impliziert sowohl eine *diachron-historische* bzw. *soziokulturell-evolutionäre* als auch eine *synchron-strukturalistische* Sinnperspektive.

Damit komme ich zum dritten wichtigen Begriff, dem Begriff der *Typik*. Der Begriff der *Typik* verweist in der soziologischen Theorie- und Denkgeschichte auf den Sinnbegriff und die weiteren wesentlichen Konzepte der *Typisierung* und der *Generalisierung*. Die Temporalzirkularität von Ereignis und Struktur zeigt sich sinnlogisch in der Relation von Differenz und Typik, denn das sinnoperative Verhältnis von Ereignis und Struktur realisiert sich in der Gleichzeitigkeit der *Differenz des Typischen* und der *Typik der Differenz* (vgl. Drepper 2003a, S. 130): Sinneinheiten reproduzieren sich durch die Produktion immer neuer und nichtwiederholbarer, aber gleichzeitig typischer Elemente. Jeweils immer neu hervorgebrachte Ereignisse konstituieren typische Strukturen, und diese Strukturen typisieren Ereignisse. Ich zitiere hier zunächst nur kurz Niklas Luhmann, um die Relevanz der Sinntypenfigur zu unterlegen:

> Ohne jeden Bezug auf Typen wäre Sinn, wo er auftaucht, zunächst unterbestimmt, unverständlich, inkommunikabel (…). Es gibt durchaus diese Möglichkeit relativ typfreien Sinnerlebens und Handelns, und es gibt eine Art Überraschungsgenese von Sinn. (…) Aber immer wenn derart unspezifizierter Sinn passiert, setzen Bemühungen ein, Anomie zu beseitigen und ordentlichen Sinn, regulär verwendbaren Sinn, typisierten Sinn zu ermitteln. (…) Die Gesamtheit der für diese Funktion benutzbaren *Formen* einer Gesellschaft (im Unterschied zur Gesamtheit der Sinn aktualisierenden *Ereignisse* des Erlebens und Handelns) wollen wir die Semantik einer Gesellschaft nennen, ihren semantischen Apparat, ihren Vorrat an bereitgehaltenen Sinnverarbeitungsregeln. Unter Semantik verstehen wir demnach einen höherstufig generalisierten, relativ situationsverfügbaren Sinn (Luhmann 1980a, S. 18 f.).

Dass das eine Perspektive ist, die auch für die Organisationstheorie von großer Relevanz ist, markiert Luhmann durch die Bezugnahme auf Karl Weicks *enactment-Begriff:* „Der Begriff der Typisierung hat insofern etwa die Stelle,

---

[18]Mit der Unterscheidung von „Aktualität" und „Potentialität" wird hier auf einen phänomenologischen Sinnbegriff Bezug genommen (vgl. Luhmann 1971a, 1997, S. 44 ff.). Wir kommen darauf im zweiten Abschn. 2.4 ausführlich zurück.

die bei Karl E. Weick (…) der Begriff des ‚enactment' einnimmt, nämlich als ‚Fassung' der Variationsfunktion, die ein Prozessieren von Mehrdeutigkeiten im System ermöglicht" (Luhmann 1980a, S. 18, Fn. 11). In diesem sinntheoretischen Zugriff auf Organisation ist es wichtig, auf die Unterscheidung von Sinn und Bedeutung aufmerksam zu machen, die im Kontext interpretativer Theorien der Organisation mitunter verwischt, worauf Karl Weick ausdrücklich hinweist: Sensemaking ist nicht Interpretation, und Sinn ist nicht mit Bedeutung gleichzusetzen, wenn man sich an einem phänomenologischen Sinnbegriff orientiert. Das heißt, dass Sinn als Medium die Möglichkeitsbedingung für Bedeutungsgenese und Bedeutungszuschreibungen ist. Deutungen, Bedeutungen und Umdeutungen finden im Medium Sinn statt, das heißt, sie ereignen sich und werden als Ereignis operativ konstituiert, z. B. als Bewusstseinsakte oder als soziale Akte (Handlungen und/oder Kommunikation). Diese Argumentation lässt sich durch die Unterscheidung zwischen *generalisiertem* und *spezifiziertem* Sinn noch weiter vertiefen. Das Verhältnis dieser zwei Ebenen unterschiedlich verdichteten Sinns wird durch eine *zirkuläre Relation der Respezifikation* (von Ideen durch die Praxis) und *Generalisierung und Abstraktion* (der Praxis durch Ideen) bestimmt. Dieses sinntheoretische Muster wird uns in einigen organisationstheoretischen Konzeptionen begegnen, dort aber meist nur hintergründig. Die Übersetzung dieser sinntheoretischen Figur in die Unterscheidung von Idee und Praxis nimmt bereits auf die üblichen Diskurse und die dort häufig verwendete Semantik Rücksicht. Ideen werden als *generalisierter Sinn* in Form von Begriffen, Unterscheidungen und Semantiken verstanden und Praxis als *respezifizierter* und *konkretisierter Sinn* in Form von Unterscheidungsverwendungen und Unterscheidungsverkettungen (Schemata, Skripts, Programme, Regeln, Routinen).

Die Begriffe Operation, Form und Typik werden uns in diesem Text konzeptionell orientieren. Dazu werde ich zuerst sinntheoretische Argumentationen innerhalb der Organisationsforschung sichtbar machen (Kap. 2), denn es gibt einige Theorien und Ansätze mit unterschiedlich ausgeprägtem Verständnis für Operativität, Formen und Sinntypik. Neben verschiedenen Ansätzen, die ich in den einzelnen Kapiteln thematisch fokussiert diskutieren werde (Kap. 2 und 3), sehe ich im Kreis der etablierten Theorien vor allen Dingen die Strukturationstheorie der Organisation, den Neoinstitutionalismus in der Organisationsforschung und die soziologische Systemtheorie, an denen man diese Fragestellung entwickeln und diskutieren kann. Zur ersten Verdeutlichung:

Strukturationstheorie: Organisationen werden in der Strukturationstheorie als mehrdimensionale, rekursiv-dualistisch konstituierte *Handlungs-Struktur-Formen* begriffen, wobei Rekursivität und Zirkularität als Kognitionsmodi und Praxis als Ereignisoperation verstanden werden. Der Regelbegriff wird als Differenzbegriff entwickelt, Sprache als Kommunikationsmedium begründet, und die Zeittheorie betont die Temporalität des Sozialen.

Neoinstitutionalismus: Organisationen werden als *kulturell-kognitive Formen* konzipiert und Sinnelemente wie Symbole, Schemata und Skripte als Hervorbringungen und Verwendungen in Prozessen der Sinnkonstitution und der Sinnzuschreibung (accounts) begriffen. Die als Struktureffekte bezeichneten Angleichungsformen *Isomorphie* und *Homogenität* betonen ein operatives Moment, da konzeptionell davon ausgegangen wird, dass sie durch aktive *Nachahmung* auf Basis wechselseitiger Beobachtungen und dadurch entstehender Feldformationen zustande kommen. Der Begriff der Nachahmung wird in diesem Kontext ideengeschichtlich rehabilitiert, weil Nachahmung als soziale Aktivität und nicht als passive Reaktion gesehen wird (vgl. Ortmann 2003, S. 149). Der Verhaltensanpassung geht die Beobachtung des Verhaltens anderer voraus, der operative Modus ist der *Vergleich*. Identitätskonstruktion kommt durch gleichzeitige Gleichartigkeits- und Differenzwahrnehmung auf Basis von *Vergleichsoperationen* zustande.

Soziologische Systemtheorie: In der soziologischen Systemtheorie werden Organisationen als selbstreferenziell-operative Systemform verstanden, denn für „die Systemtheorie selbst wird mithilfe dieses Formbegriffes klargestellt, dass sie nicht besondere Objekte (oder sogar nur: technische Artefakte oder analytische Konstrukte) behandelt, sondern das ihr Thema eine besondere Art von Form ist, eine besondere Form von Formen, (…), die die allgemeinen Eigenschaften jeder zwei-Seiten-Form am Fall von ‚System und Umwelt' expliziert" (Luhmann 1997, S. 63). Die soziologische Systemtheorie hat ein breites Analysefundament im Bereich einer operativen Formtheorie der Organisation zu bieten. Sie ist eine operative Theorie, hat einen dezidierten Formbegriff und basiert auf einer Sinntheorie. Operativität wird durch den dreistelligen Kommunikationsbegriff, Form durch den System- und Typik durch den Sinnbegriff bestimmt. Kommunikation wird als formkonstituierende Kernoperation verstanden, wodurch die übliche Unterscheidung und Gegenüberstellung von Kommunikation als Ebene der sinnhaften bzw. symbolischen Realitätsproduktion und -reproduktion und Handlung als Ebene der praktischen bzw. materiellen Realitätsproduktion und -reproduktion entfallen kann, wie sie z. B. innerhalb der Organisationswissenschaften als Unterscheidung zwischen „talk und action" im Sinne Nils Brunsson sehr verbreitet ist. Um es zu verdeutlichen: Das klassische Arbeitsparadigma der Organisation (vgl. Kühl 2004) basiert auf der Vorstellung der *Manipulation von Materie*. Das kann besonders für die Produktion und den Vertrieb von Waren als plausibel gelten, nicht aber für viele andere Organisationstypen, in denen die Kernpraxis der Organisation ein kommunikativ-situatives Geschehen ist. Solche Organisationen lassen sich nur begreifen, wenn man ein Verständnis von sinndimensionalen Prozessen hat. Zu denken ist hier z. B. an Dienstleistungsorganisationen, in denen es um people-processing (z. B. Erziehung, Soziale Arbeit) und knowledge-processing (Wissenschaft, Beratungsfirmen) geht, oder auch an Verwaltungen, in denen es um Entscheidungsanfertigung und Mitteilung der Entscheidung an die soziale Umwelt geht. Und auch für Organisationen, die mit der Produktion und dem Vertrieb von materiellen Objekten beschäftigt sind, wird man feststellen können, dass der materiellen Produktion ideenförmige und informationsprozessierende Ereignisse, sprich Kommunikationen, vorausgehen, in denen Aufgaben, Stellenrelationen und Entscheidungswege sowie Personalangelegenheiten definiert, koordiniert und geregelt werden.[19]

An dieser Stelle angekommen klingt es nun so, als ob Kommunikation heute die konzeptionell unausweichliche Option operativer Grundbegriffe in der Organisationsforschung sein müsste. Dem ist aber keineswegs so, denn, obwohl es ideengeschichtlich eine Komplementarität zwischen Organisations- und Kommunikationsbegriff in Bezug auf sozialstrukturelle Entwicklungen der modernen Gesellschaft gibt – wie ich im Folgenden noch zeigen möchte –, und auch schon die frühe Organisationstheorie den Kommunikationsbegriff rezipiert (vgl. Barnard 1938; Simon 1947), hat der Kommunikationsbegriff noch immer keinen wirklich etablierten Stand innerhalb der Organisationstheorie. Es besteht vielmehr eine Kluft zwischen Anwendungsselbstverständlichkeit und Begriffskonsistenz. Aber gerade hinsichtlich moderner Kommunikations-, Vernetzungs- und Wissensverhältnisse, die in den Begriffen der Informations-, Kommunikations-, Medien- und Wissensgesellschaft zusammengefasst werden, wäre es für die Organisationsforschung sehr von Interesse, sich auf einen klaren kommunikationstheoretischen

---

[19]Die Unterscheidung von Informations- und Materialitätsparadigma lässt sich genauer bestimmen, wenn man weitere Begriffe aus dem jeweiligen semantischen Feld hinzuzieht. Das semantische Feld des *Informationsparadigmas* umfasst Begriffe wie Sinn, Ereignis, Information, Wissen, Rezeption, Konstruktion, Prozessierung, Kommunikation und Selektivität, das semantische Feld des *Materialitätsparadigmas* Begriffe wie Materialität, Substanz, Ressourcen, Arbeit, Produktion, Allokation, Distribution. Die epistemologische Vorstellung des ersten Falles ist eine ereignishaft-relationale Wirklichkeitskonstruktion, die der zweiten Perspektive eine Ontologie produzier-, akkumulier-, entwickel- und transferierbarer Partikel und Objekte.

Stand beziehen zu können, der die Unterscheidung und das Verhältnis von Verhalten, Handlung und Kommunikation eindeutig zu handhaben erlaubt. Schaut man in die disziplinäre Theorienlandschaft, dann sollte das als erstes von der soziologischen Theorie zu erwarten sein, die sich schon lange mit dieser Relation beschäftigt. Aber auch in der Soziologie ist Kommunikation als operativer Grundbegriff keinesfalls etabliert und das Verhältnis von Handlung und Kommunikation weiterhin stark umstritten. Der Kommunikationsbegriff nimmt innerhalb der Soziologie noch immer eine „Minderheitenposition" (Luhmann 2002, S. 289) ein. Als Sachverhalts- und Gegenstandsbegriff wird Kommunikation in vielen Themen- und Forschungsfeldern der Soziologie verwendet und auch vorausgesetzt, als Grundbegriff ist er aber immer noch wenig elaboriert. Schützeichel weist deshalb auf den Bedarf der Unterscheidung einer Soziologie der Kommunikation von einer soziologischen Theorie der Kommunikation hin (vgl. Schützeichel 2004, S. 11 ff.).[20] Kommunikation blieb der Soziologie lange „unheimlich", sodass der Begriff bis in die 1950er Jahre nahezu kaum verwendet wurde (vgl. Kiss 1989, S. 147 f.).[21] Die soziologischen Anfangsschwierigkeiten mit dem Kommunikationsbegriff liegen u. a. in den interdisziplinären Zumutungen, die er macht, und den Bereitschaften zu interdisziplinärer Auseinandersetzung, die er erfordert. Die interdisziplinäre Verankerung wird durch einen Blick auf einige Schlüsseltexte des Kommunikationsbegriffes im 20. Jahrhunderts (in alphabetischer Reihung) deutlich: Austin (1962), Barnard (1938), Bühler (1934), Chomsky (1968), Cooley (1909), Deutsch (1963), Lasswell (1927), Lazarsfeld et al. (1944), Mead (1934), Ruesch und Bateson (1951), Sacks (1992), Searle (1971), Shannon und Weaver (1949), Simon (1947), Watzlawick et al. (1967), Wiener (1948). Diese Liste zeigt die interdisziplinäre Grundierung und Ausrichtung des Kommunikationsbegriffes, der gleichermaßen in der Mathematik, Kybernetik,

---

[20]Es lassen sich disziplinäre Strategien des Umgangs mit dem Kommunikationsbegriff beobachten, sozusagen *kognitive Ausdifferenzierungen,* die auf den Begriff reagieren und einen unterschiedlichem Theoretisierungs- und Systematisierungsgrad erreichen: Kommunikation als *Thema, Gegenstand* und *Sachverhalt,* Anlass für *Subdisziplinierung* (Institutionalisierung von Subdisziplinen in Fachgesellschaften) und *Theoretisierung* (Grundbegriff).

[21]Das Grimmsche Wörterbuch der deutschen Sprache gibt für „unheimlich" u. a. folgende Bedeutungen an: ungemütlich, unruhevoll, beunruhigend, nicht vertraut, die Ordnung störend, ungewöhnlich, unbequem, bedenklich und gefährlich (vgl. Deutsches Wörterbuch von Jacob und Wilhelm Grimm, Bd. 24, Sp. 1056–1058). Unheimliches hat aber auch immer etwas Anziehendes, Reizvolles und Spannendes an sich. So eine Spannung zwischen Ablehnung und Anziehung scheint für die Soziologie mitunter vom Kommunikationsbegriff auszugehen.

Linguistik, Sprechakttheorie und Sprachphilosophie, kommunikationswissen-schaftlichen (Massen-)Kommunikations-, Medien- und Politikforschung, pragma-tistischen Verhaltensforschung, Psychologie und Sozialpsychologie rezipiert und diskutiert wird. Wenn wir parallel die gleichzeitigen Bestrebungen der Soziolo-gie im 20. Jahrhundert betrachten, sich als eigenständige Disziplin zu etablieren, dann lässt sich verstehen, dass die Soziologie ihr Selbstverständnis als empirische Handlungswissenschaft nicht so einfach infrage stellen lassen will, sollen doch gerade die Begriffe des Handelns und des sozialen Handelns und deren Abgren-zung vom Verhaltensbegriff für eine eigenständige soziologische Perspektive sorgen. Die Vorsicht der Soziologie, sich allzu schnell auf einen neuen, möglicher-weise sogar modischen Begriff einzulassen, ist als identitätslogischer Schutz also verständlich (vgl. Baecker 2007, S. 10). Damit ist die kritische Begriffsrelation von Handlung und Kommunikation programmiert, die bis heute ein Reizthema grundbegrifflicher Dogmatik innerhalb der Soziologie geblieben ist.

Verzögerte und zögerliche Rezeption bedeutet aber keine komplette Ableh-nung. Zwei Bedeutungsaspekte führen dazu, dass die Soziologie auf Dauer nicht am Kommunikationsbegriff vorbeikommt. Das ist erstens die *Zeitdimensionalität,* die *Bewegungsförmigkeit* und das *Prozessuale,* die der Kommunikationsbegriff zum Ausdruck bringt, und zweitens die Funktion von Sprache und Sprechen für das Verständnis der sinnhaften Konstitution sozialer Wirklichkeit und die Konst-ruktion gesellschaftlicher Ordnung. *Prozess* und *Sprache* sind zwei Episteme, die mit dem Kommunikationsbegriff einhergehen und auch die Soziologie paradig-matisch irritieren. Der Prozessbegriff passt sich semantisch in die Idee sozialen Wandels ein und fungiert dort als Komplementärbegriff zum Ordnungsbegriff. So lassen sich im Rahmen des soziologischen Denkens plausible Komplemen-tärbegriffe wie Ordnung und Wandel, Statik und Dynamik und Struktur und Pro-zess bilden. Als wesentliche sprachanalytische Strömungen sind es besonders die Soziolinguistik, die Ethnografie der Kommunikation, die Konversationsana-lyse und die Ethnomethodologie, die die Soziologie nachhaltig irritieren, was daran liegt, dass sie Methodologien mitbringen (vgl. Stichweh 2000b, S. 43). So beginnt die sinnverstehende Soziologie damit, „sich mit der zentralen Bedeutung von Sprache als konstitutives Element von Sozialität auseinanderzusetzen" (Schä-fers 1995, S. 157).

Der Zusammenhang von Sprache und Sinn wird unstrittig, das Verhältnis von Handlung und Kommunikation aber dadurch gerade eben nicht, denn der Handlungsbegriff kann als identitätsbegründender Begriff der Soziologie nicht so einfach aufgegeben werden. Die Unterscheidung und der Zusammenhang von Verhalten, Handlung und Kommunikation ist dabei besonders relevant, wie Baecker deutlich macht:

Mit der Frage, was unter einer Handlung zu verstehen ist, beschäftigt sich die Soziologie, seit sie Anlass zu haben glaubt, sich von der Verhaltensforschung von Biolo-
gen und Psychologen unterscheiden zu müssen. Eine Handlung erkennt man darin,
dass mit ihr ein ‚subjektiver Sinn' verbunden ist, definierte Max Weber. Dieser Sinn
wird jedoch vom Handelnden anders verstanden als vom Beobachter, ergänzt Alfred
Schütz, so dass es die Soziologie mit einem Differenzbegriff zu tun hat, der dazu
zwingt, soziale Ordnung als Einheit der Divergenz unterschiedlich gemeinten Sinns
zu denken. (...) Darüber hinaus hat es sich als schwierig erwiesen, den Begriff der
Handlung vom Begriff der Kommunikation hinreichend scharf zu unterscheiden
(Baecker 2007, S. 36 f.).

Was passiert also mit Handlung und Kommunikation? Es lassen sich m. E. die
zwei kognitiven Definitionsroutinen *Subsumtion* und *Supplementation* beobachten, die das Verhältnis dieser zwei Ereigniskategorien zueinander in Ordnung zu
bringen versuchen. Dabei geht es um die Frage der *kategorialen Unterordnung*
und *aspekthaften Anreicherung*. Welcher Begriff fungiert als Hauptbegriff für
den anderen, und welchen Aspekt fügt der zugeordnete Begriff dem Hauptbegriff
hinzu? Die überwiegende Definitionsroutine besteht darin, Kommunikation dem
Handlungs- und Interaktionsbegriff unterzuordnen, da die Handlungstypendiffe-
renzierung seit Max Weber eine für die soziologische Theorie übliche kognitive
Strategie ist. Beispiele hierzu sind *Kommunikation als symbolische Interaktion*
(Mead, Blumer), *kommunikatives Handeln als ein besonderer Handlungstypus* (Habermas, Ungeheuer), Kommunikation „als ein allgemeines Interaktions-
element (...)" (Giddens 1992, S. 82) und Kommunikation als *Handlungsaspekt*
und *Handlungsfunktion* (Habermas, Giddens). Das supplementierende Moment
kommt dadurch ins Spiel, dass das „Kommunikative" eine Aspektanreicherung
bedeutet. Kommunikation löst ein Handlungsproblem, indem es dem Handeln
Verstehen und Verständigung als Dimensionen hinzufügt. Verstehen und Verständigung werden als Voraussetzungen von Handlungskoordination begriffen,
wodurch soziales Handeln als kommunikatives Handeln verstehbar wird (vgl.
Schäfers 1995, S. 155). So wird auch der Übergang vom informationstheoretischen zum handlungstheoretischen Kommunikationsbegriff begründet. Der infor-
mationstheoretische Kommunikationsbegriff meint den Informationsaustausch
mittels Zeichen und Symbolen, während ein handlungstheoretischer Kommunikationsbegriff „Prozesse, in denen sich Individuen als denkende, sprechende,
empfindende und handelnde Personen zueinander in Beziehung setzen" (Schä-
fers 1995, S. 155) in den Blick bringt. Die folgende Kommunikationsdefinition
im Rahmen eines „Kompaktbegriffes des sozialen Handelns" ist wahrscheinlich
für den größten Teil der soziologischen Community akzeptabel, wie Schützeichel

(2004, S. 305) Essers Kommunikationsverständnis rekonstruiert: „(…) Kommunikation ist ein interaktioneller Prozess, der aus den sozialen Handlungen der Akteure besteht."

Die andere Definitionsroutine, Handlung Kommunikation unterzuordnen und Handlung durch kommunikative Sinnzurechnung und -zuschreibung zu begründen, ist hingegen eher selten zu finden. Handlungen werden in diesem Sinne als Zurechnungspunkte von Attributionen verstanden, „die von der Kommunikation vorgenommen werden (…)" (Baecker 2007, S. 37). In Luhmanns systemtheoretischer Kommunikationstheorie – wie wir im zweiten Abschn. 2.5 noch ausführlich diskutieren wollen – wird Kommunikation nicht als Lösung eines Handlungsproblems bestimmt, sondern Handlung als eine *Komponente* gesehen, die an der Lösung des kommunikativen Problems der sinnhaften Transformation von Unwahrscheinlichkeit in Wahrscheinlichkeit mitwirkt (vgl. Luhmann 1981). Der Kommunikationsbegriff setzt in diesem Sinne bereits dort an, wo der Handlungsbegriff hin möchte, und zwar *mutualistische Sozialkonstitution* zu begründen: „Kommunikation involviert oder impliziert, (…), für das Zustandekommen eine Simultanpräsenz, ein Zusammenwirken von mindestens zwei Bewußtseinssystemen. Sozialität ist im Elementaren der Operation schon eingebaut und ist nicht ein Effekt, der eintreten oder nicht eintreten kann, wie das bei einem Handlungsbegriff erforderlich wäre" (Luhmann 2002, S. 287).[22] Die konzeptionelle Attraktivität und gleichzeitige Herausforderung des Kommunikationsbegriffes für die Soziologie liegt genau in dieser fundamentalen Sozialität, denn Kommunikation ist eine genuin soziale Einheit, die auf keine ihrer Einzelkomponenten reduziert werden kann. Kommunikation ist als Mehrkomponenteneinheit ein komplexer

---

[22]Der Begriff der „mutualistischen Konstitution" wird in der Luhmannschen Theorie allerdings nicht eindeutig gehandhabt. Im Kapitel „Doppelte Kontingenz" (Luhmann 1984, S. 157 ff.) verweist Luhmann auf eine Definition auf den vorderen Seiten von „Soziale Systeme" (Luhmann 1984, S. 65). An ausgewiesener Stelle findet sich hingegen der Begriff der „multiplen Konstitution". Welcher Begriff nun vorgängig ist, oder ob beide in eins zu setzen sind, kann hier nicht geklärt werden. Dass Luhmann mit mutualistischer Konstitution in etwa das meint, was Schütz als „mutual knowledge" bezeichnet, drängt sich auf. Obwohl Luhmann in dem Kapitel über Doppelte Kontingenz versucht, die soziale Situation doppelter Kontingenz durch die an ihr beteiligten Einheiten zu prozeduralisieren und keine vorgängigen Struktur, Werte- oder Symbolsysteme als Möglichkeitsbedingung mehr anzunehmen – hier gegen die parsonianische These des „shared symbolic systems" –, gelingt dies nicht so ganz, wie das nachfolgende Zitat aus Luhmann (1984, S. 154 f.) zeigt: „Situationen mit doppelter Kontingenz erfordern gewiß, um Kommunikation überhaupt in Gang bringen zu können, ein Mindestmaß wechselseitiger Beobachtung und ein Mindestmaß an auf Kenntnissen gegründeter Erwartungen" Vgl. Ortmann (1995, S. 78). zum Zusammenhang von mutualistischer Konstitution und doppelter Kontingenz.

sozialer Akt und keine Einzelhandlung. „Act" und „Action" sind im Englischen nicht gleichbedeutend, deshalb ist es irreführend den englischen Begriff des Aktes („the act") mit dem deutschen Begriff der Handlung zu übersetzen. Schon der „social act" bei Mead ist nicht als Einzelhandlung gedacht, sondern als ein Inter-Akt und Ereignis-Kompositum sich koordinierender Organismen mit mehreren Komponenten (vgl. Mead 1938). Interaktion wird nicht als eine Einzelhandlung gesehen, sondern als ein *kompositorischer Akt* aus mehreren Einzelkomponenten (vgl. Nassehi 2009, S. 355).[23]

Kommen wir damit zu dem wissenssoziologischen Argument der historisch-semantischen Ideenkomplementarität von Kommunikation und Organisation. Damit ist gemeint, dass sowohl Kommunikation als auch Organisation als sozio-kulturelle Schlüsselkonzepte des 20. Jahrhunderts gelten können (vgl. Williams 1976, S. 17), die sozialstrukturell dominante soziale Phänomene, Praktiken und Strukturen bezeichnen.[24] Ideenkomplementär sind sie m. E. in Bezug auf die Beobachtung, Beschreibung und Gestaltung menschlicher Koordination, Kooperation und Ordnungsbildung unter sich modernisierenden Gesellschaftsverhältnissen.

---

[23]Für Parsons (1968, S. 43 ff.) stand die Frage nach der Mehrkomponenteneinheit des Handlungsaktes ebenfalls im Vordergrund. Und der Begriff, der für die Angabe der Komponentenhaftigkeit zur Verfügung stand, war der Systembegriff als „conceptual scheme" (vgl. Tacke und Drepper 2017, S. 42 ff.). So ist auch Parsons Diktum zu verstehen: „Action is system"! Die analytische Dekomposition des „unit acts" in seine konstituierenden Komponenten zeigte dann Zwecke, Bedingungen, Normen und Aktoren auf. In diesem Zusammenhang begründet Parsons auch die Nachrangigkeit der Raumkategorie für die Handlungstheorie

While the phenomena of action are inherently temporal, that is, involve processes in time, they are not in the same sense spatial. That is to say, *relations in space* are not as such relevant to systems of action analytically considered. For the analytical purposes of this theory, acts are not primarily but only secondarily located in space. Or to put it somewhat differently, spatial relations constitute only conditions, and so far as they are controllable, means of action. (…) For it is safe to say there is no empirical phenomenon, no thing or event, known to human experience, which is not in one aspect physical in the sense of being capable of location is space. There is certainly no empirical ‚self' known which is not an ‚aspect of' or ‚associated with' a living biological organism (vgl. Parsons 1968, S. 45, Fn. 1).

Möglicherweise hat Luhmann sich bei der Bestimmung der drei Sinndimensionen hieran orientiert und es bei der Einordnung des Raumes in die Sachdimension („means of action") belassen (vgl. Fn. 11 in diesem Text).

[24]„Keywords" sind sozialstrukturell bedeutsame und verweisungsreiche Wörter, die historisch relevante Themen und Probleme adressieren (vgl. Williams 1976, S. 17).

Oder anders gesagt und gefragt: Welche sozialstrukturell prägnanten Phänomene beschäftigen sowohl das alltägliche als auch epistemische Wissen des 20. Jahrhunderts enorm? Das sind neue Kommunikations- und Organisationsverhältnisse. Mit Ideenkomplementarität in Bezug auf menschliche Koordination, Kooperation und Ordnungsbildung ist gemeint, dass Kommunikation als Prozess- und Bewegungsbegriff die Dynamiken des modernen Lebens adressiert und Organisation als Struktur- und Gestaltungsbegriff die Ordnungsdimensionen. Im Einzelnen. Kommunikation ist ein „Nomen actionis" (Kiss 1989, S. 147), ein Aktivitäts- und Bewegungsbegriff und steht etymologisch im „Bedeutungsfeld im Umkreis von Mitteilung, Gewährung, Verbindung, Austausch, Verkehr, Umgang, Gemeinschaft" (Saner 1976, S. 894). Kommunikation führt somit die Zweifachbedeutung von Übermitteln und Mitteilen mit sich: „In controversy about communication systems and communication theory it is often useful to recall the unresolved range of the original noun of action, represented at its extremes by transmit, a one-way process, and share (cf. *Communion* and especially *communicant)*, a common or mutual process. The intermediate senses – make common to many, and impart (…)" (Williams 1976, S. 72 f.). Kommunikation bedeutet in diesem grundlegenden Sinne Verbindung, Vermittlung und Verständigung. Im bedeutungsgeschichtlichen Wandel vom Aktivitätsbegriff zum Objektbegriff (vgl. Williams 1976, S. 72) werden mit Kommunikation immer mehr die Mittel und Medien bezeichnet, zunächst physikalisch-technische Einrichtungen, Infrastrukturen und Hilfsmittel wie Straßen, Kanäle, Eisenbahnen. Im 20. Jahrhundert wird der Kommunikationsbegriff dann verstärkt zur Bezeichnung von Informationsweitergabe *und* Kontaktherstellung verwendet. Kommunikativer Verkehr meint nun sowohl Sachgüter- und Personentransport als auch die Weitergabe und Übertragung von Informationen und Ideen. Kommunikation wird im Laufe des 20. Jahrhunderts zum „Terminus Technicus" und damit zum plausiblen Konzept der Beobachtung und Beschreibung kommunikations- und medientechnologischen Wandels und dadurch mediatisierter Informations- und Wissensprozesse (vgl. Stichweh 2000b, S. 11).

Der Organisationsbegriff wird als Strukturierungs- und Gestaltungsbegriff ebenfalls Anfang des 20. Jahrhunderts populär, wobei die große Bedeutung der Organisiertheit der modernen Lebensvollzüge nicht nur wissenschaftlich reflektiert und zugleich auch vorangetrieben wird – zu denken ist hier an die Management-, Verwaltungs- und Betriebswirtschaftslehre –, sondern auch in Kunstformaten (Literatur, Filme, Fotodokumentationen) thematisiert wird. Kafkas Romanwelten, Chaplins Filme und Orwells Dystopien sind nur die populären Beispiele für kulturelle Reflexionen auf die organisierte Welt. Wie wir zuvor bereits markiert haben, werden mit Kommunikation neben dem Aktivitäts- und Sozialitätsbezug auch immer mehr die Medialitäten und Materialitäten bezeichnet, über die Kommunikationsprozesse laufen und Kommunikation zur Bezeichnung von Kontaktherstellung und Informationsweitergabe verwendet. Genau an dieser Stelle lässt sich die Ideenkomplementarität zwischen Kommunikation und Organisation aufzeigen. Es ist dieses Doppelverständnis von sozialer Koordination und sachbezogener Informations- und Nachrichtenprozessierung, das den Kommunikationsbegriff schon früh für die Organisationsforschung zu einem relevanten Konzept macht. Ab dem Moment, ab dem Organisationen immer mehr als soziale Kollektivgebilde und Kontexte menschlicher Koordination und Kooperation begriffen werden, wird auch der Kommunikationsbegriff zum interessanten Konzept. So zeigen wichtige, heute zum Wissenskanon der Organisationsforschung gehörende, Erkenntnisse die Einflüsse kommunikationstheoretischer Konzepte auf. Das lässt sich an einigen Schlüsseltexten der Organisationsforschung zeigen, in denen zunächst die nachrichtentechnischen, informationstheoretischen und kybernetischen Einflüsse prägend waren: Barnard (1938), Simon (1947), Ruesch und Bateson (1951), Deutsch (1963), Luhmann (1964), Thayer (1967, 1968). Als nächste große Einflusswelle erreicht ab Mitte der 1960er Jahre die interaktionistisch-interpretative Kommunikations- und Sozialforschung die Organisationsforschung und mit ihr das Konzept der sprachlich-interaktiv erzeugten sozialen Situation. Es ist dabei der Schulterschluss von Berger und Luckmann'scher Sozialphänomenologie, symbolischem Interaktionismus, Ethnomethodologie und Konversationsanalyse, die die bis dahin stark normativ und strukturfunktionalistisch geprägte Organisationsforschung neu ausrichtet und über qualitative Feldstudien Wissen über faktische Verhältnisse, Arbeitsalltage und Milieubedingungen einzelner Organisationstypen hervorbringt. Diese natürlichen Daten lassen sich den normativem Modellvorstellungen rationaler Organisation entgegenstellen. Mit diesen qualitativen Studien wird ein erweitertes Kommunikationsverständnis in der Organisationsforschung etabliert und verankert, das über informationstechnische und kybernetische Modelle hinausgreift. Dieser Forschungspfad wird durch die neuesten Entwicklungen in der Organisationsforschung vertieft und zugleich ausgebaut. War es zunächst also die interpretativ-interaktionistische Kommunikations- und Sozialforschung des sozio-linguistic turns, die auch in der Organisationsforschung wirkte, so sind es heute verschiedene Weiterentwicklungen im Rahmen eines breiteren cultural turns, die die Perspektive der kommunikativen Hervorbringung und institutionellen Stabilisierung von sozialen Formen weiter ausbauen und vertiefen. Das finden wir – wie bereits angesprochen – innerhalb des Neoinstitutionalismus, in Sense-Making-Ansätzen, Strukturations- und Praxistheorien oder der kommunikationsbasierten Systemtheorie, was wir in den folgenden Kapiteln rekonstruieren und diskutieren wollen.

Diese Rekonstruktionen und Diskussionen werden dabei zunächst theoretische Konvergenzgesichtspunkte und Übersetzungsmöglichkeiten sichtbar machen. Damit ist kein Theorienvergleich gemeint, sondern grundbegriffliche Spurensuche sinn- und kommunikationstheoretischer Anschlussfähigkeiten in operativ orientierten Studien. Ich folge damit dem Hinweis und selbstdisziplinierenden Rat Niklas Luhmanns an die Soziologie, Differenzen und Divergenzen zwischen soziologischen Theorien und dadurch gezüchtete paradigmatische Frontstellungen und Grabenkämpfe nicht zu übertreiben: „Kontraste zwischen soziologischen Theorieangeboten werden häufig überzeichnet. Dies mag mit Profilierungs- und Kritisierungsbedürfnissen zusammenhängen, die im Wissenschaftssystem gezüchtet und belohnt werden" (Luhmann 1982, S. 366). Worauf ich unter Differenz- und Divergenzgesichtspunkten allerdings sehr wohl achten möchte ist, wie es bei den besprochenen Theorien und Ansätzen um einen eigenständigen Kommunikationsbegriff und das subsumtive und supplementierende Verhältnis von Kommunikation und Handlung bestellt ist. Hieraus ergibt sich der Beobachtungshinweis und Arbeitsauftrag für diesen Text, bei der Rekonstruktion sinnoperativer Motive in der sozialkonstruktivistisch orientierten Organisationsforschung auf einen eigenständigen Kommunikationsbegriff, das Verhältnis von Handlung und Kommunikation und die Frage nach dem generativen Formprinzip zu achten, wie aus Operativität typische Formhaftigkeit entsteht. Gerade beim letzten Punkt muss die Frage nach Emergenz oder Aggregation als formgeneratives Prinzip im Auge behalten werden, worauf ich an gegebenen Stellen hinweisen werde.

Sinn: Operativität und Typik

2

In diesem Kapitel stehen wesentliche Fragestellungen und Begriffe einer operativ-ereignisorientierten Epistemologie der Organisation im Vordergrund. Dabei werden Kognition, Praxis und Kommunikation als operative Modi der Sinnbewegung und deren Strukturkorrelate Wissen, Regeln und Semantiken als typisierende Sinnfestlegungen diskutiert. Die thematischen Ansatzpunkte und die theoretischen Desiderate lassen sich an der neueren organisationswissenschaftlichen Debatte um „Organisation und Wissen"[1] aufzeigen. Die Diskussion wird deutlich machen, dass Wissen als relationales Operationskorrelat verstanden werden kann. Damit geht im Sinne einer Ereignis-Struktur-Theorie (Allport 1940, 1954) auch eine Verständniserweiterung des Wissensbegriffes von der Sachdimension in die Zeitdimension einher, denn oftmals überwiegt ein „repräsentationales Grundverständnis des Wissens" (Luhmann 1995b, S. 160). Damit ist gemeint, dass mit dem Wissensbegriff in der Regel „die Vorstellung einer repräsentationalen Funktion verbunden ist. Danach bezieht sich das Wissen auf die Außenwelt, also auf etwas, was für das Wissen nicht disponibel ist. Für Zwecke des Wissens wird die Außenwelt als eindeutig gegeben angenommen. (…) Beim Wissen wird also unterstellt, dass die Umwelt eindeutig ist, wie sie ist, aber man sie richtig oder falsch beschreiben kann" (Luhmann 1995b, S. 155 f.). Mit einem solchen repräsentationalen Wissensbegriff verbindet sich in der Regel auch ein adaptionistisches Wissensverständnis dahin gehend, dass mehr und scheinbar besseres Wissen die Leistungsfähigkeit und die Umweltlage des jeweiligen Wissensträgers erhöht, denn die Funktion von Wissen wird in Repräsentation, Adaption und Integration gesehen:

---

[1]Vgl. Drepper (2007) zu ersten Vorarbeiten zu diesem Thema, die z. T. in überarbeiteter Form in dieses Kapitel eingegangen sind.

© Springer Fachmedien Wiesbaden GmbH 2017
T. Drepper, *Operativität und Typik,*
DOI 10.1007/978-3-658-17649-5_2

Damit korrelierte eine Vorstellung geschichtlichen Fortschritts, denn Arbeit an Wissensgewinn mußte bei jener Voraussetzung als Verbesserung der Umweltbeziehungen des Systems aufgefaßt werden. Mehr Wissen und Beseitigung von Irrtümern müßte danach die Umweltlage des Gesellschaftssystems verbessern. Das repräsentationale und adaptionistische Verständnis von Kognition verlangen und stützen einander gegenseitig (Luhmann 1995b, S. 159).

Aus einer operativen Perspektive kann Wissen hingegen nicht mehr als ein materieller Bestand verstanden werden, sondern muss als eine ereignishaft hervorgebrachte Form gesehen werden, die wiederum für weitere Operationen als Struktur fungieren kann (vgl. Luhmann 1995b, S. 170).

Organisationswissen wird in den folgenden Analysen als soziale Tatsache und damit als Phänomen sui generis begriffen und dabei die relevanten Kopplungs- bzw. Interpenetrationsbereiche benannt, die in der Genese organisationalen Wissens eine Rolle spielen. Es geht um die Kopplung von „Individuum und Organisation", „Organisation und umgebendem Kontext" (Gesellschaft, Kultur, Institution) und von „Individuum und Gesellschaft". Zwei weitere Topoi begegnen uns in der Diskussion ebenfalls häufig. Hierbei handelt es sich um die Unterscheidung von „explizitem und implizitem Wissen" sowie die Trias von „Daten, Informationen und Wissen". Das Verhältnis von explizitem und implizitem Wissen verweist auf eine grundlegende Thematik, die die Organisationstheorie immer wieder beschäftigt hat. Es geht um das Verhältnis von Individuum und Organisation: Wie hängen individuelles und organisationales Wissen zusammen? Wie lässt sich der Übergang von individuellem zu kollektivem, von subjektivem zu intersubjektivem bzw. von psychischem zu sozialem Wissen denken? Die auf Polanyi zurückgehende Unterscheidung von „explizitem und implizitem Wissen" bzw. „codified und tacit knowledge" ist eine leitende Unterscheidung in diesem Zusammenhang (vgl. als Überblick McKinlay 2005, S. 243 ff.). Unter „codified knowledge" wird in der Regel formalisiertes und verschriftlichtes Wissen verstanden, unter „tacit" bzw. „implicit knowledge" hingegen informelles, individuell gebundenes und mündlich übertragenes Wissen (vgl. McKinlay 2005, S. 243). Bei der Unterscheidung von „Daten, Information und Wissen" (vgl. z. B. Huseman und Goodmann 1999, S. 103 ff.) geht es im Kern darum, eine qualitative Steigerung im Verhältnis zwischen diesen Einheiten klar zu machen. Bei Daten handelt es sich um das „Rohmaterial", das in weiteren „Veredelungsschritten" zu Informationen und letztlich zu Wissen geformt wird. Eine basale epistemologische Annahme ist dabei die Unterscheidung zwischen *Weltsachverhalten* und *Entitätsleistungen,* also zwischen *internaler* (Subjekt- bzw. Systembezug) und *externaler* Zurechnung (Objekt- bzw. Weltbezug) des Phänomenbezuges. Daten und meist auch Informationen werden vor dem Hintergrund dieser Unterscheidung als Weltsachverhalte bzw. -objekte verstanden, während Wissen als ein *synthetisierender* (Prozessaspekt) und *synthetisierter* (Strukturaspekt) Subjekt- oder Systemstatus verstanden wird.

2.1 Organisation und Wissen: Themenzugang und theoretische Desiderate

Der Wissensbegriff hat im Organisationsdiskurs der letzten Jahren sowohl im Rahmen populär und praktisch orientierter Management- und Organisationslehren als auch in wissenschaftlichen Reflexionen stark an Popularität gewonnen und fungiert als ein Kompaktbegriff, der die Beschreibung unterschiedlicher Form- und Funktionsaspekte von Organisationen neu konturiert. Sowohl organisationsinterne als auch organisationsexterne Aktivitäten und Verhältnisse werden in diesem Zusammenhang als Wissensphänomene beschrieben und Organisationen insgesamt nun stärker als kulturelle und sozial-diversifizierte Gebilde dargestellt.[2] Auch die *Diversity-Diskussion* innerhalb des Organisationsdiskurses basiert maßgeblich auf der Kopplung des Wissensbegriffes mit dem Kulturbegriff. Es geht um „cultural differences in mindset" (Sparrow 1998, S. 4), die neben den funktionalen Perspektivdifferenzen, die in Organisationen durch Arbeitsteilung, Stellen-, Aufgaben- und Bereichsspezialisierungen entstehen, für interkulturelle Sinnunterschiede sorgen (vgl. Sparrow 1998, S. 4 f.). Seit der Organisationskulturdiskussion der 1980er Jahre wird entlang des Kulturbegriffes die kommunikative Konstruktion organisationsinterner Bedeutungsmuster diskutiert. Diese Forschung hat sich in den letzten Jahren durch Globalisierungs- und Weltgesellschaftsprozesse stark in Richtung *Interkulturalität* verschoben, wobei sowohl die

---

[2]In diesem Zusammenhang spielt der *Designbegriff* heute eine große Rolle, sowohl für Struktur- als auch für Selbstbeschreibungsthemen. Beim *Design* geht es darum, unter Bezugnahme und Berücksichtigung auf Wissensfragen unterschiedliche Strukturen einzurichten, bei der Selbstbeschreibung entlang des Wissensbegriffes darum, ob die eigene Organisation insgesamt wissensaffin, -responsiv und -intensiv ein- und ausgerichtet ist. Vgl. Baecker (2005b) zum Designbegriff in der Organisationstheorie. Pfeffer (1997, S. 10) macht am Begriff der „engineering manipulation" den Zusammenhang zwischen *Maschinendesign* und *Organisationsdesign* im ingenieurwissenschaftlichen Blick auf Organisationsgestaltung deutlich. Damit sind z. B. die „Engineering Principles to the design and management of work" (Pfeffer 1997, S. 10) eines frühen Taylorismus gemeint.

Diversitäten und Vergleichbarkeiten kultureller Musterproduktion analysiert werden, die im Inneren von Organisationen und in deren Außenrelationen eine immer größere Rolle spielen, als auch die Möglichkeiten und Bedingungen *interkultureller Übersetzungen.*[3]

Es ist innerhalb der Organisationswissenschaften eine zunächst nicht übliche Definition, Organisationen als Wissenssysteme bzw. als wissensbasierte Systeme zu betrachten und z. B. ein Unternehmen als „Distributed Knowledge System" zu begreifen. Tsoukas zufolge geht damit eine grundlegende Umorientierung einher, die sich von der Wahlverwandtschaft zwischen dem neoklassischen und dem behavioristischen Input-Output-Modell der Organisation entfernt (vgl. Tsoukas 2005, S. 95). Die Beschränkungen eines primär zweckrationalistisch aufgebauten Organisationsverständnisses werden durch die Einsicht untermauert, die Grenzen der organisationalen Zweckrationalität nicht nur in unberechenbaren, kontingenten und mehrdeutigen Umweltbedingungen begründet zu sehen, sondern auch in der Eigenlogik, Eigendynamik und Eigensinnigkeit der Organisationen selbst.[4]

Schauen wir uns zunächst einige Hauptargumentationen aus diesem Themenkomplex etwas genauer an. Neben expliziten Bezugnahmen auf Wissen in Begriffen wie Wissensorganisation, Wissensmanagement und Knowledge Engineering stehen hier solche Konzepte, die den Wissensbegriff zwar nicht explizit im Titel tragen, wohl aber den Verweis auf einen organisational relevanten Wissensbegriff implizieren. Zu nennen sind hier Konzepte wie die „Lernende Organisation", die „Virtuelle Organisation", die „Kompetente Organisation", „Organizational Intelligence", „Intellectual Capital" und „Intellectual Assets",

---

[3]In diesem Zusammenhang steht der Übersetzungsbegriff, der in den letzten Jahren verstärkt in den Organisationswissenschaften diskutiert wird. Hier geht es u. a. um die Frage, welche Rolle Übersetzungen bei der Herstellung von Sinnkongruenz, kommunikativer Verständigung und Handlungskoordination spielen, wenn heterogene und divergente kulturelle Prägungen und Wissensbestände vorliegen, z. B. in gemischten Organisationsteams, bei Fusionen und joint ventures oder auch in Netzwerkkonstellationen. Auf den Übersetzungsbegriff kommen wir im dritten Kapitel ausführlich zu sprechen.

[4]Vgl. Kette (2012) zur typologischen Dominanz des Organisationsmodells der Unternehmung. In einigen Wirtschaftstheorien ist mittlerweile allerdings sowohl die Eigenlogik und Eigenkomplexität als auch die gesellschaftliche Einbettung von Organisationen ein Thema (vgl. Child und Heavens 2001, S. 309 ff. zu *social embeddedness*). Der Institutionenbegriff ermöglicht z. B. die Diskussion der Sozialität und Gesellschaftlichkeit von Organisationen. Für Teile der Organisations- und Managementpraxis stellt Baecker (2003, S. 36) eine zunehmende *Reflexivierung* fest, sich nicht nur über Rationalität und Effizienz, sondern verstärkt auch über Ungewissheit, Komplexität, Ambivalenz, Ambiguität und Paradoxien Gedanken zu machen.

die alle einen Wandel von klassischen Organisationsformen der industriel-
len Moderne zur „postmodernen Organisationswirklichkeit" thematisieren und
dementsprechende Begriffe vorschlagen (vgl. Alvesson und Thompson 2005,
S. 497). Die Grundargumentation lautet, dass es in der digitalisierten Informa-
tions- und Wissensgesellschaft zu neuen bedeutsamen Gütern kommt, den sogenannten „Informationszeitalter-Gütern", die als intellektuelles Kapital immer
mehr über Erfolg oder Misserfolg von Organisationen entscheiden (vgl. Stewart
2001, S. x–xii). *Innovationsfähigkeit, Wettbewerbssteigerung* sowie *Konkur-
renz-* und *Marktpositionierung* durch Wissen und intellektuelles Kapital werden dabei als wesentliche Wirtschafts- und Organisationskriterien identifiziert.
In diesem Zusammenhang verschiebt sich der Ressourcenbegriff in dem Sinne,
dass Daten, Informationen und Wissen als die relevanten strategischen Organi-
sationsressourcen verstanden werden (vgl. McKinlay 2005, S. 242). Wissen wird
als intellektuelles Kapital moderner Organisationen gesehen (vgl. Stewart 2001),
als Ressource und Rohstoff der Zukunft (Wimmer 2004, S. 197 ff.), als Wettbewerbsfaktor und Innovationsmotor, wodurch die klassischen Produktionsfaktoren
„Kapital" und „Arbeit" eine Bedeutungsumwertung erfahren. Der Arbeitsbegriff
erlebt eine Verschiebung vom Produktions- zum Wissensparadigma, vom Mate-
rialitäts- zum Informationsparadigma, was nicht nur für Wirtschaftsorganisationen gilt, sondern auch für weitere gesellschaftliche Organisationstypen (vgl.
Stewart 2001, S. xii). In diesem Sinne wird Wissen als Steuerungsfaktor für Non-
Profit-Organisationen in der „Wissensrevolution" diskutiert (vgl. Badelt 2002,
S. 515 f.).

Die Neubeschreibung von Organisationen durch den Wissensbegriff klingt für
informierte Beobachter nicht wirklich überraschend, sieht sich doch kaum ein
gesellschaftlicher Kontext so vielen trend talks und Reformerwartungen ausgesetzt wie die Organisationen der modernen Gesellschaft (vgl. Vollmer 2002).
Trend- und moderhythmisch werden immer wieder „frische" Semantiken in
Umlauf gebracht und damit Designvorlagen (templates) vorgeschlagen, die vermeintlich besser zu den geänderten gesellschaftlichen Strukturlagen passen.[5]

---

[5]Vgl. Abrahamson (1991, 1996), Benders und van Veen (2001) und Sturdy (2004) zu
Managementmoden.

Diese Neubeschreibungen lassen sich in einem performativen Sinne unter *Umdeutungs-* und *Sinnverschiebungsaspekten* beobachten, die nicht nur oberflächlich und folgenlos bleiben, sondern eine Form der gewollten und gesollten Organisationsanschaulichkeit produzieren und transportieren.[6] Die Argumentationen zu „Wissen als Managementressource" können in diesem Sinne als Umdeutungen und Sinnverschiebungen betrachtet werden, denn sie übersetzen den Wissensbegriff aus der Informations- und Kognitionssemantik in eine ökonomisch-materialistische Semantik.[7] Alle typischen Begriffe und Komposita aus

---

[6]Auf die Deutungsmacht von Semantiken mit Blick auf Organisationswirklichkeiten hat Klaus Türk immer wieder hingewiesen. Die Wahrnehmung sozialer Objekte ist begriffs- und unterscheidungsabhängig, und

> Unterscheidungen, die wir in der Gesellschaft antreffen, sind weder naturgegeben noch trivial, sondern in hohem Maße konventionalisiert oder auch umkämpft und für die Handlungsorientierungen von hoher Relevanz. Ob wir zwischen Organisationen und Familien, zwischen Nationen, Rassen, zwischen Männern und Frauen, zwischen Arbeit und Freizeit, zwischen mein und dein, zwischen Wirtschaft und Politik etc. unterscheiden oder ganz andere Differenzierungen benutzen, ist von großer Bedeutung für die Konstitution unserer Welt, für die Art und Weise, wie wir uns orientieren, Probleme definieren und Lösungsstrategien entwickeln (Türk et al. 2002, S. 15).

[7]Auf die Begriffe der *Übersetzung* und der *Sinnverschiebung* und deren wissenssoziologische und organisationstheoretische Relevanz gehe ich im 3. Kapitel noch ausführlich ein. Die Relevanz des Übersetzungsbegriffes kann auch in der soziologischen Theorie aufgezeigt werden. In der Weber-Tradition geht es hier um den Zusammenhang von Werten und Ideen zu handlungsleitenden Regeln, in der Luhmann-Tradition um das Verhältnis von höher generalisiertem zu respezifiziertem und konkretisiertem Sinn. Am Beispiel von Erziehung und Schule kann das für beide Zugänge kurz gezeigt werden: „Mittels Transformationen in handlungsleitende Regeln bzw. Normen erhalten dann Erziehungsideen Gültigkeit und eine Verhaltensorientierung kann sich ausbilden." (Stölner 2009, S. 108) In der Systemtheorie geht es um Strukturen, die eine Funktionsausrichtung des Interaktionssystems Unterricht ermöglichen. Luhmann und Schorr (1981, S. 52) sprechen von „Übersetzungsstrukturen", das heißt „Strukturen, die eine Übersetzung der Funktion des Erziehens auf die Ebene des Interaktionssystems Unterricht ermöglichen". Gemeint sind dabei z. B. die Asymmetrie von Lehrer und Schüler, die Ungleichverteilung der Personenzahl, die Ungleichverteilung der geplanten Kommunikationszeit, die Gleichheit der Schüler und die Orientierung der Kommunikation an Themen.

dem ökonomisch-materialistischen Begriffshaushalt wie „Kapital", „Eigentum", „Gut", „Produktionsfaktor", „Wettbewerbsfaktor" und „Informationszeitaltergüter" zielen auf eine *ökonomische Plausibilität* und *Anschlussfähigkeit* des Wissensbegriffes. Die so erfolgende Sinnverschiebung des Wissensbegriffes von einer Prozess- und Ereignis- und damit *Differenzkategorie* in eine *Substanz*- und *Bestandskategorie* führt dazu, dass *typisch ökonomisch* über das Aneignen, Anhäufen, Managen und Verwalten der Ressource „Wissen" gesprochen werden kann. Die eingangs mit Luhmann beschriebene Wahlverwandtschaft von repräsentationalem und adaptionistischem Wissensbegriff findet sich genau an dieser Stelle, an der Wissen als Steuerungsmittel im zweckrationalen Sinne aufgefasst wird, durch dessen geschicktes Management die Umweltlage, Wettbewerbsfähigkeit und die Erfolgsaussichten einer Organisation verbessert werden können (vgl. Thommen 2000; vgl. North 1999, S. 39 ff.).

Die Semantikmoden basieren auf unterschiedlichen Phänomenen, wobei sowohl *Beratungskommunikation* mit dazu passenden *kommunikativen Formatierungen* (Literatur, Digitalformate) als auch *organisationswissenschaftliche Ideenentwicklung* als zentral zu werten sind. Einerseits werden die neuen Organisationsbilder durch den modernen Beratungsmarkt angetrieben, der massenmedial wirkungsvoll durch passende Publikationen flankiert und gestützt wird (vgl. Faust 2002; Furusten 1999). Die Rationalitätssemantik ist dabei die *große Erzählung* des Organisationsdiskurses, die neben (personaler) Autorität eine der „Ursprungsmystifikationen" (Luhmann 1980a, S. 170) bei Entscheidungsproblemen darstellt. Weitere gesellschaftliche Erzählungen mit zeitdiagnostischer Brisanz kommen noch hinzu, die von Organisationen den Mut zur Neuerung und Erneuerung fordern. „Globalisierung", „Wettbewerbs"- und „Innovationsfähigkeit" sind solche legitimierenden Konzepte und Hintergrunderzählungen (vgl. Hasse 2003), die für eine angemessene Situations- und Problemdefinition sowie eine hohe Anschlussplausibilität und Annahmewahrscheinlichkeit neuer Konzepte sorgen. Andererseits wird die wissenssemantische Neubeschreibung von Organisationen aber auch durch disziplinär orientierte Organisationswissenschaften – die Differenzen zwischen Management- bzw. Organisationslehre und Organisationstheorie hier erst einmal außer Acht gelassen[8] – angereichert. Die

---

[8]Ich gehe davon aus, dass sich die gattungsspezifische Basis der Rationalitätskritik von *Organisationslehre* vs. *Organisationssoziologie* (vgl. Mayntz 1961) Richtung *Managementlehre* vs. *Organisationstheorie* verschoben hat. Das heißt, dass sich nicht mehr nur Organisationssoziologen der Rationalitätskritik bewusst sind, sondern auch die breitere Organisationswissenschaft.

Fülle der Beschreibungsvorlagen und „Organisationsbilder" erhöht sich dadurch insgesamt.[9]

Die Neubeschreibung der Organisation durch den Wissensbegriff könnte nun den Eindruck erwecken, die Relation von Organisation und Wissen beschreibe ein neuartiges Phänomen. Eine solche Auffassung ist ideengeschichtlich allerdings insoweit verkürzt, als dass die Wissensbasiertheit organisationaler Aktivitäten lange entlang traditioneller Begriffe wie Arbeit, Beruf und Profession ausgedrückt und reflektiert wurde.[10] Tsoukas drückt das wie folgt aus:

> Knowledge has always been implicated in the process of economic development, since anything we do, how we transform resources into products and services, crucially depends on the knowledge we have at our disposal for effecting such a transformation. An ancient artisan, a medieval craftsmann and his apprentices, and a modern manufacturing system all make use of knowledge: certain skills, techniques, and procedures are employed for getting things done (Tsoukas 2005, S. 141).

Was unterscheidet nun aber frühere praktische Wissensgrundierungen, die in der Regel als Lehren formuliert und vertreten wurden, von aktuellen Formen? Als neue Erwartungsstrukturen werden in diesem Zusammenhang der „Formalisierungsgrad", die „Systematizität" sowie die „Expertenbasiertheit" des Wissens genannt (vgl. Tsoukas 2005, S. 142). Theoretisches Wissen gilt als legitimes Wissen, wobei der dominante Trend in der Anspruchssteigerung an systematische

---

[9]Morgans „Images of Organization" (Morgan 1997) werden in unterschiedlichen Kommunikationsfeldern entworfen, z. B. in Selbstbeschreibungskommunikationen, Reflexionstheorien unterschiedlicher gesellschaftlicher Bereiche, Beratungskommunikation und massenmedialer Kommunikation. Die wechselseitigen Interdependenzen und Selektivitätsverstärkungen, aber auch Autonomien, Unabhängigkeiten und Interdependenzunterbrechungen zwischen den Bereichen können hier nicht geklärt werden. Vgl. z. B. March (1999, S. 325 ff.) zur Relation von „Organizational Consultants and Organizational Research" und Kieser (2002) zu Einflussdifferenzen zwischen wissenschaftlichem und beratungsförmigem Wissen in Organisationen sowie zur Relevanz von verschiedenen Leitunterscheidungen wie z. B. *Praktikabilität* vs. *Reflexion*.

[10]Myers (1996) macht das in einer Anthologie deutlich, in der er Texte zusammenstellt, die die Korrelation „Wissen und Organisation" aus verschiedenen Perspektiven in den Blick nehmen, hierbei den Wissensbegriff aber nicht explizit verwenden (vgl. Ackroyd et al. 2005, S. 329 ff. in dem Kapitel „Occupations and Organizations").

Verfahren der Objektivierung, Dokumentierung und Evaluierbarkeit liegt.[11] Diese Entwicklung scheint dabei nicht zu bewirken, dass die Bedeutung traditioneller Professionen gestärkt wird. „Differenzierung", „Dezentralisierung" und „Dislozierung" gesellschaftlichen Wissens durch massenmediale Kommunikation und organisationsbezogene Rationalitäten sind die Prozesse, die an der etablierten Wissensdominanz von Professionen rütteln (vgl. Stichweh 2005, S. 41). Der Einfluss der Massenmedien kommt darin zum Ausdruck, dass neben der starken Moralisierung von Themen die kritische Hinterfragung traditioneller und etablierter gesellschaftlicher Strukturen ein starkes Gewicht bekommt. Das betrifft, so Stichweh, auch und gerade

> die Professionen und deren traditionell gesicherte Privilegien und dies wirkt vermutlich in Richtung einer graduellen Erosion der Bereitschaft, an Kompetenz zu glauben und Vertrauen zu investieren. Organisation und (massenmediale) Kritik wirken in die gleiche Richtung, und dies führt auf die Institutionalisierung von Evaluation und Rechnungsprüfung, von Qualitätskontrollen hinsichtlich erbrachter professioneller Leistungen und schließlich die Entstehung von Prozessrisiken und Schadensersatzklagen gerade auch in jenen professionellen Handlungsbereichen hin, die lange von kritischer Beobachtung isoliert schienen. (…) Schließlich ist die Entstehung jener gesellschaftlichen Strukturänderung zu notieren, die unter dem Titel der Wissensgesellschaft viel diskutiert wird. Mit diesen Begriffen kann meines Erachtens vor allem gemeint sein, dass Wissen immer weniger bei privilegierten gesellschaftlichen Adressen reserviert wird und insofern die Orthogonalität des Wissens zum Prinzip der funktionalen Differenzierung der Gesellschaft immer deutlicher hervortritt (Stichweh 2005, S. 41 f.).

Stichweh zieht hieraus den Schluss, dass Professionen ihre strukturbestimmende Funktion einbüßen könnten oder bereits eingebüßt haben, und dass „Wissen und Organisation als zwei universell gewordene Ressourcen bzw. Mechanismen, die beide orthogonal zur funktionalen Differenzierung stehen" (Stichweh 2005, S 42), die Funktion von Professionen ablösen. Die Ansprüche an Systematisierung, Spezialisierung und Dokumentierung von Organisationspraktiken und der Bedarf an Expertenwissen steigen. Es geht um Problemlösungs- und Anwendungswissen, wobei die neuen Professionals Organisationsexperten oder aber

---

[11]Dieser Prozess wird in der Regel als Verwissenschaftlichung beschrieben, wobei es m.E. aber maßgeblich um den *Methodenaspekt* geht und damit um den komplexitätsreduzierenden Anteil systematischen Wissens und nicht um Kontingenz anreicherndes *Theoretisieren*. Die Orientierung besteht damit in Bezug auf die *methodische Norm* der Wissenschaft, im Schema „Problem/Problemlösung" zu kommunizieren (vgl. Luhmann 1990, S. 572).

Experten innerhalb medial vernetzter Themen-Communities sind, die in dezentralen Netzwerken kommunizieren (vgl. Haefliger und von Krogh 2004). In Organisationen sind es z. B. „communities of practice", die auf Basis neuer Informations- und Kommunikationstechnologien themen-, problem- und projektbezogen interagieren und als „polylinguistischer Kommunikator" (vgl. Priddat 2004) semantisches Material produzieren (vgl. Bogenrieder und Nooteboom 2004; Huysman 2004). Auf diese thematischen Analysen werden wir zurückkommen.

2.2   Kognition

Ich komme nun zu den verschiedenen theoretischen Systematisierungen der Relation „Organisation und Wissen". Ich beginne mit den kognitionstheoretischen Erörterungen, in denen die Schemaabhängigkeit des Wahrnehmens, Denkens, Handelns und Kommunizierens im Mittelpunkt steht (vgl. Strati und Nicolini 1997, S. 388). Dieses Forschungsfeld weist eine hohe Begriffsheterogenität auf, da der Schema-Begriff parallel zu Begriffen wie frames, scripts, prototypes, stereotypes, cognititive maps und implicit theories gebraucht wird, um die Typik und den Gedächtnisaspekt von psychischen und sozialen Operationen zu bezeichnen. Die Kognitionsperspektive führt uns auch noch einmal zur organisationswissenschaftlichen Ideengeschichte, denn die Organisationsforschung hatte im Sinne der sehr einflussreichen verhaltenswissenschaftlichen Entscheidungstheorie mit der Verbindung von individueller Kognition, Motivation und Entscheidungsrationalität einen stark sozialpsychologischen Grundton (vgl. Cyert und March 1963; March 1990, 1999; March und Simon 1976, Simon 1981, 1982; Stinchcombe 1990).[12] Darum soll es hier aber nicht umfänglich gehen, sondern um die sinn-, attributions- und bedeutungstheoretischen Erweiterungen der sozialpsychologischen Kognitionsperspektive in der Organisationsforschung, die im Besonderen mit Karl Weicks „Sensemaking"-Ansatz verbunden sind, in dessen „Epistemologie des Organisierens" die Erweiterung von einer informationstheoretischen zu einer sinntheoretischen Perspektive zu finden ist (vgl. Weick 1985, 1995). Weick beschreibt seine Forschungen als einen heuristischen Analyserahmen, für die er in

---

[12]In Stinchcombes „Informations and Organizations" (1990) findet sich noch kein expliziter Wissensbegriff. Für eine kommunikationstheoretische Erweiterung des engeren informationstheoretischen Entscheidungskonzeptes vgl. Feldman und March 1990.

einem autologischen Schluss vorsieht, was er auch für seine Analysegegenstände für charakteristisch und typisch hält, nämlich Prozessualität und die Offenheit für unerwartete Möglichkeiten durch kreative Sinnproduktion.[13] Weick ist dabei neben der Sinnförmigkeit besonders an der *Zeitlichkeit* von Kognitionen interessiert. Die Kernaspekte des Weick'schen Sensemaking-Konzeptes sehen wie folgt aus (vgl. insgesamt Weick 1995, S. 17–62):

- *Identität:* Der Modus und der Gegenstand des Denkens verweisen auf Identitäten, die wiederum sozial konstituiert sind. Was und wie ein Sprecher dieses Was sagt, sagt etwas über dessen Identität.
- *Retrospektivität:* Die Gegenstände des Denkens – noema im Husserlschen Sinne – werden erst durch zeitlich nachgeordnete (attentionale) Rücksichten, also durch einen weiteren Denk- oder Sprechakt, ersichtlich.
- *Gestaltung (Enactment):* Die Objekte in der Umwelt einer operativen Einheit werden von dieser sinnhaft hervorgebracht, z. B. durch Denken, Sprechen und Schreiben, und nicht einfach in der Welt vorgefunden.
- *Sozialität:* Perspektivenreziprozität und Mutualität, symbolische Interaktion, Sinngeneralisierungen und -typisierungen ermöglichen, beeinflussen und kontextualisieren individuelle Sinnkonstruktionen.
- *Prozess- und Ereignishaftigkeit:* Sinnkonstitution ist ereignishaft, dynamisch, kontinuierlich, flüchtig und selbstsetzend. Ereignissinn entsteht durch selektive Sequenz- und Interdependenzunterbrechung.
- *Selektivität/Eigenwertproduktion:* Sinnhafte Gegenstandskonstitution ist immer selektiv und ausschnitthaft („extracted cues"), denn viele Möglichkeiten werden gar nicht erst aktualisiert, sondern bleiben appräsentiert. Die Wiederholungen einer Selektion können zu stabilen Eigenwerten führen.
- *Plausibilität:* Sinnkonstrukte und Bedeutungszuschreibungen müssen kontextuell hinreichend plausibel und pragmatisch angemessen sein und nicht strengen Wahrheits- oder Genauigkeitskriterien entsprechen.

---

[13]Die Prozessualität reicht bei Weick bis hin zur Verflüssigung der Theoriesprache und drückt sich bei ihm durch das Auflösen von Substantiven in Verbformen aus. Weick (1985) macht daraus den emphatischen Theorieimperativ: „Stamp out the nouns!" So sollen aus Struktur und System Ereignis und Prozess werden, und eine System- und Strukturperspektive wird in eine Aktivitäts- und Prozessperspektive übersetzt. Dann hat man Weick zufolge als Sozialforscher auch sprachlich den *alltagspragmatischen* Modus vor Augen und Ohren, wie Individuen durch ihr Tun sinnhaft soziale Ordnung konstituieren: Sprache ist als Sprechen, Handlung als Handeln und Institution als Institutionalisierung zu rekonstruieren.

Wie sich Weick die synchrone Realisierung dieser Einzelaspekte in einem operativen Sinnkonstitutionssakt vorstellt, wird in dem folgendem Zitat deutlich:
„Once people begin to act (enactment), they generate tangible outcomes (cues) in
some context (social), and this helps them to discover (retrospect) what is occu-
ring (ongoing), what needs to be explained (plausibility), and what should be
done next (identity enhancement)" (Weick 1995, S. 55).

Zusammengehalten werden diese Sensemaking-Elemente durch ein sprach-
und rezeptionslogisches Prinzip, das Weick von Graham Wallas übernimmt und
das die elementare *Zeitlichkeit von Sinnkonstitution* deutlich macht:

> ‚How can I know what I think till I see what I say?' (…) This recipe is about jus-
> tification (my thoughts justify my earlier words), choice (I choose which words to
> focus on and which thoughts will explain them), retrospective sensemaking (I look
> back at what I said earlier from a later point in time when talking has stopped),
> discrepancies (I feel a need to see what I say when something doesn´t make sense),
> social construction of justification (I invoke the thoughts I have been socialized to
> label as acceptable), and action as the occasion for sensemaking (my act of speaking
> starts the sensemaking process) (Weick 1995, S. 12).

Weick ist nicht nur von der kognitions- und dissonanztheoretischen Sozialpsychologie beeinflusst, sondern auch von der Ethnomethodologie. In beiden Traditio-
nen sieht er Konvergenzen hinsichtlich des Konzeptes der *Bedeutungsattribution*.
Sowohl der Begriff des „accounting" in der ethnomethodologischen Verwendung
als auch der Begriff der „self-justification" in der Dissonanztheorie beruhen auf
der Vorstellung einer Sinnzuschreibung und Sinnzuwendung von Nachfolgeereig-
nissen bzw. -operationen auf vorausgegangene Ereignisse (Denkakte oder Situationen). Der Rekurs auf die Sozialpsychologie und die ethnomethodologische
Soziologie macht verständlich, dass Weick mit seinem Sensemaking-Konzept an
der Kopplungsstelle von Individuum und Sozialem ansetzt und von einer wechselseitigen Irreduzibilität dieser Ebenen ausgeht: „Sensemaking is grounded in
both individual and social activity, and wether the two are even separable (…)"
(Weick 1995, S. 12).

Weick betont des Weiteren die *Zirkularität* und *Rekursivität* von Struktur und
Handlung. Er geht davon aus, dass nicht nur Kognition Handeln bestimmt, sondern dass auch Handeln Erkenntnis produziert. Das drückt der Enactment-Begriff
im Weick'schen Ansatz aus. Enactment meint dabei den Akt der sinnhaften Setzung von Realitäten. Genau dieser Aspekt der Sinnkonstitution und Sinngenese
unterscheidet Sensemaking von Interpretation und macht Sensemaking zum grun-
dierenden Prozess:

Sensemaking is about authoring as well as interpretation, creation as well as disco-very. (…) The key distinction is that sensemaking is about the ways people generate what they interpret. (…) The concept of sensemaking highlights the action, activity, and creating that lays down the traces that are interpreted and then reinterpreted. (…) Sensemaking, however, is less about discovery than it is about invention. To engage in sensemaking is to construct, filter, frame, create factivity (…). Thus, the concept of sensemaking is valuable because it highlights the invention that precedes interpretation. It is also valuable because it implies a higher level of engagement by the actor. (…) To talk about sensemaking is to talk about reality as an ongoing accomplishment that takes form when people make retrospective sense of the situ-ations in which they find themselves and their creations. There is a strong reflexive quality to this process (Weick 1995, S. 8 ff.).

Halten wir also fest, dass Weick mit den Konzepten der Retrospektivität, Rekur-sivität und Reziprozität den *operativen Modus* von Sensemaking begreiflich zu machen versucht und dabei die Zeit- und Sozialdimension von Sinnsetzungsakten betont. Bei Sensemaking geht es um die sinnvolle Verknüpfung von Ereignissen und Erfahrungen und bei „retrospective sensemaking" um den Aspekt der Hand-lungsorientierung und Strukturierung von zukünftigen Ereignissen durch Sche-mata. Das scheint paradox, da Retrospektive ja eigentlich rückwärtsgewandt ist, aber nun als zukunftsorientierender Modus fungiert. Aber gerade das ist der Clou dieser Konzeption, dass aus Retrospektivität Rekursivität entsteht. Weick betont, dass es bei Sensemaking um die *Operativität von Sinnerzeugung* geht. Sensema-king findet vor allen Dingen in mehrdeutigen, unsicheren und unerwarteten Situ-ationen statt, in denen klare Routinen und Typisierungen nicht greifen. In diesen „Unterbrechungssituationen" (vgl. Weick 1995, S. 46) wird „deliberative Kogni-tion" (vgl. DiMaggio 1997, S. 271) ausgelöst, geänderte und neue Bedeutungen entworfen und den Situationen zugeschrieben (vgl. Weick 1995, S. 48). Sense-making ist somit ein Mechanismus der Ordnungsgenese in Situationen, in denen klare Ordnungen fehlen und Unsicherheit reduziert werden soll.

Auch Organisationen werden bei Weick als sinnkonstituierende und sinnkon-stituierte Einheiten verstanden (vgl. Weick 1995, S. 16). Sie werden allerdings nicht als Systeme begriffen, die auf ihre Umwelt reagieren (Kontingenztheorie) und Informationen aus ihrer Umwelt intern abbilden und weiter zu verarbeiten suchen, sondern sie sind *wissensgenerierende Sinnsysteme,* die durch selektive Bedeutungszuschreibung Einfluss auf ihre Umwelt nehmen. Was für eine Orga-nisation als relevante Umwelt fungiert, ist nicht per se vorgegeben, sondern hängt von den selektiven Relevanzen der Organisation ab. Weick liegt mit seinem Ansatz damit insgesamt auf dem Kurs der neueren kognitiven Sozialpsycholo-gie, in der es um das Begreifen der Einbettung von Wissensprozessen in soziale Situationen und Handlungskonstellationen geht. *Soziale Kognitionen* bedeuten, dass kognitive Schemata die Produktion und Reproduktion von Sinn ermöglichen (vgl. Sims und Gioia et al. 1986; Tenbrunsel et al. 1999, S. 65 ff.; Schützeichel 2007). Der kognitions- und schematheoretische Zugang zu Organisationen übernimmt diese Perspektive und verbindet einen „Organizational Cognitivism" mit einem „Organizational Symbolism". Symbole sind Zeichen, die weitere Bedeutungskontexte aufspannen und ausweisen, und Skripts sind Strukturen, die Einzelereignisse zu Sequenzen verknüpfen und handlungsleitenden Sinn bereithalten (vgl. Gioia 1986, S. 57). Koordination und Verstehen finden über Symbole statt, und „symbolic knowledge of events, actions and concepts" (Gioia 1986, S. 58) wird in handlungsleitenden Skripten *semantisch schematisiert*: „Knowledge is stored semantically, that is, according to meaning. That knowledge could be in the form of episodes (…), visual images (…), or verbal codes describing sequences" (Gioia 1986, S. 59).

Schemata sind sinnhafte Formen der Erfahrungsgeneralisierung (vgl. Gioia 1986, S. 56), und Schemaanwendung ist ein kreativer Vorgang. Die Schemaaktualisierung ist ein aktiver Akt, in dem die Passung zwischen der aktuellen Situation und dem generalisiertem Typ vorgenommen wird. Sinnkonstitution ist kein Prozess, in dem existierende Schemata einfach ab- und aufgerufen werden, sondern sowohl Wahrnehmungen an Schemata angepasst als auch Schemata alteriert („alteration of existing schemas") werden können.[14] Die Modi sind „Assimilation" von Ereignissen an bestehende Muster und „Akkomodation" von Mustern an zukünftige mögliche Ereignisse (vgl. Gioia 1986, S. 57).

Einen Schritt weiter geht man noch, wenn man nach dem Zusammenhang von „sozialen Kognitionen" und „kulturellen Mustern" fragt, nach dem Zusammenhang von „Culture and Cognition" (DiMaggio 1997). Was verbindet die kognitionstheoretische mit der kulturalistischen Perspektive? Ich möchte das wie folgt spezifizieren. Sowohl mentale Schemata als auch kulturelle Muster können als generalisierte Sinntypen verstanden werden. Hier kommen wir also zum Begriff

---

[14]Der Begriff der *Alteration* ist in der klassischen Harmonielehre gebräuchlich. Hier bezeichnet Alteration die chromatische Tonhöhenverschiebung nach unten oder nach oben. Alteration kann zur Modulation von einer Tonart zu einer anderen Tonart führen, da verschobene Töne als neue Leittöne fungieren können. Das Entscheidende bei Alteration ist, dass erst der *Anschluss entscheidet*, in welchem Tongeschlecht, welcher Tonart, Tonleiter und Kadenz man sich befindet und wie es weitergehen kann: *Der Anschluss bestimmt die Ein-Ordnung, die Durchführung festigt die Zu-Ordnung der Frequenz- und Schwingungspassungen.* Ohne hier ins Detail zu gehen, ist die Idee der Anpassung durch Modifizierung und Verschiebung in dem hier besprochenen Kontext für ein Verständnis von Schemavariation sehr instruktiv.

der Typisierung, den die kognitivistischen Kulturalisten und kulturalistischen Kognitivisten der Berger und Luckmann'schen Sozialphänomenologie und damit der Tradition der Schütz'schen Sinn- und Sinnweltentheorie entlehnen (vgl. Berger und Luckmann 1980; DiMaggio 1997, S. 270) und einmal für die begriffliche Präzisierung von Schemata und andererseits für die Definition von Institutionen verwenden:

> The parallel with sociological accounts of institutions is striking. Typifications (mental structures) influence perception, interpretation, planning, and action (...). Institutionalized structures and behaviors (i.e. those that are both highly schematic and widely shared) are taken für granted, reproduced in everyday action (Giddens ,structuration', 1984) and treated as legitimate (Meyer und Rowan 1977) (DiMaggio 1997, S. 270).

Wir kommen damit zum nächsten Punkt der theoretischen Diskussion, in dem die gerade angesprochenen Fragen mit Blick auf den Zusammenhang von Wissen, Sprache und Schemata geschärft werden. Hier wird deutlich, dass Schemata als Sinngeneralisierungsmuster und die Reproduktion von Typen aufeinander bezogen werden können. Aus einer pragmatistischen Perspektive macht Hans Lenk (1995) auf den Zusammenhang von Sprache, Symbolverwendung, Schema-Bildung und Metaschematisierung aufmerksam. Für Lenk sind auf der *Ereignisebene* Symbolverwendung und Metasymbolverwendung und auf der *Strukturebene* Schematisierung und Metaschematisierung die relevanten Gesichtspunkte. Ein operatives Grundmotiv wird in der pragmatistischen Tradition durch die Gleichbewertung von Handeln und Erkennen ausgedrückt. Handeln und Erkennen sind nicht trennbar, denn auch Erkennen ist ein aktives Ereignis, ein Tun.[15] Da Handeln aus dieser Sicht als eine Differenzproduktion verstanden werden muss – Handlungen erzeugen Änderungszustände in der sozialen Welt –, wird ein weiterer grundlegender Begriff – z. B. Operation – gebraucht, um die Differenzproduktionen ausdrücken zu können. Lenk zufolge muss man eine irreduzible zirkuläre Relation zwischen *Operation* (Ereignis) und *Schema* annehmen (Struktur):

---

[15]Lenk zufolge weist bereits Kants Schemabegriff durch das Verständnis der „sinnlich-begrifflichen Gestaltung" (Lenk 1995, S. 16) eine Aktivitätsorientierung auf: „Als Schemata kann man zunächst alle möglichen Strukturierungen oder Strukturbildungen repräsentierender Art betrachten, die etwas darstellen sollen, die z. B. äußerlich durch Zeichen, ,innerlich' durch Vorstellungen und Musteraktivierungen vertreten werden, was immer beides auch genau heißen mag." (Lenk 1995, S. 27)

Einordnungen, Subsumierung, Klassifikationen, alle diese und verwandte (mentale) Operationen sind in diesem Zusammenhang wichtig; sie sind nur möglich, wenn man die entsprechenden Schemata zu dieser Einordnung, zu dieser Strukturierung hat, über die sie verfügt. (...) Reaktivierung, Übung, Einschwingung, Einspielen, das sind die großen Meister des Lernens. Dieser ritualisierte Wiederholungsprozess gewinnt eine Art von Eigenstabilität und ist eine notwendige Voraussetzung um etwas wirklich zu lernen, um etwas wiederzuerkennen, ja, überhaupt zu erkennen und zu handeln – und das bedeutet immer in gemusterter, gestalteter oder musternder und gestaltender Weise (Lenk 1995, S. 28 ff.).

Bei Schema-, Skript-, Kategorien- und Prototypenbildung handelt es sich um Generalisierungen, die nachfolgende Sinnanschlüsse orientieren und ordnen und damit erwartbar machen. Der Generalisierungsaspekt liegt darin, dass Schemata die Konservierung kognitiver Kapazitäten ermöglichen, Übertragungen in andere Situationen ermöglichen, orientierend und ordnend wirken und die Informationsverarbeitung strukturieren (vgl. Lord und Foti 1986, S. 38). Auf Basis dieser Definition und zur genaueren Differenzierung werden innerhalb der Forschung Typen kognitiver Schemata wie „Selbst-Schemata" („cognitive generalization of the self", Selbstwahrnehmung, Selbstbeschreibung), „Personen-Schemata" (Eigenschaften, Attribute und Verhaltensweisen von Personen), „Personen-in-Situationen-Schemata" (typische Verhaltensweisen von Personen in typischen Situationen) sowie „Skripte bzw. Event-Schemata" (Ablaufkausalitäten, Verknüpfung von Bedingungen und Konsequenzen, von Ursachen und Wirkungen, von Mitteln und Zwecken/Zielen) voneinander unterschieden (vgl. Gioia und Sims 1986, S. 12 ff.), in denen Eigenschafts-, Verhaltens-, Sach- und Zeittypisierungen auf soziale, sachliche, zeitliche und räumliche Objekte bezogen und kausal miteinander verknüpft werden (Lord und Foti 1986, S. 29 ff.).

2.3   Praxis

Die sinntheoretischen Erörterungen lassen sich durch eine Analyse des Praxisbegriffes in der Organisationsforschung weiter vertiefen. Ein wichtiger Autor in diesem Diskursfeld ist Haridimos Tsoukas, der in seinem Ansatz sprach- und diskursanalytische, soziologische, kognitionswissenschaftliche und sozialpsychologische Erkenntnisse miteinander verbindet und auf diese Weise wichtige Fragen und Anknüpfungspunkte einer operativen Sinntheorie der Organisation aufwirft.

Tsoukas bezieht sich dabei auf wesentliche Konzepte und Argumentationen neuerer praxistheoretischer Ansätze.[16] Ein Hauptargument des *practice turns* in der Sozialtheorie besteht im Einbettungsgedanken von Wissen. Die Aspekte der Körperbezogenheit und der Inkorporierung von Wissen betonen dabei die Erweiterung eines rein kognitionsbasierten Wissenskonzeptes. Ein Schwerpunkt des practice turns liegt darin, „den Akzent von bewussten Sinnsetzungen auf implizites Wissen sowie nicht-bewusste und materiell verankerte Sinnsetzungen in Kontexten sozialer Praktiken" (Bongaerts 2006, S. 1) zu verschieben. Implizites Wissen ist

> den Akteuren durch ihre auch körperliche Sozialisation zuhanden (eben nicht vorhanden) (…) Implizites Wissen wird als körperlich verankertes Wissen vorgestellt und ist dadurch fundamental materialisiert. Materialistisch ist soziale Praxis in zweierlei Hinsicht: Zum einen, weil sie – körperlich verankert ist und so die körperlichen Tätigkeiten in ihrer Funktion für die Konstitution sozialen Geschehens in den Blick geraten und zum anderen, weil körperliche Tätigkeiten auch den Umgang mit Dingen der physischen Welt umfassen, wobei hauptsächlich technische Gegenstände, oder allgemeiner: Kulturgegenstände gemeint sind (Bongaerts 2006, S. 3 f.).[17]

Tsoukas hat einen operativen Wissensbegriff vor Augen, der Wissen an soziale Handlungspraktiken und den darin prozessierten Unterscheidungsgebrauch koppelt. Wissen und Handeln sind Tsoukas zufolge untrennbar miteinander verbunden: „(…) knowledge begins with action" (Tsoukas 2005, S. 96). Entscheidend ist hieran der urteilende und bewertende, der selektiv-evaluative Modus, der Wissen entstehen lässt, was den Unterschied zu Daten und Information ausmacht (vgl. Tsoukas 2005, S. 121). Daten, Informationen und Wissen als Objekte und Ereignisse unterscheiden sich nach Graden der Komplexität, Kontextabhängigkeit und Generalisierbarkeit (Kontextunabhängigkeit) sowie des erforderlichen Grades der Selektivität und des (Be-)Urteilens durch das Individuum (vgl. Tsoukas und

---

[16]Vgl. Schatzki und Knorr-Cetina (2001), Reckwitz (2003), Bongaerts (2006, 2007) und Nassehi (2009) als grundlegende Übersichten zum *practice turn* in der Sozialtheorie. Vgl. Kai Helge-Becker (2005) zum practice turn in der Organisations- und Managementtheorie.

[17]Der Aspekt der „materiellen Verankerung von Sinnsetzungen" wird uns in den Analysen zu organisationalen Selbstbeschreibungen, Selbstsymbolisierung und räumlicher Verkörperung wiederbegegnen (Abschn. 3.7). Symbolische und materielle Externalisierungen sind für die organisationale Adressenkonstitution und Selbstbeschreibung, zusammengefasst also für die Identitätskonstitution, von Bedeutung. Auch das Verhältnis von Macht als Kommunikationsmedium und deren architektonischer Materialisierungen liegt für Organisationen auf der Hand. Kommunikationstheoretisch verweisen diese Fragen auf „Materialitäten der Kommunikation" (vgl. Gumbrecht und Pfeiffer 1988).

Mylonopoulos 2004b, S. 8). Die Kompetenz des Individuums, Unterscheidungen treffen zu können, beruht auf Sprache und der in Sprache angelegten Kapazität der Sinnproduktion und Sinnreproduktion. Sprache ist ein soziales Medium und „cultural tool" (Tsoukas 2005, S. 121) der Wirklichkeitserzeugung, und menschliche Individuen treffen Unterscheidungen und wenden Kategorien innerhalb sprachgestützter Interaktionskontexte an (vgl. Tsoukas 2005, S. 123 f.). Individuen wird in diesem Ansatz eine große Bedeutung hinsichtlich der Beurteilung von Informationen zugeschrieben, und gleichzeitig wird von der grundlegenden Sozialität sozialer Praktiken ausgegangen. Individuen aktualisieren durch den sprachgestützten Unterscheidungsgebrauch die wissensförmig vorgegeben Sinnmöglichkeiten:

> Although it is individuals who make such judgements, the latter are made possible by the existence of pools of generalized knowledge (theories), produced and sustained by communities of peers (…) upon which individuals draw in the course of their action. Organizational knowledge, therefore, can be defined as the ability members of an organization have developed to make judgements within a collective domain of action, based on an appreciation of context and/or set of generalizations (Tsoukas und Mylonopoulos 2004b, S. 8).

Organisationales Wissen ist dementsprechend die von Organisationsmitgliedern entwickelte Fähigkeit, in Organisationskontexten angemessene Unterscheidungen treffen zu können, die auf historisch entwickelte und kollektiv eingelebte Sinngeneralisierungen („sets of generalizations") zurückgehen, die z. B. in Form organisationstypischer Regeln vorliegen. Organisationen sind Tsoukas zufolge damit dreierlei zugleich, 1) „Konkrete Konstellationen", in denen individuelle Handlungen stattfinden, 2) „Bündel abstrakter Regeln" in Form propositionalen Wissens und 3) „historische Bedeutungsgemeinschaften (vgl. Tsoukas 2005, S. 124).

An diesen Ausführungen lässt sich die Relevanz einer sinntheoretischen Organisationsperspektive unmittelbar ablesen, die sowohl am Regelbegriff als auch an der Relation von Sinngeneralisierung und Sinnaktualisierung ansetzen kann. Wenn ich an diesem Punkt bereits auf die folgenden Darstellungen zu *Regeln als Sinngeneralisierungen* (Abschn. 2.4) vorgreife, dann treffen sich diese mit Tsoukas Analyse dahin gehend, dass auch er Regeln als typische Sinngeneralisierungen („generic rules") begreift. „Generic" ist dabei sowohl im Sinne von *verallgemeinert* als auch im Sinne von *typisch* bzw. *gattungsmäßig* interpretierbar. Der weitere Aspekt betrifft das Verhältnis von *Potenzialität* (Sinngeneralisierung als Struktur) und *Aktualisierung* (Kontextualisierung, Konkretion/ Respezifikation als Ereignispraxis). Sinngeneralisierungen werden in der ereignishaften Aktualisierung bzw. im praktischen Vollzug in jeder neuen Situation

(„in situ") produziert und reproduziert.[18] Aktualisierung beinhaltet dabei immer die Möglichkeit der Bestätigung oder Veränderung (Abweichung und Ablehnung).

In einem weiteren Schritt differenziert Tsoukas organisationale Wissensformen. Er unterscheidet „propositionales" und „narratives" Wissen. Wie Tsoukas formuliert, ist „propositional organizational knowledge intrinsically related to the institutional dimension of organizational contexts" (Tsoukas 2005, S. 70), während „narrative organizational knowledge is intrinsically related to practices" (Tsoukas 2005, S. 70). Propositionales Wissen ist ein Wissen für routinisierte und institutionalisierte soziale Situationen, dass darin zur Anwendung kommt und rekursiv auch erst zur Regelung und Routinisierung derselben führt. Es erfüllt eine „institutional utility" und hat oftmals die konditionale Form einer „wenn..., dann-Formel":

> Propositional formalization are predicated on the assumption that the phenomenon they refer to is patterned, composed of objectively avalaible elements that can be re-presented via an abbreviate formula.(...) Algorithmic compressibility is clearly important in so far as it allows the compression of masses of observational statements into a few clearly stated propositional statements, possessing the same informational content but, more importantly, enabling economy of effort, transferability, and remote control (...) (Tsoukas 2005, S. 71).

„Algorithmische Verdichtung" („algorithmic compressibility") fungiert als generalisierte Abkürzung in geordneten, strukturierten und institutionalisierten sozialen Kontexten (vgl. Tsoukas 2005, S. 73). Narratives Wissen erfüllt hingegen eine „practical utility", da Erzählungen („narratives") flüssiger und flexibler verfasst sind und so kreative Anpassung an unvorhersehbare Umstände ermöglichen (vgl. Tsoukas 2005, S. 84).[19] Tsoukas betont die Komplementarität von propositionalem und narrativem Wissen für die Gesamtwirklichkeit der Organisation. Beides

---

[18]Etymologisch erwähnenswert ist, das *in situ* sowohl einen zeitlichen als auch räumlichen Bezug meint. Es geht um *aktuelle* Aktionen bzw. Prozesse an einem *konkreten* Ort („an Ort und Stelle"). Damit ist mit *in situ* immer sowohl die Zeit- bzw. Prozess- als auch die Raumdimension von Aktionen und Aktivitäten bezeichnet.

[19]Tsoukas weist in diesem Zusammenhang auf die Gedächtnisfunktion narrativen Wissens hin. Diese Argumentation entspricht den kultur- und medientheoretischen Arbeiten von Goody (1991) und Ong (1987) zum Zusammenhang von Oralität und Literalität und darauf basierenden Formen kollektiven Erinnerns und Vergessens. Jan Assmann (1992) hat in seiner Kulturtheorie des sozialen Gedächtnisses herausgearbeitet, dass Literalität und Oralität als mediale Möglichkeitsbedingungen für unterschiedlich komplexe soziale Gedächtnisfunktionen fungieren (vgl. Drepper 1996).

ist seiner Meinung nach unverzichtbar. Somit kommt man zu der, innerhalb der Organisationstheorie sehr verbreiteten These, der erwartungsförmigen Komplementarität von Erwartungsstrukturen wie z. B. von Formalität und Informalität (vgl. Tacke und Drepper 2017, S. 48 ff.).[20]

Wir kommen hier zu einer weiteren sinntheoretischen Vertiefung, denn Tsoukas verbindet an dieser Stelle der Argumentation den Wissensbegriff mit dem Regel- und Kategorienbegriff, dem Begriff der Routine und den Konzepten der Generalisierung und Typisierung. Kategorien und Regeln stellen Sinngeneralisierungen dar. Sie sind Vorabselektionen der Sinnorientierung, an die angeschlossen werden kann und so mögliche Kontingenz eingeschränkt und bestimmte Anschlüsse wahrscheinlicher und erwartbarer gemacht werden können. Kategorien sind Sinngeneralisierungen, die gleichzeitig ein- und ausschließen („selective inclusions", „selective exclusions"): „Through generalizing in one direction and, by default, not in another, discursive contexts make organizational action possible. (...) By being generalizations, categories are necessarily selective: as selective inclusions they are also selective exclusions; they suppress as much as they reveal" (Tsoukas 2005, S. 75). Zur Verdeutlichung gibt Tsoukas das Beispiel der Patientenrolle als einer Kategorisierung bzw. Generalisierung von Personenbezügen an, die in medizinischen Organisationskontexten einerseits als *reduktives Sinnschema* fungiert – das Individuum wird auf einen Fall mit medizinischer Relevanz reduziert –, aber gleichzeitig damit eine Vielzahl organisationstypischer Anschlüsse (Untersuchung, Operation, Pflege etc.) eröffnet, also die Gleichzeitigkeit von Einschränkung und Ermöglichung prozessiert. Die Schemata können in Organisationsregeln weiterverwendet und z. B. in Entscheidungsprogrammen wie Konditional- oder Zweckprogrammen (vgl. Luhmann 2000, S. 256 ff.; Drepper 2003a, S. 147 ff.) verknüpft werden: „Wenn der Patient in der Nacht klingelt, dann (...)".[21] Durch *Typenkombination* und *Typenverdichtung* können Regeln als abstraktere und komplexere Sinngeneralisierungen fungieren, indem sie *Verhaltenstypen* mit

---

[20]Vgl. Tacke (2015) ausführlich zur Unterscheidung von Formalität/Informalität.

[21]Eine weitere Feinjustierung und weitere selektive Respezifizierung stellt die *Personalisierung* dar: „Wenn *dieser* Patient klingelt, dann ist besondere Vorsicht geboten!" Mit Blick auf die Zeitdimension sozialer Ereignisse bedeutet die Anwendung eines Entscheidungsprogrammes eine je gegenwärtige Verbindung von Vergangenheits- und Zukunftsperspektive. Z. B. der ‚dann-Teil‘ einer Konditionalprogrammierung ist auf zukünftige Effekte der Entscheidung gerichtet, während der Konditionalteil, das ‚wenn‘, auf bereits in der Vergangenheit begründete Sinnelemente verweist, z. B. auf frühere Entscheidungen, andere, außerhalb der Situation liegende Ereignisse, und/oder auf, an anderen Orten und zu anderen Zeiten, generalisierten Sinn, der nicht extra für die aktuelle Situation gefunden oder ausgehandelt werden muss.

Akteurstypen und *Situationstypen* verbinden und somit längerkettige und konditio-
nenreichere Kausalitätsmuster bilden. Andererseits basieren Organisationen nicht
nur auf formalisierten Regeln, denn es gibt Grenzen des propositionalen Wissens
aufgrund – wie Tsoukas es nennt – „unvollständiger Regeln" und „instabiler
Semantiken" (vgl. Tsoukas 2005, S. 74). Das bedeutet, dass Regeln keineswegs
immer eindeutige Definitionen und Strukturierungen sozialer Situationen vorgeben,
denn sie beinhalten die Möglichkeit der Unvollständigkeit, Mehrdeutigkeit und
Interpretationsbedürftigkeit. Für Tsoukas sind Organisationen aus diesem Grund
auch „offene Systeme". Von „Offenheit" spricht er wegen der potenziellen Bedeu-
tungsverschiebbarkeit von Semantiken. In offenen Systemen besteht seiner Meinung nach immer die Möglichkeit, dass Semantiken ihre Bedeutungen ändern und
verschieben, sie sind nicht per se stabil, nur weil sie zu einem gewissen Zeitpunkt
formal definiert wurden oder sich historisch eine bestimmte Bedeutung gewohn-
heitsmäßig herauskristallisiert hat. Das bedeutet, dass propositionales Wissen zwar
vergangene Situationen und Erfahrungen generalisieren kann, nicht aber automatisch die Anweisung dafür mitliefert, wie in der Zukunft Regeln anzuwenden und
zu gestalten sind (vgl. Tsoukas 2005, S. 76). Tsoukas beschreibt hier letztlich ein
kommunikatives Geschehen der Bedeutungsgenese und Bedeutungsverschiebung,
wobei die Offenheit der Organisation semantische Veränderbarkeit und Sinnverschiebungen meint. Das ist ein durchaus anderes Verständnis von Umweltoffenheit,
als man es aus der Tradition der Organisationstheorie kennt, denn Offenheit wird in
Tsoukas Ansatz als ein *Modus der Sinnproduktion* begriffen und nicht als
Mechanismus, über den externe Elemente in eine Organisation importiert werden.

In Bezug auf die Relation von Organisation und Gesellschaft weist Tsoukas auf die hochgradig technisierte Kommunikation durch moderne Informa-
tions- und Kommunikationsmedien in der modernen Gesellschaft hin, wobei
hier maßgeblich IuK-Technologien gemeint sind, die gleichzeitig sowohl zu
einer Entbettung von Kommunikationssituationen und der Auflösung von Zent-
ralperspektiven als auch zu einer starken Differenzierung lokaler Rationalitäten
führen (vgl. Tsoukas 2005, S. 15). In dieser Kommunikationslandschaft wird
die Erfahrung und Deutung der Gesellschaft als Informationsgesellschaft strukturell plausibel und die Bedeutung von Daten und Information als bestimmende
Wirklichkeitseinheiten schnell hypostasiert. Information wird zum *epistemischen Leitbegriff* und der Begriff der Informationsgesellschaft zur dominanten
Selbstbeschreibung (vgl. Tsoukas 2005, S. 15). Mit dieser Informationsdomi-
nanz – Castells (2001, S. 83 ff.) spricht hier etwa von „Informationalismus" als
Ideologie – vermittelt sich auch ein stark verbreiteter „informationsbasierter
Wissensbegriff" (vgl. Munro 2001), der Information mit Wissen gleichsetzt.

Tsoukas bezeichnet diesen Prozess als „Informationsreduktionismus" („information reductionism"), in dem Phänomene als *informatisierbar* und *indizierbar* beschrieben werden. Diese informationszentrierte Wirklichkeitssicht wird durch ein röhren- und übertragungsmetaphorisches Kommunikationsverständnis getragen (vgl. Tsoukas 2005, S. 16). Es kommt darin zur Reduktion komplexer Sinnkonstitutionsprozesse, indem Wissen auf Informationen und Informationen auf Daten reduziert werden (vgl. Tsoukas 2005, S. 18). Tsoukas kritisiert diese Annahme sozialphänomenologisch und argumentiert, dass ein derartiger Informationsreduktionismus die *Phänomenalität sozialer Situationen* simplifiziert, indem diese mit ihren Substraten und Repräsentationen (Digitalisierungen und Materialisierungen) gleichgesetzt werden. Damit wird das Typische sozialer Situationen ausgeblendet, und zwar deren Kontingenz und Horizonthaftigkeit. Soziale Phänomene zeichnen sich in ihrer Sinnhaftigkeit durch die Gleichzeitigkeit von Aktualität und Potenzialität aus, und die Repräsentation bzw. Manifestation eines Phänomens ist nicht das Phänomen selbst. Hier gilt das Diktum von Korzybski, *dass die Karte nicht die Landschaft ist* (vgl. Korzybski 1994/1933; Bateson 1985, S. 245 ff., Weick 1985, S. 355 ff.):

> The Information representing a phenomenon itself are not identical – the map is not the territory (Weick 1990). Any phenomenon is given in a mixture of presence and absence – what is and what might be – and is thus inherently richer than information, which focuses on presence by revealing what is or has been. Notice that if all knowledge is reduced to information, the distinction between presence and absence is lost (Tsoukas 2005, S. 19).

Wir können diese Analyse noch ergänzen, indem wir mit dem Selbstbeschreibungsbegriff darauf hinweisen, dass gesellschaftliche Selbstbeschreibungen typischerweise Einzelaspekte gesellschaftlicher Kommunikationsformen herausgreifen und dazu tendieren „spektakuläre Einzelphänomene für repräsentativ zu halten" (Luhmann 1997, S. 1089). Ambivalenzen und Differenzerzeugung werden dabei unterschätzt (vgl. Luhmann 1997, S. 1088). Informationsgesellschaft kann in diesem Sinne als ein solcher Selbstbeschreibungsbegriff verstanden werden, der anhand des Informationsbegriffes den Aktualitäts-, Neuheits- und Überraschungswert von Kommunikation betont und Kommunikation damit auf ständige Überraschung und die Vorteilhaftigkeit des Neuen hin orientiert. Neuheit ist die positiv bewertete Leitformel, vermutlich deshalb, weil sie als Fortschrittssemantik die „Wertschätzung des Neuen" (Luhmann 1997, S. 1000) betont. „Neues" scheint deshalb zu gefallen, „weil man nur von Neuem Information und damit Antrieb für Kommunikation erwarten kann" (Luhmann 1997, S. 1002). Luhmann zufolge stellt sich ab dem 18. Jahrhundert eine Gewöhnung an diese Innovationsvorstellung ein. Ab diesem Zeitpunkt festigt sich die semantische Karriere des Neuen, und Fortschritt wird zur Normalerwartung: „Man kann spätestens für das 18. Jahrhundert von einer Gewöhnung an Innovation ausgehen, und findet das auch in der Verbreitung der Vorstellung, Fortschritt sei zu erwarten als Normaltrend der neueren Geschichte." (Luhmann 1997, S. 1004) Für Organisationen wird die Verbindung von Entscheidungs- und neuzeitlicher Zeitsemantik (vgl. Luhmann 1997, S. 997 ff.) zu einer plausiblen Argumentation und Situationsdeutung. Information, Neuheit und Innovation sind moderne Zeitbegriffe, und Entscheidung wird in der Moderne zu einem bzw. *dem* Aktivitätsmodus erklärt, Veränderung und damit Neues in die Welt zu bringen, vor dem Hintergrund kontingenter Sinn- und komplexer Systemverhältnisse. Neuzeit und neuzeitliches Weltbewusstsein bedeuten, dass Entscheidungen (auf kontingenter Basis) möglich, aber auch erwartbar werden. Der Weltverlauf ist nicht mehr vorgegeben, die Zukunft ist offen. Es kann und muss entschieden werden, dass und wie es weitergehen soll. Möglichkeitsräume eröffnen zugleich Entscheidungszwänge, die Moderne erlebt sich zusehends als „entscheidungsabhängig" (vgl. Drepper 2003a, S. 80 ff.):

> Die tradierten Zeitvorstellungen deformieren sich unter dem Druck der Notwendigkeit, dem massenhaft auftretendem Neuen und dem wachsenden Bedarf für Entscheidungen Rechnung zu tragen; es muß mehr Verschiedenartiges in der Zeit untergebracht werden. (…) Wenn Gegenwart als Differenz, also als Nichtübereinstimmung von Vergangenem und Künftigem begriffen wird, liegt es nahe, sie als Entscheidung zu markieren, gleichviel, wie und wem die Entscheidung dann zugerechnet wird. (…) Jede Entscheidung ist dann der Beginn einer neuen Geschichte und zugleich die Voraussetzung dafür, dass Prognosen möglich sind – unter dem Vorbehalt, dass unbekannt bleibt, wie künftig an Hand von Folgen der Entscheidung entschieden werden wird (Luhmann 1997, S. 997 f.; 1010).

Neue Verbreitungsmedien und digitale Datenverarbeitung erzeugen in der modernen Gesellschaft eine permanente Informationsverfügbarkeit, die verarbeitet werden muss:

> Es wird immer mehr Arbeitszeit auf die Produktion von Information verwendet und immer mehr Arbeits- und Freizeit auf den Konsum von Informationen. Dabei wird eine fragwürdige Prämisse unbesehen akzeptiert, dass nämlich Information ein Wirtschaftsgut sei, das man produzieren, übertragen und konsumieren könne. Vom Begriff der Information her lässt sich jedoch die dabei vorausgesetzte Stabilität kaum rechtfertigen" (Luhmann 1997, S. 1090).

Luhmann leitet daraus die Skepsis ab, dass die „meisten Informationen (…) also
gar keine oder bestenfalls potentielle Informationen" sind, „und entsprechend
sind Produktionssteigerungen durch mehr und mehr Information gesamtwirt-
schaftlich nicht nachweisbar" (Luhmann 1997, S. 1090).
Hinzu kommt, dass der Informationsbegriff als *Substanz*- und nicht als *Ereignis*- und damit *Differenzbegriff* gedacht wird. Flüchtigkeit und Ambivalenz werden dabei ausgeblendet. Informationen kann und muss man haben, und je mehr
man hat, desto besser. Dass Information ein Differenz- und Selektionsphänomen
und kein übertragbarer Partikel ist, wird dabei ausgeblendet. Information ist eine
Ereignisqualität und damit ein Zerfallsprodukt, denn sie

> verschwindet, wenn sie aktualisiert wird (…) Überdies kann eine Information nur
> einmal überraschen. Ist sie einmal bekannt, behält sie zwar ihren Sinn, verliert aber
> ihren Charakter als Information. (…) Information ist ein zutiefst ambivalenter Sach-
> verhalt. Sie enthält gewissermaßen ihren eigenen Gegenbegriff. Sie reproduziert und
> dies von Moment zu Moment immer neu, Wissen und Nichtwissen (Luhmann 1997,
> S. 1090 ff.).

Bevor wir den Kommunikations- und den Semantikbegriff wieder aufgreifen und
noch vertiefen werden, möchte ich zunächst zu Regeln zurückkommen, die in den
praxistheoretischen Erörterungen bereits als Sinnstrukturen (Sinntypisierung und
Sinngeneralisierung) thematisiert wurden. Im Folgenden geht es darum, dieser
Sichtweise in neueren organisationswissenschaftlichen Studien noch weiter nachzugehen und dabei das operationstypisierende Fungieren von Regeln deutlich zu
machen.

2.4   Regeln

Der Praxisbegriff hat uns bereits zum Regelbegriff geführt. Wir wollen das hier
nun weiter vertiefen und dabei die sinntheoretische Perspektive schärfen. Um
eine umfassende Analyse à la Ortmann (2003, 2004, 2008, 2012) oder Klatetzki
(2012b) soll es hier nicht gehen, sondern um selektive Einsichten und Ergänzun-
gen, die für eine sinntheoretisch-operative Perspektive von Relevanz sind. In diesem Zusammenhang stehen auch Weiterentwicklungen der Kognitionsperspektive
der verhaltenswissenschaftlichen Entscheidungstheorie.
Der Regelbegriff ist eine hoch anschlussfähige Semantik. Das gilt sowohl für
die wissenschaftliche als auch die nicht-wissenschaftliche Verwendung. In der
alltäglichen Kommunikation ist der Regelbegriff hinlänglich allgemein genug,

um in verschiedenen sozialen Kontexten angewendet werden zu können, vor allen
Dingen als Begriff, der auf Ordnung verweist. Wer von und über Regeln spricht,
Regeln setzt und auf Regeleinhaltung pocht, kann auf einem allgemein zugängli-
chen Kollektivwissen aufbauen:

> Rules and rule-based action are central features of all human societies of which
> we have knowledge. Human actions are organized around rules, and these rules fit
> together to create and maintain social systems. (…) Contemporary hierarchies, mar-
> kets, and international relations are governed by institutions built around formal and
> informal rules. (…) In part, the centrality of rules stems from their position as sym-
> bolic artifacts of collective life. They are symbols of order, even where their effects
> on behaviour are limited. They are trophies of bargaining, recording the outcomes
> of conflicts. They are testaments to intentions and proclamations of virtue, serving
> in that way to juxtapose the morality of values with the compromises of situational
> action. They are the sacred texts of social order. Since the earliest recorded human
> history, systems of rules have been seen as fundamental to civilization (March et al.
> 2000, S. 7 f.).

In der wissenschaftlichen Beschreibung formaler Organisationen werden Regeln
oftmals als die prototypischen Mittel des Organisierens und der Ziel- bzw.
Zweckerreichung gesehen. Organisationen scheinen hinlänglich durch ihre strukturierten und stabilen Muster kollektiven Verhaltens beschrieben werden zu können, die sich in Routinen (vgl. Becker 2008, Kremser 2016) und Konventionen
(vgl. Knoll 2014) ausdrücken. Organisationstheorien sind nahezu immer auch
Theorien über Regeln, Regelsetzung und Regelbefolgung (vgl. March et al. 2000,
S. 8 f.). Die Rationalitäts- und Effizienzerwartung gegenüber formalen Organisationen beruht maßgeblich auf der Einschätzung, Erwartung oder Hoffnung
(Brunsson 2006), dass Organisationen dazu in der Lage sind, Verhaltenscodes und
-standards zu entwerfen, die Erfahrungs- und Problemlösungswissen festhalten
und so Verhalten auf rationale und vernünftige Weise steuern. Das wird überwiegend durch *verschriftlichte Regeln* und durch die *Internalisierung der Regeln*
durch die Mitglieder möglich (vgl. March et al. 2000, S. 9). In der Regeldiskussion innerhalb der Organisationstheorie der letzten Jahre finden sich neben der
ordnungstheoretischen Tradition verstärkt auch kognitions- und sinntheoretische

Umbauten, die das dominante Ordnungsverständnis des Regelbegriffes relativieren, indem sie auf Lücken der formalen Regelungsdichte hinweisen.[22] Das ist prominent sowohl bei Anthony Giddens als auch bei James March zu beobachten, und auch die Organisationsepistemologie von Tsoukas hat den Zusammenhang von Wissens- und Regelbegriff thematisiert und mit einer kognitionstheoretischen Erweiterung des Regelbegriffes argumentiert. In diesen Fällen begegnen uns Ideen zum Zusammenhang von Operativität und Typik, etwa wenn es um die Frage nach der *kommunikativen Genese* und *medialen Operativität* von Regeln geht. Ich werde der Diskussion zunächst eine sinntheoretische Heuristik des Regelbegriffes voranstellen, in der ich an die Unterscheidung der Sinndimensionalitäten (Sach-, Zeit-, Sozial- und Raumdimension) anschließe und die mediale Operativität von Regeln konzeptualisiere. Dabei kann ein kognitives Verständnis betont werden, dass das orientierende Fungieren von Regeln neben das ordnende stellt. Regeln lassen sich als Sinngeneralisierungen konzeptualisieren, die in den verschiedenen Sinndimensionen Sach-, Zeit-, Sozial- und Raumdimension erfolgen können, wobei Regelmäßigkeit als *Wiederholung von Ereignissen* und Regelhaftigkeit als *Typik von Ereignissen* verstanden werden kann (vgl. Nassehi 2008, S. 38 f.). Fragt man nach *Genesis* (Entstehung, Definition, Setzung, Konstitution) und *Geltung* (Geltungsgründe und Geltungsbegründer, Geltungsbezüge, Geltungsreichweite, Geltungszeiträume), lässt sich eine Heuristik von Regeln als Sinnstrukturen wie folgt skizzieren:

- *zeitlich:* Hier geht es um den Zeitbezug von Genesis und Geltung. *Wann* werden Regeln aufgestellt, wann gelten sie, und wann können/müssen/sollen sie angewendet werden? Auf welchen Zeitraum und Zeithorizont bezieht sich der Geltungsanspruch? *Wann* und *wie* lange soll die Regel gelten?
- *sozial:* *Wer* stellt die Regeln auf, und für *wen* und welche Personenkreise und Kontexte beanspruchen sie Geltung? *Wer* definiert die Situation und die dazu angemessene Regel?

---

[22]Ausführlich dazu Ortmann (2003). Bei Friedberg (1995, S. 145) heißt es etwa:

Die Regulierung, die durch die Formalstruktur erreicht wird, ist außerdem nie vollständig. Sie ist ständig überrollt von Praktiken, die die in ihr enthaltenen Vorschriften nicht einhalten. Durch diese Praktiken versuchen die Beteiligten je nach ihrer Wahrnehmung der Zwänge wie der Ressourcen der Situation, die Prägnanz des formalen Rahmens nach und nach anzuknabbern und dessen Gültigkeit zu verschieben oder zu begrenzen, ja sogar die theoretischen Abläufe vollkommen auf den Kopf zu stellen. In diesem Sinne argumentieren auch Crozier und Friedberg (1993).

- *sachlich:* Um welche Tatbestände, Fälle, Sachen, Personen und Personenkreise (Versachlichung der Sozialdimension!), Aufgaben, Probleme geht es in der Regelsetzung und der Regelanwendung? *Was* ist das Thema und *wie* wird der Themenbezug verstanden und dargestellt?
- *räumlich: Wo* und an welchem *Ort* werden Regeln gesetzt und für welche *Stellen,* welche *Reichweite* und innerhalb welcher *Grenzen* beanspruchen Regeln ihre Geltung (z. B. lokal, regional, global)?

Eine weitere leitende Unterscheidung zur Bestimmung der Funktionsaspekte von Regeln ist die Unterscheidung von *kognitiv* und *normativ,* die sich wie folgt bestimmen lässt: *kognitiv* = Orientierung, Information, Koordination, Kooperation und *normativ* = Ordnung, Kontrolle, Regulierung, Leitung, Führung, Sanktionierung.[23] Diese Unterscheidung meint keine wechselseitige Ausschließung, insofern Regeln sowohl aufgestellt und eingesetzt werden, um sowohl Orientierungs- als auch Ordnungsfunktionen zu erfüllen. Je nach kausallogischer Ausrichtung des Begründungszusammenhanges wird entweder der eine oder der andere Aspekt betont, oder aber es werden Ableitungsverhältnisse formuliert: *Ordnung durch Orientierung* (kognitiver Determinismus) bzw. *Orientierung durch Ordnung* (normativer Determinismus). Gerade die Organisationstheorie hat lange, einer strukturtheoretisch dominanten Lesart der Weber'schen Bürokratietheorie folgend, über den Begriff der Formalität den normativen Aspekt von Regeln stark betont. Obwohl man mit Weber Regeln auch als typische soziale „Sinngestalten" und Ordnungen als daraus aufgebaute „Regel- und Maximenkomplexe" rekonstruieren kann (Martens 2006b, S. 290 ff. und 2010, S. 175 ff.), womit die Idee der sinnhaften Konstitution des Sozialen betont wird, hatte doch lange eher ein normatives Verständnis des Regelbegriffs die Deutungshoheit innerhalb der Analyse von Organisationsstrukturen übernommen, sodass sich die Ordnungsvorstellung von Organisation als Sozialgebilde und die Ordnungsvorstellung von Regeln als normative Regelungen semantisch ergänzen und das Bild von Organisationen als

---

[23]Der Doppelaspekt des kognitiven und normativen Fungierens von Regeln kann in der historischen Semantik des Regelbegriffes rekonstruiert werden. Der Artikel „Regel" von Karlfried Gründer und Gottfried Gabriel aus dem Historischen Wörterbuch der Philosophie (hrsg. Von Joachim Ritter, Bd. 8, S. 427–450) legt das nahe. Die ideengeschichtlichen Quellen zeigen das Doppelverständnis des Regelbegriffes (normativ und kognitiv) und weisen auf die verschiedenen Aspekte und Dimensionen der sinntheoretischen Bestimmungen (Genesis, Geltung, Generalisierung, Respezifizierung und Typisierung) hin (vgl. Drepper 2008c).

Zweckrationalität produzierende und von Zweckrationalität getragene soziale Gebilde bestimmen konnten.[24] Wenn man auf Basis dieses Strukturverständnisses die Frage stellt, wie Organisationen ihre Ordnungsleistung und Rationalitätsfunktion realisieren, dann findet man überwiegend den Verweis auf Regeln und Routinen. Die Argumentation liest sich wie folgt: Ein sorgfältig konzipiertes System abstrakter Regeln leitet und steuert Amtsentscheidungen und Amtshandlungen, wobei Regeln stabil, umfassend, erlernbar und verschriftlicht sind. Der Formalisierungsbegriff fasst das zusammen. Wie der Formalitäts- und Regelbegriff rekursiv aufeinander verweisen und die idealtypische Vorstellung formaler Organisation begründen, macht das klassische Zitat von Robert Merton deutlich. Es bleibt keine Frage offen:

> Eine formale, rational organisierte Sozialstruktur enthält klar definierte Handlungsmuster, in denen im Idealfall jede Aktionsfolge funktionell auf die Ziele der Organisation bezogen ist. In solch einer Organisation ist eine Reihe von Ämtern, von hierarchisch geordnetem Status integriert, an die eine Anzahl von Verpflichtungen und Privilegien geknüpft sind, die jeweils durch eng begrenzte und spezifische Regeln genau definiert sind. Jedem dieser Ämter ist ein bestimmter Bereich von Kompetenz und Verantwortlichkeit zugemessen. Autorität, die Verfügungsgewalt, die sich von einem anerkannten Status herleitet, wohnt dem Amt inne und nicht der einzelnen Person, die die offizielle Rolle spielt. Offizielle Tätigkeit vollzieht sich normalerweise innerhalb des Rahmens schon bestehender *Regeln der Organisation* (Hervorhebung T. D.). Das System vorgegebener Beziehungen zwischen den verschiedenen Ämtern impliziert ein beträchtliches Maß an Formalität und klar definierte soziale Distanz zwischen den Inhabern dieser Positionen. Die Formalität manifestiert sich in einem mehr oder weniger komplizierten sozialen Ritual, das die Hackordnung der verschiedenen Ämter symbolisiert und erhält. Solche Formalität, die integriert ist mit der Autoritätsverteilung innerhalb des Systems, dient dazu, Reibungen auf ein Minimum zu reduzieren, indem sie die (offiziellen) Kontakte auf solche beschränkt, die bereits durch *Regeln der Organisation* (Hervorhebung T. D.). definiert sind. So werden leichte Kalkulierbarkeit des Verhaltens anderer und ein fester Satz wechselseitiger Erwartungen geschaffen. Zudem erleichtert Formalität den Inhabern der Ämter die Interaktion trotz ihrer privaten (möglicherweise feindlichen) Einstellungen zueinander. Auf diese Weise wird der Untergeordnete vor Willkürhandlungen seines Vorgesetzten geschützt, da die Handlungen beider von gemeinsam akzeptierten Regeln bestimmt werden. Spezifische Verfahrensanweisungen festigen die Objektivität und verhindern eine rasche Umsetzung von Impulsen in Aktion (Merton 1971, S. 560).

---

[24]Martens (2010, S. 77) weist in seiner Rekonstruktion der Schütz'schen Weberkritik aber auch auf die Grenzen der Weberschen Sinntheorie hin.

Wenn wir nun nach der Operativität von Regeln fragen, dann verschiebt sich die Perspektive in Richtung Setzung, Anwendung und Interpretation sowie Abweichung und Veränderung von Regeln, und nicht nur der formal begründeten.[25] Unter dem Aspekt der Operativität kann thematisiert werden, dass Regelgenesis und Regelgeltung als Konstitutionsprozesse zu verstehen sind und auf soziale Praktiken zurückgehen. Genesis meint dabei die Konstruktion von Regeln in sozialen Prozessen und durch soziale Praktiken, die, je nach sozialtheoretischer Begründung, als Verhaltens-, Handlungs- oder Kommunikationspraktiken verstanden werden. Die Konstruktion von Regeln ist ein sozialer Prozess, „weil sie niemals einem Individuum zuzuschreiben ist" (Ortmann 2003, S. 54). Geltung als sozialer Prozess meint: Die „Geltung von Regeln (…) ist Resultierende von handfesten Zuweisungs- und Anerkennungs- oder zumindest Akzeptanzpraktiken der beteiligten Akteure (…)" (Ortmann 2003, S. 66). Die Frage nach der Operativität von Regeln verweist damit auf Setzungsakte, denn das Setzen ‚von etwas als etwas' basiert auf medial getragenen Sinnzuschreibungen. Die Rolle von Sprache und Schrift und die Funktion von Sprechakten (Searle 1971, 1982, 1997) für Regelsetzung und Regeldurchsetzung werden besonders im Rahmen des *linguistic turns* betont. Sprache wird als Medium der Sinnerzeugung und der Wirklichkeitsstiftung verstanden, und die Unterscheidung *performative Sprechakte/ konstative Sprechakte* gibt die wesentlichen Modi der Sinnsetzung und Sinndurchsetzung an. Konstative Sprechakte werden als Sprechhandlungen verstanden, die etwas darüber aussagen, wie die Dinge sind, während performative Sprechakte als Sprechhandlungen bezeichnet werden, durch die Handlungsmotivation und Handlungsbeeinflussung hergestellt werden sollen. Sie sagen etwas darüber, wie die die Dinge sein sollen und wie sie laufen sollen (vgl. Ortmann 2004, S. 47 ff.).[26] Die nun folgenden Rekonstruktionen des Regelbegriffes in zwei sehr einflussreichen Organisationstheorien, der verhaltenswissenschaftlichen Entscheidungstheorie und der strukturationstheoretischen Organisationstheorie

---

[25]Hier lässt sich auf die Diskussion über Informalität und informale Regeln verweisen. Auch Arbeitsgruppen, Abteilungen und Teams bilden eigene, nicht in den formalen Entscheidungsprämissen festgelegte, Erwartungsstrukturen aus, z. B. Vorstellungen über angemessenes Arbeits- und Leistungsverhalten oder auch Loyalitätsnormen, so dass informaler Normbruch beobachtet und sanktioniert werden kann (vgl. Preisendörfer 2005, S. 119 f.).

[26]Aus einer systemtheoretischen Perspektive verweist der Aspekt der Motivation zur Übernahme des Mitgeteilten (Performativität) auf Motivations- und Einflussmedien der Mitteilungskonditionierung (vgl. Luhmann 1997, S. 190 ff.) wie *Geld, Macht, Recht, Wahrheit* und möglicherweise auch *Popularität*, durch die die *Verwahrscheinlichung* von Regelbefolgung hergestellt wird. Darauf kommen wir später zurück.

nach Anthony Giddens, exemplifizieren und vertiefen diese Fragen. Ich beginne
mit der verhaltenswissenschaftlichen Entscheidungstheorie.

In Weiterentwicklung der verhaltenswissenschaftlichen Entscheidungstheorie
findet sich in den Arbeiten von James March und assoziierter Forschungsgrup-
pen in den letzten Jahren verstärkt die Analyse von *Regeldynamiken*. Die verhaltenswissenschaftliche Entscheidungstheorie steht für eine Reihe von Grundideen,
die sich seit etwa 1950 als Forschungsfeld zu Entscheidungsprozessen in Organisationen etabliert haben (vgl. March 1990). Diese Forschungsrichtung verstand
sich zunächst als Kritik an der üblichen normativen Entscheidungstheorie, die
bis zum Auftreten der verhaltenstheoretischen Entscheidungstheorie als Kanon
der Wahltheorie gelten konnte. March bezeichnet die normative Wahltheorie als
„Religion" und „etablierte Kirche" der Sozialwissenschaften (vgl. March 1990,
S. 2) und das Verhältnis zur verhaltenswissenschaftlichen Entscheidungstheorie
als ein Verhältnis von Spannung und Verständigung (March 1990, S. 2). Folgende
Punkte führt March (1990, S. 3) an.

• Betonung der Bedeutung von Aufmerksamkeit für den Entscheidungsprozess.
• Interessenskonflikte in Organisationen.
• *Handlungen folgen Regeln, die sich an Erfahrungen orientieren.*
• Betonung der Ambivalenz und Mehrdeutigkeit von Präferenzen, Technologien
  und Geschichten für den Entscheidungsprozess.

Der dritte Punkt ist für die Thematik der Sinnoperativität besonders relevant.
Anpassungsregeln bedeuten, dass organisationales Verhalten überwiegend aus
dem Befolgen von Regeln besteht und nur ein Teil frei kalkulierendes Wahlver-
halten ist. Entscheidungsverhalten folgt einer „Logik der Angemessenheit" und
nicht einer Logik der bestmöglichen Alternativenauswahl (vgl. March 1990, S. 9).
Regeln sind dabei codierte Erfahrungen und spiegeln die Lehren der Geschichte
wieder. Geschichtsabhängige Entscheidungsprozesse sind durch Erfahrungen in
der Vergangenheit fundiert, wobei geschichtsabhängige Selektions- und Lernpro-
zesse nicht zwangsläufig zu optimalen Entscheidungen führen (vgl. March 1990,
S. 10). Das ist die grundlegende Aussage für die folgenden Anschlüsse zu Regeldynamiken. Sie betont den Aspekt der Geschichtlichkeit von Organisationen, die
einen Kognitionsmodus der Gedächtnisbildung ausbilden. Regeln sind die dafür
aus der Erfahrung gewonnenen und für die Zukunft bereitgehaltenen Sinngeneralisierungen. March et al. (2000) unterscheiden verschiedene Regelvorstel-
lungen, die in Theorien über Regeln in Organisationen nahezu immer zu finden
sind. Diese Vorstellungen schließen sich nicht wechselseitig aus, führen je nach
Gewichtung aber dennoch zu anderen Konsequenzen. Regeln sind ...

- rational und bewusst entworfene Mittel zur Zweckerreichung.
- sich selbst vermehrende, wuchernde Strukturen bzw. Mechanismen.
- Elemente der organisationalen Wirklichkeitskonstruktion.
- Codierungen organisationaler Vergangenheit.

ad 1) Regeln als rationale und bewusst entworfene Mittel zur Zweckerreichung:
Hierbei handelt es sich sicherlich um eine dominante Vorstellung zur Funktion von Regeln in organisationalen Kontexten, z. B. in Bezug auf das Funktionieren von Gruppen in Organisationen. Regeln ermöglichen es, Kommunikations- und Koordinationsprobleme zu lösen und steigern somit die Effizienz der Gruppe. Die idealtypisch positive Funktionsvorstellung von Regeln lässt sich wie folgt zusammenfassen: Regeln ermöglichen Dauerhaftigkeit, Verlässlichkeit und Vorhersagbarkeit organisationalen Verhaltens. Sie weisen über das einzelne Organisationsmitglied hinaus und versprechen durch diese Überpersönlichkeit Stabilität bei wechselnden Personenkonstellationen. Auch in organisationalen Situationen mit Macht- und Interessendivergenzen und -konflikten können Regeln ihre Funktion erfüllen (vgl. March et al. 2000, S. 11).

ad 2) Regeln als sich selbst vermehrende, wuchernde Strukturen bzw. Mechanismen
Diese Vorstellung begreift Regeln als selbstbezügliche und sich selbst vermehrende, endemische Strukturen. Das hat besonders die Bürokratieforschung deutlich gemacht: Bürokratien lieben Bürokratiewachstum, und Regeln bringen weitere Regeln hervor (vgl. March et al. 2000, S. 13).

ad 3) Regeln als Elemente der organisationalen Wirklichkeitskonstruktion
Dieses Verständnis begreift Regeln sowohl als Verhaltens- und Handlungsmuster als auch als symbolische Repräsentationen. In schriftlicher Form kommunizieren und repräsentieren Regeln Ansprüche, wie Dinge passieren oder passieren sollen. Über ein gewisses Bündel an Standardregeln gibt die Organisation darüber Auskunft, was für eine Organisation sie ist bzw. sein will. Regelbündel *typisieren* die Organisation bzw. die Organisation *typisiert sich* durch die Wahl bzw. das Setzen bestimmter Regel-Sets selbst (vgl. March et al. 2000, S. 15).

ad 4) Regeln als Codierung organisationaler Vergangenheit
Hier werden Regeln als wissenstragende Strukturen verstanden, die Lernerfahrungen festhalten. Als Erfahrungszusammenfassungen bilden Regeln das „Gedächtnis der Organisation" (vgl. March et al. 2000, S. 16 f.). Dieser Generalisierungs- und Gedächtnisaspekt verweist auf die medialen Möglichkeitsbedingungen, durch die Sinn strukturell als Aktualisierungsmöglichkeit bereit

gehalten werden kann. Verschriftlichte Regeln sind das Signum moderner Organisationen und die wesentliche Legitimationsquelle gegenüber ihren relevanten sozialen Umwelten (vgl. March et al. 2000, S. 18), selbst wenn viele wesentliche Regeln in Organisationen gerade nicht verschriftlicht und dennoch bekannt sind. Dieser Punkt verweist auf das Verhältnis von Sprache und Schrift und auf die Unterscheidungen schriftlich/nichtschriftlich, schriftlich/mündlich, mündlich/unausgesprochen, denn es wäre verkürzt, würde man davon ausgehen, dass die wichtigsten Regeln in Organisationen immer formal und verschriftlicht sind. An dieser Argumentationsstelle wird der Übersetzungsbegriff von March et al. in die theoretischen Begründung einbezogen, um einen aktiven Transformationsmodus für den Zusammenhang zwischen Regeln und Handeln beschreiben zu können. Regelgenese verläuft über Übersetzungsstufen: Handlungen werden in Geschichte übersetzt – Geschichte wird in Regeln übersetzt – Regeln werden in Handlungen übersetzt. Die Relationen zwischen Regeln, Handlung und Geschichte werden als Übersetzungsprozesse bezeichnet, die aber nicht per se reibungslos ablaufen, sondern Mehrdeutigkeiten und Ambiguitäten („Implementierungsambiguitäten", „Geschichtsambiguitäten" „Adaptionsambiguität" vgl. March et al. 2000, S. 23 f.). hervorbringen können. Wir werden den Übersetzungsbegriff im nächsten Kapitel unter dem Titel der „Kommunikabilien" ausführlich weiter diskutieren. Ich komme nun zur *Strukturationstheorie* nach Anthony Giddens, in der der Regelbegriff ebenfalls prominent gestellt und sinntheoretisch fundiert wird.

Anthony Giddens hat dem Regelbegriff in seiner Strukturationstheorie eine wichtige Stelle eingeräumt, dabei explizit den sozialphänomenologischen Typenbegriff verwendet und eine zeittheoretische Konzeptionierung der Ereignishaftigkeit des Sozialen entwickelt. Insgesamt lässt sich deshalb bei Giddens das sinntheoretisch relevante Dreigespann aus Operations-, Form- und Typenbegriff diskutieren. Zur Grundierung dieser These ist es sinnvoll, zunächst einige Hauptargumente der Giddenschen Strukturationstheorie zu rekonstruieren. Als eigenen Theoriestandpunkt markiert Giddens die Reformulierung und Rekonzeptualisierung wesentlicher sozialtheoretischer Dualismen. Diese antagonistische Positionen möchte er in dem Theorem der „Dualität von Struktur" miteinander versöhnen und als ein wechselseitiges Konstitutionsverhältnis begreifen (vgl. Giddens 1992, S. 215). Giddens entwickelt seine Konzeption demgemäß in der Auseinandersetzung mit soziologischen und philosophischen Schulen sowohl des interpretativen als auch des strukturalistisch-funktionalistischen Paradigmas.[27] Den Begriff der „Typisierung" entlehnt Giddens der phänomenologischen Soziologie von Alfred Schütz (1971). Unter „Typisierungen" – bei Schütz (1982, S. 90 ff.) auch „Typen" und „Typizität" – versteht Giddens kognitive Schemata der Sinninterpretation. Als weitere wesentliche Schütz'sche Vorlage greift Giddens die Unterscheidung von Handeln und Handlung auf, wobei Handeln den sich je gegenwärtig vollziehenden Prozess meint und Handlung den, in der reflexiven Zuwendung auf das Handeln ex post entstehenden, Struktureffekt bezeichnet. Daneben ist für Giddens das methodologische Theorem der „Konstruktion zweiten Grades" entscheidend. Im Schütz'schen Sinne rekonstruieren Sozialwissenschaftler die, von den Gesellschaftsmitgliedern bereits angefertigten, Sinnentwürfe und Interpretationen über die Welt. Sozialwissenschaftliche Konstruktionen sind immer schon Konstruktionen von Konstruktionen und damit auf der Ebene zweiter Ordnung zu betrachten (vgl. Giddens 1984, S. 35 f.). Aus der Ethnomethodologie Garfinkels kommt dann noch das Konzept der „Alltagswelt" hinzu. Gesellschaftliche Praktiken sind Handlungen, anhand derer Gesellschaftsmitglieder ihre Alltagsangelegenheiten steuern (vgl. Giddens 1984, S. 43). Der Regelbegriff kommt durch die Wittgensteinsche Philosophie und deren sozialwissenschaftliche Interpretation nach Winch hinzu. Demnach ist sinnhaftes Handeln als regelgeleitetes Handeln zu verstehen. Jedes Handeln ist regelgeleitetes Handeln, und das Verhältnis von Regel und Handlung impliziert immer den Aspekt der Interpretation der Regel durch das handelnde Subjekt. In der Giddens'schen Auslegung dieses Regelbegriffes reproduzieren Akteure diese Regeln, indem sie sich auf sie beziehen.

Giddens widmet sich besonders dem rekursiven Verhältnis von Handlung und Struktur. Darauf wollen wir uns im Weiteren vornehmlich konzentrieren, denn hier werden sowohl der Ereignisbegriff als auch das Typisierungskonzept relevant. Die leitende Unterscheidung ist die von Handeln und Handlung. Während Handeln auf den je gegenwärtigen Handlungsstrom als Ereignisprozess verweist („durée"), meint Handlung die Ex-post-Typisierung bzw. Klassifizierung des bereits vollzogenen Handelns als Handlung (vgl. Giddens 1992, S. 90).

---

[27]Als wesentliche Referenzpublikationen dienen hier Giddens (1984, 1992), in denen die Anlehnungen an die einzelnen Paradigmen grundständig erarbeitet werden. Hier sind vornehmlich die Schützsche Sozialtheorie, der an Wittgenstein orientierte Entwurf von Winch, die ordinary language philosophy von Austin sowie die, in Auseinandersetzung mit der klassischen Hermeneutik, entwickelten Bedeutungstheorien von Apel und Habermas zu nennen. Hinzu kommt in Giddens (1992) noch die Auseinandersetzung mit Foucaults Machttheorie und Zeitgeografie.

Der Handlungsbegriff wird durch den *Praxisbegriff* konturiert, in dem Sinne, dass Handlungen „menschliche Praktiken als eine fortlaufende Reihe ‚praktischer Tätigkeiten'" (Giddens 1992, S. 90) sind. Durch diese Praktiken bringt der Mensch die soziale Welt hervor, produziert und reproduziert er Gesellschaft. Giddens unterscheidet drei wesentliche Dimensionen der „Produktion von Interaktion" und „Sinnhaftigkeit von Kommunikation". Es geht hierbei um 1) die interaktive Konstitution von Sinn und Bedeutung (Ebene/Sphäre der „Signifikation"), 2) die Konstitution einer moralischen Ordnung (Ebene/Sphäre der „Legitimation") und 3) die Konstitution von Macht (Ebene/Sphäre der „Herrschaft") (vgl. Giddens 1984, S. 126 ff.).

ad 1) Bei der Sinnkonstitution läuft die wesentliche Verständigungsleistung über implizites, handlungspraktisches Wissen, „mutual knowledge" im Schütz'schen Sinne:

> Gegenseitiges Wissen wird in Form von *Interpretationsschemata* angewendet, durch die Kommunikationskontexte aufrechterhalten werden. Solche Interpretationsschemata (‚Typisierungen') können jeweils als eine Reihe generativer Regeln für das Verständnis der illokutionären Kräfte sprachlicher Äußerungen angesehen werden. Gegenseitiges Wissen ist einerseits ‚Hintergrundwissen' in dem Sinne, daß es für selbstverständlich angesehen wird und meistens unausgesprochen bleibt, andererseits gehört es nicht zum ‚Hintergrund', da es durch die Gesellschaftsmitglieder während ihrer Interaktion andauernd entfaltet, aktualisiert und modifiziert wird (Giddens 1984, S. 130).

ad 2) Die moralische Ordnung von Interaktion läuft über Normen, die sowohl Ermöglichungsbedingung als auch Beschränkung darstellen. Giddens betont, dass Normen nicht nur Zwang darstellen, sondern auch handlungsermöglichend wirken (vgl. Giddens 1984, S. 131).

ad 3) Machtbeziehungen in Interaktionen werden durch den immanenten Zusammenhang von Handeln und Macht bestimmt: „Macht im Sinne transformatorischer Fähigkeit menschlichen Handelns ist die Fähigkeit des Handelnden, in Ereignisse einzugreifen, um ihren Gang zu verändern" (Giddens 1984, S. 134 f.). Das Verhältnis von Macht und Interaktion stellt sich Giddens so vor, dass die Teilnehmer an einer Interaktion Ressourcen in eine „Interaktion einbringen und als Elemente ihrer Produktion heranziehen, um den Verlauf der Interaktion zu lenken. Es sind daher die Fertigkeiten eingeschlossen, durch die Interaktion als sinnhaft konstituiert wird, aber auch (…) jede andere Ressource, die ein Teilnehmer einbringen kann, um das Verhalten von anderen, die an der Interaktion teilnehmen, beeinflussen und kontrollieren zu können" (Giddens 1984, S. 136).

Als Anspruch an eine gesellschaftstheoretisch orientierte Sozialtheorie fordert Giddens, Handeln als rational erklärbares Verhalten zu betrachten, „das von den Handelnden reflexiv organisiert wird; die Bedeutung der Sprache als Medium, wodurch dies erst möglich gemacht wird, ist dabei zu berücksichtigen" (Giddens 1984, S. 8). Bei dieser Form der Reflexivität handelt es sich maßgeblich um sprachlich vermittelte Selbstreflexivität (vgl. Giddens 1984, S. 8). Gerade zur Erläuterung des Theorems der Dualität von Struktur orientiert sich Giddens am Paradigma der natürlichen Sprache. Giddens versteht Sprache als ein „Medium praktischer gesellschaftlicher Tätigkeit", das zentrale Funktion für die Konstitution des Sozialen übernimmt, denn „die Produktion von Sinn in kommunikativen Handlungen ist (wie die Produktion von Gesellschaft, die darauf aufbaut) eine auf Fertigkeit beruhende Leistung der Handelnden – eine Leistung, die zwar als selbstverständlich vorausgesetzt ist, jedoch nur vollbracht wird, weil sie nie als vollständig selbstverständlich angesehen wird" (Giddens 1984, S. 22). Nach eigenen Aussagen ist es gerade die sprachtheoretische Wende der ordinary language philosophy, die für die sozialwissenschaftliche Analyse auf eine Verbindung von Sprechen und Handeln verweist und einen kommunikationstheoretisch erweiterten Praxisbegriff nahelegt (vgl. Giddens 1992, S. 35 f.). Giddens integrativer Anspruch wird an seinem Strukturbegriff ersichtlich, denn hier wird die Sinnkonstitutionsperspektive mit einem materialistischen Verständnis verbunden, indem der Strukturbegriff in zwei Komponenten geteilt wird. Unter Strukturen versteht Giddens „Regeln" und „Ressourcen", „die an der sozialen Reproduktion rekursiv mitwirken" (Giddens 1992, S. 45). Regeln, unter denen Giddens routinisierte Techniken oder verallgemeinerbare Verfahren des praktischen Bewusstseins versteht, die zur Ausführung und Reproduktion sozialer Praktiken dienen[28], unterteilt er in „normative Elemente" und „Signifikationscodes", während Ressourcen in „autoritative" (entspringen der Koordination menschlichen Handelns) und „allokative" (entspringen der Kontrolle über die materielle Welt) zu trennen sind (vgl. Giddens 1992, S. 45). Giddens legt des Weiteren einen starken Fokus auf eine zeit- und raumtheoretische Grundierung der Sozialtheorie. Mit Bezug auf die Institutionen der Moderne interessiert ihn hierbei besonders die Entwicklung der „time-space-distanciation", der Entkopplung von Zeit und Raum in sozialen Praktiken, sowie die These der räumlichen Entbettung, des *disembedding*

---

[28]Interessant ist hier die Unterscheidung zwischen „alltäglichen Regeln" und „formulierten Regeln", die so etwas wie kodifizierte Interpretationsregeln darstellen und in Form von Gesetzen, Spielregeln Verwaltungsanordnungen vorkommen. Für den späteren Übertrag auf die Organisationstheorie ist das von Interesse, da gerade *Formalisierung* ein Definitionskriterium – neben „reflexiver Strukturation" – für die organisationstheoretische Variante der Strukturationstheorie ist.

sozialer Institutionen, die er als spezifische Entwicklungen der modernen Gesellschaft begreift (vgl. hierzu ausführlich Giddens 1995). Struktur wird in diesem zeittheoretischen Zusammenhang als *Differenzbegriff* verstanden, als „Schnittpunkt von Gegenwärtigem und Abwesendem" als „intersection of presence and absence" (Giddens 1992, S. 68). Hierbei geht es darum, den Übergang von sozialen Situationen der „Kopräsenz" (Interaktion) zu institutionalisierten Praktiken der Raum-Zeit-Ausdehnung sozialer Systeme zu erklären. Interaktionen, in denen die Kopräsenz und die Anwesenheit der Akteure Zeit und Raum bindet, gilt es in Beziehung zu solchen sozialen Mechanismen zu setzen, die über Zeit- und Raumgrenzen hinausweisen (vgl. Giddens 1992, S. 235). Der Übergang von flüchtigen Interaktionen auf Basis körperlicher Kopräsenz zu gesellschaftlichen Praktiken, die dauern, Institutionen also, ist im Wesentlichen ein Effekt der Zeitlichkeit sozialen Handelns. Giddens unterscheidet deshalb die Zeit der alltäglichen Erfahrung, die „durée", von der Zeit der Institutionen, der „longue durée" (vgl. Giddens 1992, S. 89).

Diese Darstellungen zum sinn- und ereignistheoretischen Potenzial der Giddensschen Sozialtheorie lassen sich für die Organisationstheorie spezifizieren. Hier wird die Frage nach kollektiver Formhaftigkeit sozialer Gebilde virulent, denn Organisationen werden als „rekursive Handlungs-Struktur-Formen" konzeptualisiert, die sich über das Handeln kompetenter Akteure, der „knowledgeable agents" reproduzieren. Die kompetenten Akteure beziehen sich in ihren Interaktionen auf Strukturen sowie auf weitere Strukturmerkmale des Handlungsfeldes, die durch das strukturierte Handeln hervorgebracht werden (vgl. Ortmann et al. 1997c, S. 317). Der Organisationsbegriff, den Ortmann et al. hier aus dem Giddens'schen Strukturtheorem herleiten, will organisationale Wirklichkeit nicht auf formale Strukturen reduzieren, sondern begreift Organisationen als immer wiederkehrende soziale Praktiken (vgl. Ortmann et al. 1997c, S. 317). Das Theorem der Dualität von Struktur ermöglicht dabei eine grundlegende Fassung des üblichen Doppelverständnisses von Organisation als Prozess des „Organisierens" und als Resultat bzw. Erzeugnis, als „Organisiertheit" (Ortmann et al. 1997c, S. 315). Organisation wird als reflexive Strukturation begriffen, als Formalisierung von reflexiv etablierten Regeln und Ressourcen im Sinne formalisierter Entscheidungsregeln, Entscheidungswege und Stellenbeschreibungen (vgl. Ortmann et al. 1997c, S. 322). Auch organisiertes Handeln bezieht sich auf die drei Dimensionen des Sozialen (Signifikation, Legitimation, Herrschaft) und spielt sich in diesen zugleich ab. Jedes Handeln in Organisationen bezieht sich auf die symbolhafte kognitive Ebene der Signifikation, die normative Ordnung der Regelbezüge sowie die Herrschaftsordnung, die sich in der Organisationsstruktur und den Kommunikationswegen manifestiert (Ortmann et al. 1997c, S. 324).

Kommen wir vom Regelbegriff in der verhaltenswissenschaftlichen Entscheidungstheorie und der Strukturationstheorie nun zu allgemeineren Aussagen zurück. Die vorausgehenden Darstellungen konnten operative Momente, sinntheoretische Aspekte und kommunikationstheoretische Desiderate des Regelbegriffes vor Augen führen. Das konnte durch die Erweiterung des konventionellen Ordnungsverständnisses hin zu einem kognitionsorientierten Regelverständnis gezeigt werden. Der operative Grundbegriff in den diskutierten Ansätzen ist überwiegend, wie wir bei Tsoukas und auch bei Giddens exemplarisch gesehen haben, der Handlungsbegriff, durch den der Praxisbegriff bestimmt wird, der von sich aus spezifikationsbedürftig ist. Soziale Praktiken sind Handlungspraktiken. Der Praxisbegriff steht nicht selbstständig und ersetzt Handlung nicht als soziologischen bzw. sozialtheoretischen Grundbegriff, möchte ihm aber eine besondere zeit- und kreativitätslogische Erweiterung hinzufügen, um diesen von funktionalistischen Strukturdeterminismen fernzuhalten. Kommunikation wird ebenfalls nicht als eigenständiger Begriff entwickelt, sondern im Stile des Habermasschen Verständnisses kommunikativen Handelns als ein besonderer Handlungstypus der symbolvermittelten Koordination begriffen. Wie wir im Eingangskapitel mit den Definitionsroutinen *Subsumtion* und *Supplementation* dargelegt haben, wird Kommunikation in den bisher besprochenen Ansätzen und Theorien dem Verhaltens-, Handlungs- und Interaktionsbegriff untergeordnet und zur *aspekthaften Anreicherung* des Hauptbegriffes herangezogen. Kommunikation kommt immer dann ins Spiel, wenn es um die sprachliche und schriftliche Medialität von Verhaltens- oder Handlungspraktiken geht. Oder anders: Wie kommen die Medialität und das Symbolische an und ins Verhalten, die Handlung, Praktik oder Interaktion? Über Kommunikation. Das haben die regel- und praxisorientierten Analysen zu Medien der Sinnbewegung (Sprache und Schrift) und deren Formungen zu typischen Strukturen thematisiert. Wie wird medial mobilisierter Sinn strukturell typisiert und damit orientierend und ordnend? Diese Frage nach Sinntransitionen und -transformationen mündet in die Diskussion um den Übersetzungsbegriff, der in den Organisationswissenschaften der letzten Jahre eine große Rolle spielt und den wir bereits in den Analysen von James March angesprochen haben. Festhalten möchte ich an dieser Stelle, dass die Relevanz von Kommunikation und Kommunikationsprozessen thematisch erfasst wird, es aber nicht zur Elaboration eines eigenständigen Kommunikationsbegriffes kommt. Wir werden dieser Frage nun weiter nachgehen und mit der soziologischen Systemtheorie eine Theorie hinzuziehen, die einen eigenständigen Kommunikationsbegriff auf Basis einer „allgemeinen Theorie rekursiver Operationen" (vgl. Luhmann 1997, S. 1124) entwickelt. Dieser Kommunikationsbegriff wird uns in den weiteren Diskussionen orientieren, zusammen mit dem Semantikbegriff, der sinngenerialisierende und sinntypisierende Strukturen der Kommunikation bezeichnet.

2.5   Kommunikation

Die soziologische Systemtheorie bestimmt Kommunikation als operatives Sin-
nereignis, das durch strukturierte Wiederholung zum Aufbau von typischen Sys-
temformen führen kann (vgl. Luhmann 1990, S. 73; Luhmann 1997, S. 127).
Kommunikation ist eine „three-term-structure" (Stichweh 2000b, S. 10), ein
Mehrkomponentenereignis, das

> aufgrund einer ganz spezifischen Unterscheidung möglich ist, und zwar aufgrund
> der Unterscheidung von Information, Mitteilung und Verstehen. (…) Wenn nicht auf
> diese Weise unterschieden wird, findet keine Kommunikation statt; die Anwesenden
> nehmen einander nur wahr. Die Emergenz von Kommunikation in Situationen, in
> denen bewußt Beteiligte vieles andere sonst noch wahrnehmen, grenzt an eine hoch-
> spezifische Art von Operation gegen anderes ab, und zwar dadurch, daß verstanden
> wird, wie Information und Mitteilung aufeinander bezogen sind (Luhmann 1990,
> S. 116).

Für die Bildung sozialer Systeme steht „nur Kommunikation als basale Operation zur Verfügung. Und während Organismen nur auf Irritationen ihrer Außenflä-
chen reagieren können (…), steigern Kommunikationssysteme ihre Irritierbarkeit,
indem sie räumliche Grenzen durch sinnhafte Unterscheidungen ersetzen" (Luhmann 1997, S. 124 ff.). Sinnsysteme sind Ereignissysteme, die

> ihre Letztelemente als Ereignisse produzieren, die zeitpunktbezogen entstehen und
> sofort wieder zerfallen, die keine Dauer haben können und jeweils zum ersten und
> zum letzten Male vorkommen. Es handelt sich um temporalisierte Systeme, die Sta-
> bilität nur als dynamische Stabilität, nur durch laufende Ersetzung von vergehenden
> Elementen durch neue, andere Elemente gewinnen können. Ihre Strukturen müssen
> darauf eingestellt werden (Luhmann 1997, S. 52).

Kommunikation ist als Sinnoperation ein zeitpunktgebundenes Ereignis. Temporalität und Flüchtigkeit gelten auch für die drei Komponenten der Kommunikation, Information, Mitteilung und Verstehen. Die Information kann nur einmal
überraschen, die Mitteilung ist als Handlung an einen Zeitpunkt gebunden und
das Verstehen kann nicht wiederholt werden (vgl. Luhmann 1997, S. 71). In diesem Zusammenhang wird der Informationsbegriff differenzlogisch begriffen.
Information ist kein zu übertragender Partikel und Kommunikation keine Sinn-,
Informations- oder Bedeutungsübertragung. In Kommunikation wird nichts
„weggegeben" (vgl. Luhmann 2002, S. 289):

Wenn man Kommunikation als Einheit begreift, die aus den drei Komponenten Information, Mitteilung und Verstehen besteht, die durch die Kommunikation erst erzeugt werden, schließt das die Möglichkeit aus, einer dieser Komponenten einen ontologischen Primat zuzusprechen. Weder kann man davon ausgehen, dass es zunächst eine Sachwelt gibt, über die dann noch gesprochen werden kann; noch liegt der Ursprung der Kommunikation in der „subjektiv" sinnstiftenden Handlung des Mitteilens; noch existiert zunächst eine Gesellschaft, die über kulturelle Institutionen vor schreibt, wie etwas als Kommunikation zu verstehen sei. Die Einheit der kommunikativen Ereignisse ist weder objektiv, noch subjektiv, noch sozial ableitbar, und eben deshalb schafft die Kommunikation sich das Medium Sinn, in dem sie dann laufend darüber disponieren kann, ob die weitere Kommunikation ihr Problem in der Information, in der Mitteilung oder im Verstehen sucht. Die Komponenten der Kommunikation setzen einander wechselseitig voraus; sie sind zirkulär verknüpft. Sie können daher ihre Externalisierungen nicht mehr als Eigenschaften der Welt ontologisch fixieren, sondern müssen sie im Übergang von einer Kommunikation zur anderen jeweils suchen. (…) Kommunikation ist also eine bestimmte Art, Welt zu beobachten an Hand der spezifischen Unterscheidung von Information und Mitteilung. Sie ist eine der Möglichkeiten, auf Grund von Spezifikation Universalität zu gewinnen. Sie ist keine ‚Übertragung' von Sinn (…) (Luhmann 1997, S. 71 ff.).[29]

Kommen wir an dieser Stelle nun genauer zum Sinnbegriff. Die phänomenologische Definition des Sinnbegriffes beruht auf der Unterscheidung von *Aktualität* und *Potenzialität* und begreift Sinn als einen Verweisungsüberschuss:

Man kann Sinn phänomenologisch beschreiben als Verweisungsüberschuss, der von aktuell gegebenem Sinn aus zugänglich ist. Sinn ist danach (…) ein endloser, also unbestimmbarer Verweisungszusammenhang, der aber in bestimmter Weise zugänglich gemacht und reproduziert werden kann. Man kann die Form von Sinn bezeichnen als Differenz von Aktualität und Möglichkeit und kann damit zugleich behaupten, dass diese und keine andere Unterscheidung Sinn konstituiert (Luhmann 1997, S. 50).

---

[29]Auch Maturana votiert gegen das Übertragungsmodell der Kommunikation und geht von einer „Superkoordination der Koordination von Organismen" (Luhmann 2002, S. 289) aus. Schon G. H. Mead sah den „Social Act" als komplexen Koordinationsprozess mehrerer Komponenten. Der lateinischen Wortbedeutung „componere" gemäß, bedeutet die Komponente ein zusammengefügtes Bestandteil: „Im Weiteren heißt dies nun, dass diese Einheit, diese Komponenten Information, Mitteilung und Verstehen, nicht isoliert vorkommen können, sondern immer Aspekte einer operativ zustande gebrachten Einheit sind, jedoch nicht als Bausteine, Atome oder sonst wie vorhandenen Zustände, die man nur noch zusammenbaut" (Luhmann 1992, S. 283).

Die spätere Luhmannsche Theorie ergänzt diesen Sinnbegriff und betont dabei besonders das operative Moment von Sinnprozessen. Diese operative Wendung des Sinnbegriffes lässt sich durch das folgende gesellschaftstheoretische Diktum plakativ greifen: „Denn ohne von Sinn Gebrauch zu machen, kann keine gesellschaftliche Operation anlaufen." (Luhmann 1997, S. 44) das heißt, dass ohne von Sinn Gebrauch zu machen, keine kommunikative Operation anlaufen kann. Sinn wird hier als Medium kommunikativer Operationen verstanden und das Verhältnis von Operation und Medium dabei zirkulär-rekursiv begründet: ohne Operation kein Medium und ohne Medium keine Operation (vgl. Luhmann 1997, S. 44). Die erkenntnistheoretische Konsequenz dieses Rekursivitätsverhältnisses liegt darin, dass *sinnhafte Identitäten* nur rekursiv erzeugt werden können und „dass nicht mehr von Objekten die Rede ist, sondern von Unterscheidungen und ferner: dass Unterscheidungen nicht als vorhandene Sachverhalte (Unterschiede) begriffen werden, sondern dass sie auf eine Aufforderung zurückgehen, sie zu vollziehen (…)" (Luhmann 1997, S. 60). Luhmann macht an dieser Argumentationsstelle den erkenntnistheoretischen Bezug zum linguistic turn deutlich:

So versteht man auch den ‚lingustic turn' der Philosophie als Korrelat einer gesellschaftlichen Entwicklung, die der Substanzontologie und ihrem transzendentalen Refugium die Plausibilität entzieht. Das impliziert zugleich einen Übergang von Was-Fragen zu Wie-Fragen, die Problematisierung der Übersetzbarkeit von Sprachen und allgemein die seit Saussure gesehene Notwendigkeit, Identitäten durch Differenzen zu ersetzen (Luhmann 1997, S. 48, Fn. 50).

Dass Sinn als Medium für ein unterscheidungsabhängiges Beobachten fungiert, bedeutet, dass Formbildungen als Systemoperationen vollzogen werden müssen „– sei es als Dirigierung bewusster Aufmerksamkeit, sei es als Kommunikation. Im Falle sprachlicher Kommunikation sind das Worte, die unter Beachtung grammatikalischer Regeln und nach Erfordernissen der Sinnbildung zu Sätzen gekoppelt werden" (Luhmann 1997, S. 59). Das führt uns zum *Formbegriff*, der als Differenzbegriff bestimmt wird. Formen sind keine Objekte, sondern Unterscheidungen und damit

nicht länger als (mehr oder weniger schöne) Gestalten zu sehen, sondern als Grenzlinien, als Markierungen einer Differenz, die dazu zwingt, klarzustellen, welche Seite man bezeichnet, das heißt: auf welcher Seite der Form man sich befindet und wo man dementsprechend für weitere Optionen anzusetzen hat. (…) Jede Bestimmung, jede Bezeichnung, alles Erkennen, alles Handeln vollzieht als Operation das Etablieren einer solchen Form (…). Der Formbegriff unterscheidet sich damit nicht mehr nur vom Begriff des Inhalts; aber auch nicht nur vom Begriff des Kontextes. Eine Form kann im Unterschied von etwas zu allem anderen liegen, ebenso auch im Unterschied von etwas zu seinem Kontext (etwa eines Bauwerkes zu seiner städtischen oder landschaftlichen Umgebung), aber auch im Unterschied eines Wertes zu seinem Gegenwert unter Ausschluss dritter Möglichkeiten (Luhmann 1997, S. 60 ff.).

Ich komme damit zum Sprachbegriff innerhalb der Luhmann'schen Kommunikationstheorie, dem Verhältnis von Sprache und Kommunikation und zur Bedeutung von Sprache als Kommunikationsmedium, das Bewusstsein und Kommunikation sinnhaft aneinander koppelt. In Luhmanns Theorie wird Kommunikation nicht auf Sprache und Sprachverwendung reduziert, denn Kommunikation kann nicht „als eine Art Vollzug einer sprachlichen Struktur aufgefasst werden" (Nassehi 2009, S. 261). Sprache wird bei Luhmann nicht als ein (Zeichen-)System, sondern als ein Kommunikationsmedium verstanden, das nicht ohne und unabhängig von den es verwendenden operativen Einheiten funktionieren kann, denn

> Sprache hat keine eigene Operationsweise, sie muß entweder als Denken oder als Kommunizieren vollzogen werden; und folglich bildet Sprache auch kein eigenes System. Sie ist und bleibt darauf angewiesen, dass Bewußtseinssysteme auf der einen und das Kommunikationssystem der Gesellschaft auf der anderen Seite ihre eigene Autopoiesis mit völlig geschlossenen eigenen Operationen fortsetzen. Wenn dies nicht geschähe, würde sofort jedes Sprechen und bald darauf auch nicht mehr sprachlich gedacht werden können (Luhmann 1997, S. 112).

An dieser Stelle und auf Basis der bisher eingeführten Begriffe lässt sich nun eine Verbindung zwischen dem Sprachbegriff, dem kognitionstheoretischen Schemakonzept (Abschn. 2.2) und dem Begriff der Sinntypik herstellen. Hinzukommt an dieser Stelle noch der Semantikbegriff. Luhmann geht davon aus, dass Sprache den „Aufbau hochkomplexer Kommunikationsstrukturen" erlaubt,

> also einerseits das Komplexwerden und Wiederabschleifen sprachlicher Regeln selbst und andererseits den Aufbau sozialer Semantiken für die situative Reaktivierung wichtiger Kommunikationsmöglichkeiten. Dasselbe gilt, mutatis mutandis, für die vom akustischen Medium ins optische Medium übertragene Sprache, also für Schrift. (...) Während Sprache als Struktur relativ zeitbeständig fixiert sein muss, gibt es einen zweiten Kopplungsmechanismus, der labil und gleichsam lernfähig eingerichtet ist. Wir nennen ihn unter Übernahme eines Begriffs aus der kognitiven Psychologie ‚Schemata'. (...) Beispiele wären standardisierte Formen der Bestimmung von etwas als etwas (...), Attributionsschemata, die die Ursachen und Wirkungen verknüpfen und eventuell mit Handlungsaufforderungen oder Schuldzuweisungen ausstatten. (In diesen Fällen spricht man von Skripts). Aber auch Zeitschemata, insbesondere Vergangenheit/Zukunft oder Präferenzcodes wie gut/

schlecht, wahr/unwahr, Eigentum/Nichteigentum, erfüllen die Schematisierungs-funktion. Bei der Verwendung von Schemata setzt die Kommunikation voraus, dass jedes beteiligte Bewusstsein versteht, was gemeint ist, wie die Bewusstseinssysteme mit dem Schema umgehen, und erst recht nicht: welche Anschlusskommunikationen sich aus der Verwendung von Schemata ergeben. Die Schemata können konkretisiert und jedem Bedarf angepasst werden. (...) Auf alle Fälle können sie als Extraktionen aus dem Gedächtnis nicht schematisch angewandt werden. Sie dienen als Redukti-onen struktureller Komplexität dem Aufbau operativer Komplexität und damit der laufenden Anpassung der strukturellen Kopplung psychischer und sozialer Systeme an sich verändernde Vorgaben (Luhmann 1997, S. 110 f.).

Ein weiteres relevantes systemtheoretisches Argument ist, dass Sprache kein auf ein bestimmtes soziales System in der Gesellschaft beschränktes Kommunikati-onsmedium ist, sondern als basales Sinnmedium menschlicher Kommunikation fungiert, das die Wahrscheinlichkeit von Kommunikation zu erhöhen vermag. Sprache ist kein spezifisches und auf Sonderprobleme hin orientiertes Kommu-nikationsmedium, sondern hinreichend neutral, um für verschiedenste Sinnan-schlüsse als Medium fungieren zu können. Die Verwendung einzelner Worte ist nicht a priori vorgeschrieben (vgl. Luhmann 1984, S. 224, 1997, S. 49; Stäheli 2000, S. 135): „Sprache stellt also in erster Linie einen Modus der Wiederhol-barkeit her, der von verschiedenen Systemen benutzt werden kann und der Sys-teme davor bewahrt, jeweils eine neue Sprache erfinden zu müssen." (Stäheli 2000, S. 136) Somit lässt sich von einem *multisystemischen Einsatz* von Spra-che sprechen, denn Sprache ist nicht an bestimmte Systemgrenzen gebunden. Genau hierin liegt der Unterschied zu symbolisch generalisierten Kommunikati-onsmedien (vgl. Luhmann 1997, S. 316 ff.). Während symbolisch generalisierte Kommunikationsmedien die Einheit eines Kommunikationssystems durch die *Ähnlichkeit von Elementen*, also durch *Typik* herstellen, ist Sprache neutral, weil sie als Medium überall eingesetzt werden kann. Das Verhältnis von Sprache zu symbolisch generalisierten Kommunikationsmedien liegt somit in der Differenz von unspezifisch zu spezifisch bzw. von nicht-typisiert zu typisiert. Um gesell-schaftlich als typische Kommunikation fungieren zu können, muss Sprache mit spezifischem Sinn angereichert, ergänzt, supplementiert werden (vgl. Stäheli 2000, S. 154). Genau diese Differenz zwischen Sprache, die als neutrales, mul-tipel und polyvalent anschlussfähiges Medium fungiert, und symbolisch gene-ralisierten Kommunikationsmedien als sonderproblembezogenen und damit spezifischen Medien ist das hier wesentliche Theorieargument.

Ein weiteres wichtiges Argument aus dem Luhmann-Zitat betrifft die Verbin-dung von Schemabegriff und soziologischer Sinntypentheorie. Schemata und Skripte werden soziologisch als *erwartungsförmige Sinntypen* begriffen:

Wir hatten von Schemata oder, wenn Handlungen involviert sind, von Skripts gesprochen. Das schließt die Bezeichnung von ‚etwas als etwas' ebenso ein wie stark verkürzende Kausalattributionen und wie eine pointierende Zuschreibung auf Intentionen, die dazu verhelfen, Verhalten als Handlung zu beschreiben und gegebenenfalls politisch oder moralisch zu bewerten. Solche Schemata lassen mehr oder weniger offen, wie man sich zu den Informationen einstellt, was man erinnert bzw. vergisst und ob man Reaktionen für angebracht hält oder nicht; und ‚man' heißt in diesem Falle: Individuen und soziale Systeme jeder Art. (…) Es geht, könnte man im Anschluß an eine von Max Weber bis Alfred Schütz reichende soziologische Tradition sagen, um die Reproduktion von Typen (stereotypisierten Erwartungsmustern), die für das Verstehen von Handlungen bzw. Kommunikationen unabdingbar sind und nicht allein schon durch richtige Anwendung von Worten oder grammatischen Regeln, also nicht schon durch die Sprache selbst, gewährleistet sind (Luhmann 1997, S. 1106).

Diese Theorieargumentationen können wir nun in die Analyse des Wissensbegriffes einfließen lassen, was uns zusammen mit dem Semantikbegriff zum systemtheoretischen Verständnis von Sinnstrukturen bringt. Wissen wird als eine Sinnstruktur begriffen, als durch Kommunikation typisierter und sedimentierter Sinn, der als Kommunikationsstruktur fungiert: „Wissen ist (…) in einem extrem allgemeinen (und nicht kulturspezifischen) Sinne kondensiertes Beobachten und in einem spezielleren Sinne, der evoluiertes Unterscheidungsvermögen voraussetzt, eine als kognitives Erleben stilisierte Erwartungshaltung." (Luhmann 1990, S. 146) Der Strukturbegriff führt in der soziologischen Systemtheorie sowohl zum Erwartungsbegriff als auch zum Konzept der Erwartungsenttäuschungsmodulierung (vgl. Luhmann 1984, S. 448). Luhmann unterscheidet einen „kognitiven" und einen „normativen" Umgang mit enttäuschten Erwartungen. Der kognitive Umgang mit enttäuschten Erwartungen rechnet internal zu, sucht also die Änderung der Erwartung beim eigenen System, während die normative Haltung external zurechnet und bei den ursprünglichen Erwartungen verbleibt. Der kognitive und der normative Umgang mit enttäuschten Erwartungen basiert auf *modalisierenden Metaregeln*, die als Selbstregulationsmodi fungieren. Für den Umgang mit Irritationen gibt es dann zwei Metaregeln: „Die eine lautet: ändere die Struktur, so daß die Irritation als strukturkonform erscheinen kann. Die andere lautet: halte die Struktur fest und externalisiere deine Enttäuschung; rechne sie einem System der Umwelt zu, das sich anders verhalten sollte. Im ersten Fall wird die Erwartung kognitiv modalisiert, im zweiten Fall normativ." (Luhmann 1990, S. 138 f.) Diese Unterscheidung zieht Luhmann heran, um Wissen und Normen als Strukturen sozialer Systeme begreifen zu können. Wissen wird als *kognitiv stilisierter* Sinn verstanden, während *normativ stilisierter* Sinn als Recht festgehalten wird (vgl. Luhmann 1990, S. 138 f.).

Eine weitere entscheidende Einsicht des operationalen Systemansatzes liegt
in der Verlagerung des Wissensphänomens in die Zeitdimension, denn Wissen
„betrifft stets eine aktuelle Operation, die, indem sie abläuft, schon wieder ver-
schwindet. (...) Es gibt keine zeitfreie Erkenntnis. (...) Wissen erscheint verob-
jektiviert, um als dauerhaft erscheinen zu können; aber soweit es gewußt werden
soll, muß es immer wieder neu vollzogen werden. (...)" (Luhmann 1990, S. 129).
Wissen hat durch die Operationsabhängigkeit einen Aktualitäts- und Temporali-
tätsaspekt, denn

> Wissen ist, nimmt man dies ernst, immer aktuelles Wissen und immer nur im Beob-
> achten von Beobachtern gegeben. Es ist eben deshalb immer auch synchronisier-
> tes Wissen, nämlich synchronisiert mit der Gleichzeitigkeit dessen, was je aktuelle
> Gegenwart ist. (...) Folgt man dieser radikalen Verzeitlichung dessen, was beob-
> achten ist und tut, dann müssen nicht nur alle Objektkonstanzen und alle Aufzeich-
> nungen daraufhin relativiert werden, dann verliert auch Wissen die Eigenschaft von
> etwas, das man ‚haben' und ‚behalten' kann, und an die Stelle solcher Bestands-
> vorstellungen tritt die Frage, wer was wann und unter welchen Bedingungen
> aktualisiert. Und damit tritt an die Stelle der Frage ‚was ist?' die Frage ‚wie wird
> seligiert?' Was beobachtet wird, wird natürlich fast vollständig wieder vergessen.
> Nur weniges wird aufgezeichnet, und zwar im Wesentlichen das, was man als wie-
> derholbar konstruieren kann (Luhmann 1990, S. 106 f.).

Dirk Baecker spezifiziert diesen Luhmann'schen Wissensbegriff explizit für
Organisationen. Er versteht Wissen ebenfalls als eine kommunikative Sinnstruktur, wobei er besonders die differenz- und unterscheidungstheoretischen Impli-
kationen des Begriffs pointiert. Organisationales Wissen ist nicht das Wissen in
den Köpfen der Individuen, sondern ein Wissen, das in den sozialen Verhältnissen
steckt, und das „wichtigste Qualitätsmerkmal dieses Wissens ist, daß es kommuniziert werden muss, um wirksam zu werden, und daß die Art und Weise, wie es
wirksam wird, davon abhängt, wie es in der Kommunikation ausgewertet wird"
(Baecker 1999, S. 78). Wissen kann nicht behältermetaphorisch als ein Bestand
verstanden werden, der in einem Speicher aufgehoben und bei Bedarf abgerufen
werden kann, sondern als ein differenzielles Operationskorrelat und -kondensat.
Wissen ist eine Struktur, die die Informationsverarbeitung eines Sinnsystems
orientiert und *Irritationen* in *Informationen* umzuwandeln und zu übersetzen
ermöglicht. Hier haben wir es mit einer zirkulären Ereignis-Struktur-Logik zu
tun, denn Wissen als Sinnstruktur ermöglicht die *Um-Formung* einer Irritation
in eine Information (vgl. Baecker 2003, S. 168). Der Strukturwert organisationalen Wissens liegt darin, dass es die Anschlussfähigkeit von Entscheidungen
generiert und Ablehnungswahrscheinlichkeiten reduziert. Dabei geht es nicht

um die Wahrheitsfähigkeit des Wissens, sondern um Anschlussfähigkeit mit der Funktion, Unsicherheit zu reduzieren:

> Das Wissen, auf das jede Entscheidung zurückgreift, ist selbst ein Signal, das die Annahmewahrscheinlichkeit der Entscheidung erhöht. Es hat dieselbe Funktion wie die Fußnote in einem wissenschaftlichen Text: Man weiß nicht, was dahinter steckt, aber man ist beeindruckt und akzeptiert. Das Wissen, auf das jede Entscheidung zurückgreift, dient nicht dazu, die Anschlussentscheidung oder gar vorherige Entscheidungen zu belehren. Sondern es dient dazu, die Brauchbarkeit jeder Entscheidung abzusichern (Baecker 1999, S. 94).

Aus einem solchen operativ-temporalisierten Wissensbegriff folgt, dass Materialisierungen der Kommunikation wie z. B. Texte nicht selbst schon Wissen darstellen, sondern Artefakte sind, die die prinzipielle Möglichkeitsbedingung der Sinnaktualisierung und des sinnhaften Anschließens bereithalten (vgl. Luhmann 1990, S. 154). Die Iteration von sinnhaften Operationen, seien es Kommunikationen oder Bewusstseinsakte, führt zur „Konstruktion von Objektpermanenzen" und damit zu Sinnidentitäten. Aus diesem Grunde ist *Wiederholung* (Regelmäßigkeit) und *Wiederholbarkeit* (Regelhaftigkeit) auch eine unerlässliche Komponente für das Verständnis eines operativen Wissensbegriffes. Das Entscheidende an Wiederholung besteht darin, dass sie zu verschiedenen Zeitpunkten und in verschiedenen Situationen erfolgt. Das erzeugt Luhmann zufolge den Doppeleffekt der „Kondensierung" und „Konfirmierung". „Kondensierung" meint die Reduktion auf Identisches, meint Sinnbestätigung,

> die erst nötig wird, wenn man aus der Fülle des gleichzeitig Aktuellen etwas Bestimmtes zur wiederholten Bezeichnung herauszieht. Die Bedingungen der Wiederholbarkeit müssen als Bedingungen der Selbigkeit, als Bedingungen der Wiedererkennbarkeit und Wiederverwendbarkeit Desselben spezifiziert werden. Das geschieht bereits auf sehr einfachen Stufen des Lebens und natürlich erst recht auf der Ebene des bewußten Wahrnehmens. Im Falle von Kommunikationssystemen erfordert es Worte, also Sprache (Luhmann 1990, S. 108).

„Konfirmierung" bezeichnet darüber hinaus den Aspekt der Sinnanreicherung. Generalisierende Konfirmierung ist der Operationseffekt, durch den im Vollzug der Wiederholung neue Sinnbezüge aufgenommen werden. Das Identische bewährt sich auch in anderen Situationen und dadurch, dass „es auf Selbigkeit reduziert ist, kann es Bedeutungsfülle gewinnen" (Luhmann 1990, S. 108). Es geht um Sinnbestätigung und Sinnanreicherung in und durch wiederholbare und wiederholte Kommunikationen. Semantiken sind „orientierungsrelevantes Kulturgut" (Luhmann 1997, S. 894):

Wiederholbar ist nicht etwa der Gegenstand, der die Wiederholbarkeit gleichsam erklärt. Wiederholbar ist nur die Operation selbst, und dies nur dank einer rekursiven Vernetzung mit anderen Operationen. (…) Nichts anderes ist gemeint, wenn wir gelegentlich von Semantik sprechen. Wir geben an diesem Begriff (zugegeben: wortsinnwidrig) alle semiologischen Konnotationen auf und stellen nur auf die Auszeichnung ab, die Beobachtungen erfahren, wenn sie als Beschreibungen fixiert, also als bewahrenswert anerkannt und für Wiederholung bereitgehalten werden" (Luhmann 1990, S. 108).

Damit kommen wir zum Semantikbegriff.

2.6   Semantiken

Der Semantikbegriff verbindet die Wissensperspektive der Organisation mit dem Sinn- und Kommunikationsbegriff und ermöglicht die Frage nach dem Verhältnis zwischen gesellschaftlicher und organisationaler Kommunikation. Hierbei handelt es sich um ein bislang nicht besonders weit erschlossenes Forschungsfeld, denn es „fehlt der Einbezug von Organisationen im Hinblick auf die Korrelationsthese von gesellschaftlicher Struktur und semantischer Tradition" (Göbel 2001, S. 358). Zur Unterbelichtung dieser Relation stellt Wil Martens (2001, S. 358) ebenfalls „das Fehlen des Versuches einer systematischen Zusammenführung der semantischen Muster einerseits und der sozialen Strukturen moderner Organisationen andererseits" fest.[30] Anregungen und Anschlussmöglichkeiten für eine Wissenssoziologie der Organisation finden sich besonders in Niklas Luhmanns Gesellschafts- und Organisationstheorie (Luhmann 2000a), in der neben der Sinn- und Kommunikationstheorie auch die Beobachtungs- und Unterscheidungstheorie mit einbezogen wird, die wir im letzten Unterkapitel dargestellt haben. Eine organisationskritische Perspektive muss damit nicht zwingend aufgegeben werden – ein üblicher Vorwurf der systemtheoretischen Gesellschafts- und Organisationstheorie gegenüber –, sondern diese wird beobachtungs- und unterscheidungstheoretisch grundiert. Kritisch kann dann, „dem ursprünglichen Wortsinne näher kommend bedeuten, dass die

---

[30]Ausnahmen im deutschsprachigen Kontext bilden die Arbeiten von Hiller (2005) und von Deutschmann (vgl. Deutschmann 1997, 2002; Deutschmann und Faust 1995). Auch Türk (1995, 1997, 1999) hat wiederholt zum Verhältnis von Sozialstruktur und Semantik von Organisationen in der modernen Gesellschaft geforscht. Vgl. Starbuck (2003) zum Steigerungszusammenhang von gesellschaftlicher Organisationsubiquität, Reflexionsmultiplikation und Wissensvermehrung. In der breiteren organisations- und managementwissenschaftlichen Debatte ist es z. B. Martin Parker, der den kritischen Blick für die Ideen-, Diskurs-, Kommunikations- und Semantikrelevanz des Managementthemas schärft. Diesem Thema werden wir im nächsten Kapitel nachgehen.

Soziologie in der Lage sein muß, zu unterscheiden und den Gebrauch von Unterscheidungen zu reflektieren" (Luhmann 1997, S. 22). Und kritisch kann in Zeiten polykontexturaler Gesellschaftsverhältnisse, in denen ein exklusiver und kontextunabhängiger Beobachtungs- und Beschreibungsstandpunkt nicht mehr eingenommen werden kann, eben nicht mehr entlarven, aufdecken und besser wissen bedeuten. Luhmann formuliert die Aufgabe der Wissenssoziologie dementsprechend: „Die Soziologie weiß (…) dass es in der Realität keine Beliebigkeit gibt. Und die Aufgabe einer Wissenssoziologie könnte es dann sein, die Bedingungen zu erforschen, unter denen bestimmte Unterscheidungen mehr einleuchten als andere." (Luhmann 1995b, S. 176) Genau dieser Aspekt des „Einleuchtens" lässt sich als *sozialstrukturelle Plausibilität* von Semantiken bezeichnen. Der Semantikbegriff beschreibt die Wiederholung von generalisierten Sinnmustern, die, für die kommunikative Wiederholungsfunktion zur Verfügung stehenden, typisierten (Sinn-)Formen in einer Gesellschaft (vgl. Luhmann 1980a, S. 19). Diese Semantik ist ein Vorrat an „bereitgehaltenen Sinnverarbeitungsregeln" (ebd.), ein „höherstufig generalisierter, relativ situationsunabhängig" (ebd.) verfügbarer Sinn, der Kommunikationen orientiert und ordnet. Semantiken versorgen Kommunikationen mit typischem Sinn. Auch Berger und Luckmann (1980, S. 42 ff.) sprechen in Bezug auf Sinntypisierungen von „semantischen Feldern", denn unter Semantiken werden nicht einfach nur Worte verstanden, sondern Begriffe mit einer größeren Bedeutungstragfähigkeit, ein Sinnhaushalt. Semantisch weitreichende und anschlussfähige Begriffe übernehmen eine wesentliche wirklichkeitskonstituierende Funktion, denn sie vereinigen „eine Vielzahl von Bedeutungen (Kondensation), wodurch Unbestimmtheit und Vieldeutigkeit erzeugt werden" (Stäheli 2000, S. 188). Der strukturierende Aspekt von Semantiken liegt darin, dass jeder symbolisch hoch bewertete Begriff kommunikative Wiederholbarkeit und Anschlussfähigkeit ermöglicht, „singuläre Erfahrungen zu generalisieren" (Stäheli 2000, S. 192).

Für die Organisationsforschung ist die wissenssoziologische Fragestellung nach semantischen Feldern, Sinnhaushalten und der sozialstrukturellen Plausibilität und sinnstimmigen Passung von Semantiken von Relevanz, denn so lassen sich die Strukturierungseffekte etablierter und gepflegter Semantiken der Organisationskommunikation analysieren, womit eingelebte und eingeschliffene Beschreibungs- und Selbstbeschreibungsbegriffe als Wiedergebrauchsmuster in der organisationalen Kommunikation gemeint sind. Zu denken ist hier etwa an Begriffe wie Zweck, Ziel, Hierarchie, Arbeit, Stelle, Karriere, Management, Leistung, Erfolg, Ressource und mittlerweile auch Projekt, Prozess, Performance und Netzwerk. Im Falle von Organisationen misst sich die sozialstrukturelle Plausibilität von Semantiken an deren Rückbeziehbarkeit auf die *organisationale Phänotypik*. Semantiken müssen sich an den Problem- und Themenstellungen von „Entscheidung und Unsicherheit" bzw. von „Entscheidung und Kontingenz" bewähren. All jene gesellschaftlichen Semantiken sind organisational deshalb besonders anschlussfähig und sozialstrukturell plausibel („einleuchtend"), die in besonderer Weise die Relation von „Entscheidung und Kontingenz" sinnfällig machen, in denen es um Zeit-, Sach-, Sozial- und Raumfragen in Entscheidungssituationen unter Kontingenzbedingungen geht, immer dann, wenn es um entscheidungssemantische Chiffren für Kontingenz wie Unsicherheit, Ungewissheit und Risiko geht. Man könnte im Falle der sozialstrukturellen Plausibilität auch von einer semantischen „Logik der Angemessenheit" (March) sprechen. In diesem Punkt geht es um organisationstypische Strukturmerkmale, die spezifische „Ausgangslagen für Semantik-Bedürfnisse" begründen (Luhmann 1980a, S. 29). Organisationen formen und reproduzieren sich in einer Gesellschaft, die „immer schon eine Wirklichkeitskonstruktion erzeugt hat und fortschreibt. (…) Innerhalb dieser allgemeinen gesellschaftlichen Weltkonstruktion (…) erzeugen Organisationen jedoch besondere Operationskorrelate, besondere Semantiken, besondere Unterscheidungen, mit deren Hilfe sie die Welt beobachten" (Luhmann 2000a, S. 216). Wil Martens bringt diese unterscheidungsbasierte organisationale Formkonstitution in dem folgenden Zitat plakativ auf den Punkt:

> For Luhmann, organization means in the first place processing a specific complex of distinctions (…) In fact, he focuses on the distinctions used in the production of the manifold ‚structures' of organizations. So the most important organizational phenomena he describes have a semantic nature, or in my words are cultural forms. In Organization and Decision, Luhmann is looking for the logic of the distinctions that are processed in the basic operations of organizations and in the descriptions they make of themselves. The use of these distinctions is constitutive of the existence of modern organizations. The distinctions are the means of dealing with the typically modern problem of an abundance of alternatives through the choice of temporary self-descriptions. With the help of which distinctions does an organization produce decision premises (decision programmes, communicative relations, personell) in such a way that the resulting restrictions are clearly temporal in character? (Martens 2006a, S. 90).

Dieses Zitat von Martens macht nun sehr konkret und anschaulich, was wir hier nicht nur mit Rekurs auf Luhmann, sondern auch im Anschluss an die vorherigen Darstellungen zu einem operativen Organisationsbegriff und die, innerhalb der organisationstheoretischen Epistemologie angesprochene, Funktion von formbildenden Unterscheidungen formulieren können: Organisationen lassen sich als ein *typischer Sinnkomplex formbildender Unterscheidungen* verstehen. Welche Unterscheidungen werden verwendet, um Organisation als spezifische soziale Form zu typisieren und dieser Typik gemäß die Organisationsstrukturen zu entwerfen und zu gestalten? Martens rekonstruiert den unterscheidungsförmigen Aufbau von Entscheidungsprämissen dementsprechend:

> (…) Entscheidungsprogramme (basieren, TD) allgemein u.a. auf den Unterscheidungen Aufgabe/Ausführung, falsch/richtig (…). Die Konditionalprogramme basieren auf den Unterscheidungen: Bedingung/Konsequenz, Regel/Ausnahme; Anwendung/Nichtanwendung; und die Zweckprogramme auf den Distinktionen: Zweck/Mittel; Ursache/Wirkung; Hauptzweck/Nebenzweck; Kosten/Risiken. Grundlegend für den Personaleinsatz sind die Unterscheidungen Individuum/Person, Stelle/Person, Charakter/Motivation, kompetent/nichtkompetent, Mitglied/Nichtmitglied; rekrutieren/versetzen; Stelle/Karriere. Bei der Gestaltung der Kommunikationswege sind die relevanten Unterscheidungen: Adresse/keine Adresse; verantwortlich/nichtverantwortlich; groß/klein; verschiedenartig/nicht verschiedenartig, fachliche Kompetenz/hierarchische Kompetenz, horizontale Verknüpfung/vertikale Verknüpfung (Martens 2001, S. 357).

Wenn wir in das Kompaktzitat von Martens eintauchen, dann finden wir die Unterscheidung „Regel/Ausnahme". Damit ist angezeigt, an welcher Theoriestelle der Regelbegriff in der Luhmann'schen Organisationstheorie diskutiert wird, und zwar im Rahmen des Programmbegriffes. Entscheidungsregeln werden in Entscheidungsprogrammen formuliert und generalisiert. Eingeschlossen sind damit alle „Regeln (einschließlich der Regeln über Änderung der Regeln, über Interpretation von Regeln, über Kompetenzen und fallweise zu gebende Weisungen), nach denen Mitglieder sich verhalten sollen. Auch diese Regeln sind kontingent. Sie werden durch Entscheidungen begründet. Sie gelten positiv. Ihre Änderbarkeit wird daher mitimpliziert und oft mitgeregelt" (Luhmann 1975b, S. 40). Programme bündeln Regeln für konformes und abweichendes Verhalten. Sie sind dabei im System konstruierte Unterscheidungen, wobei Konditionalprogramme als vergangenheitsbezogene „wenn-dann"-Routinen Bedingungen und Konsequenzen von Entscheidungen unterscheiden, während Zweckprogramme zwischen zu erfüllenden Zwecken bzw. zu erreichenden Zielen und dafür angemessenen Mitteln unterscheiden. Beide Strukturtypen halten Unterscheidungen für weiteren Gebrauch bereit, einmal mit Vergangenheits- und einmal mit Zukunftsbezug (vgl. Luhmann 2000a, S. 262, Drepper 2003, S. 147 ff.).

Selbstbeschreibungen sind eine weitere Möglichkeit, das Verhältnis von gesellschaftlichen Semantiken und organisationaler Kommunikation zu analysieren, denn Selbstbeschreibungsformeln sind mit spezifischen gesellschaftlichen Erwartungsstrukturen verbunden. Es geht um Fragen und Bestimmungen, woher die leitenden Ideen, Vorstellungen und Modelle stammen, durch die sich Organisationen identifizieren. Das ist keineswegs trivial, denn die gesellschaftliche Einbettung in Differenzierungsarrangements der modernen Gesellschaft bedeutet für

Organisationen eine Vielzahl an unterschiedlichen Systembezügen und darauf
basierenden Erwartungskonstellationen.[31] Selbstbeschreibungen lassen sich in
diesem Sinne als *Selbstverortungs-* und *Positionierungskommunikation* verstehen.
Das lässt sich an den Begriffen „Feld" und „Performance" beispielhaft verdeutlichen. Unter dem Selbstverortungsaspekt werfen Selbstbeschreibungen Fragen auf
wie: Wer sind wir? Wo sind wir? Wo stehen wir? Was machen wir? Was sollen
wir tun? Wie sollen wir es tun? Das Corporate Design und Leitbilder von Organisationen machen die Relevanz von (Ver-)*Ortungskommunikationen* deutlich: Wie
ist die Organisation am Markt platziert und im Feld der Marktkonkurrenz positio-
niert? Ist sie ein „global player" und spielt bzw. performt in der „ersten Liga"
oder ist sie nur eine regionale oder lokale Größe? Anhand dieser raum- und feld-
semantischen Unterscheidungen (global/regional, global/lokal, regional/lokal)
können sich die Organisationen beobachten und auch beobachten, wie sie beobachtet werden, z. B. von anderen Marktteilnehmern und Kunden. Dabei sind diese
Unterscheidungen generalisierte Kompaktbegriffe, die in der Vergleichskommuni-
kation eine Vielzahl weiterer Unterscheidungen bündeln und abkürzen. Wer sich
als global player beschreibt und so beschrieben werden will, weiß auch, welche
Strategien, Performance-Kennzahlen und Benchmarks aufzubieten sind, das heißt
welche Folgeerwartungen einzukalkulieren und einzuhalten sind. All das findet
im Rahmen der Feldsemantik statt, die als Raum- und Ortungssemantik die Frage
nach Positionen, Positionierungen und Konstellationen von Stellen und Aufstel-
lungen im Feld ermöglicht und an die Performance-Semantik gekoppelt wird,
denn das Feld ist auch eine Bühne, auf der die *Aufstellung* und *Herstellung* als
Darstellung vor Mitstreitern, Mitbewerbern und Publikum beobachtet wird.[32] Der
Performance-Begriff ist doppelsinnig und verweist auf zwei Bedeutungsaspekte
von Tätigkeiten, Aktivitäten und Operationen: erstens auf Leistungen und Aktivi-

---

[31]Das wird mit dem Begriff der „Multireferenz" (Wehrsig und Tacke 1992) beschrieben.

[32]Die Betonung von *Mitstreitern* ist hier wichtig, weil sie den Aspekt der Wirkung der
Aufführung nach innen betont. Im Sinne G. H. Meads (1938, 1969, 1988) hört man sich
beim Sprechen selber reden und kann sich so selbst manipulieren, überzeugen und konditionieren (Selbstkonditionierung als Konditionierung des *Selbst*!). Im Organisations- und
Managementalltag findet man das heute unter Motivations- und Commitmentaspekten. Der
Auftritt des begeisterten und begeisternden (oder entgeisterten und entgeisternden?) CEOs
auf der Bühne der Multifunktionsarena, die Ansprache des Mittelständlers beim Weih-
nachtsessen oder der extra komponierte Firmen- oder Abteilungssong, der ein gewünschtes
Image und eine spezifische Identität kreieren, vermitteln und unterstützen soll und den alle
zusammen im Chor(ps!) mitsingen, weisen in die Richtung einer kommunikativen, visuel-
len und auditiven Selbstmanipulation und Selbstsuggestion der Organisation durch „Organizational Sounds".

täten als Herstellung und Ausführung von Aufgaben, Aufträgen, Diensten, Prozessen und Produkten; und zweitens auf den von externen Beobachtern und Publika beobachteten Darstellungs- und Aufführungsaspekt dieser Leistungen und Aktivitäten.[33] Der Feldbegriff verweist historisch-semantisch zunächst auf militärische und sportliche Kontexte, Ereignisse und Situationen, auf Kampf und Wettkampf, auf Schlacht- und Spielfelder. Es geht dabei um Handeln in turbulenten Feldern unter Bedingungen von Kontingenz, Unsicherheit und Ungewissheit, in denen praktische Bewältigungsstrategien gefragt sind: „Es geht wiederum um die Bezwingung, Beherrschung eines unbezwingbaren, unbeherrschbaren Feldes, in dem der Zufall sein Spiel spielt." (Fuchs 2005, S. 197) Hier können wir noch hinzufügen, dass Schlacht- und Spielfelder bereits als Bühnen fungieren und als solche konnotiert werden. Es geht nicht nur um Siege und Niederlagen und Gewinne und Verluste, sondern immer auch um die Haltung, das *Wie* des Kampfes und des Wettkampfes, das beobachtet, bewertet und weitererzählt wird. Der Performance-Begriff ist ein Begriff, der die verschiedenen Anspruchsgruppen in der Umwelt von Organisationen mit in den Blick nimmt. Performance ist immer auch *Performanz*, denn das Normative an der Gleichzeitigkeit von Ausführung und Aufführung ist, dass es um die Erfüllung von Leistungserwartungen zur Ermöglichung und Durchführung von *Leistungsvergleichen* geht. In diesem Doppelsinne meint Performance die Ausführung von Erwartungen und die Aufführung der Ausführung von Erwartungen. Der Leistungsbegriff ist darüber hinaus ein *Wertbegriff*, denn Leistung ist eine gesellschaftliche Wertsemantik (als unterscheidungsbasierte Sinnform), bei der die Präferenz des binären Schematismus Leisten/Nicht-Leisten eindeutig auf der Leistungsseite der Unterscheidung liegt. Leisten ist natürlich besser als Nicht-Leisten und Leistungserbringung wünschenswerter als Scheitern und Versagen. Und wenn alles für den Moment in

---

[33]Themen wie *Inszenierung* und *Theatralisierung* von Management und Organisation im Sinne Erving Goffmans werden an dieser Stelle ersichtlich, denn Organisations- und Managementleben erscheint mitunter als Performance auf „Schau-Plätzen" (Günter 1994, S. 212ff.) der Vorder- und Hinterbühnen, worauf man eingestellt und vorbereitet sein muss, entweder durch Habitus, Ausbildung und/oder jobbezogenes Training, Coaching und Mentoring.

Ordnung ist, dann heißt es: „Gut aufgestellt und gute Performance – Gute Aufstellung, gute Leistung"![34]

2.7   Zwischenbetrachtung

In diesem Kapitel ging es um die Sichtung der Ansatzpunkte und Fragestellungen einer operativ-sinntheoretischen Organisationsforschung. Die Darstellungslogik führte dabei vom thematischen Aufhänger „Organisation und Wissen" zu den unterschiedlichen theoretischen Perspektiven. Die thematische Diskussion konnte dazu dienen, relevante Fragestellungen, Begriffe und theoretische Desiderate einer sinntheoretischen Organisationsanalyse zu identifizieren und zu adressieren, in denen es um operative Modi der Sinnbewegung und typisierende Strukturen der Sinnfestlegung geht. Als begriffliche Vorschläge, die Ereignis-Struktur-Relation zu bestimmen, haben wir das Verhältnis von Kognition und Schema, sozialen Kognitionen und Kultur, Handlungspraxis und Regel sowie von Kommunikation und Semantik aufgezeigt. Ich fasse hier noch einmal einige wesentliche Erträge der Diskussion zusammen, die uns im Folgenden weiter beschäftigen werden.

Im Diskursfeld „Organisation und Wissen" wird Wissen als ein *soziales Phänomen* bestimmt, das zwar auf individuelle bzw. psychische Möglichkeitsbedingungen angewiesen ist – das konzeptualisieren die skizzierten Theorien und Ansätze z. T. unterschiedlich –, nicht aber darauf reduziert werden kann. Wissen

---

[34]Es geht nicht nur darum, *dass man(n)* sich schlägt, sondern auch darum, *wie man(n)* sich schlägt, etwa als würdiger Sieger oder guter Verlierer. Auf diesen Feldern werden Heroen gekürt oder straucheln Herausforderer. Und hier werden aus Heldengeschichten Männlichkeitsmythen. Unter einer Gender-Perspektive ist es evident, wie Feldsemantik, militärische Rhetorik, Management- und Führungslehren und Sportsemantiken durch männliche Identitäts- und Leistungswerte interdiskursiv miteinander verwoben sind. Vgl. Neuberger (2001, S. 109ff.) zu „männlichen Archetypen" in der Führungslehre und Mronga 2013 zu Männlichkeitskonstruktionen im Management. Vgl. Luhmann (2000a, S. 344) zur „Methodologie der Leistungsverbesserung" als „gemeinsamer Sprache" von Sport und Wirtschaft. Dass eine gemeinsame Sprache gesprochen wird (werden soll!) und dass man deshalb wechselseitig besonders gut voneinander lernen kann, zeigen die mittlerweile selbstverständlich gewordenen Engagements und Auftritte von überwiegend männlichen Sporttrainern bei Führungs- und Managementkongressen und -seminaren. Gleichzeitig tauchen im Sport immer mehr neue teambezogene Management-, Motivations- und Coachingmoden auf, die aus dem Bereich des unternehmensbezogenen Human Resource Managements stammen und die Teams zum Kochen, Klettern, Segeln, Singen und meditativen Schweigen schicken. Vgl. Sprenger (2008) als Beispiel aus dem Genre der Managementberatungsliteratur zur Relation von Sport und Management.

wird als *operationales Phänomen* bestimmt, das in Relation zu und in Abhängigkeit von einem operativen Akt steht. Sei es nun Kognition, Handlungspraxis oder Kommunikation, immer geht es darum, Wissen nicht als Speicherphänomen zu betrachten, sondern an ein je aktuelles Sinngeschehen zu koppeln. Damit wird die *Temporalität* und *Ereignishaftigkeit* des Wissensphänomens betont. Entlang der phänomenologischen Sinndefinition wird Wissen als *Sinnstruktur* verstanden, die Ereignisanschlüsse ermöglicht (kognitiver Aspekt) und gleichzeitig auch in bestimmten vorgeschriebenen Grenzen (normativer Aspekt) hält. Mit Oralität (Sprache), Literalität (Schrift) und darauf basierenden medialen Artefakten (z. B. Texte) wurden in der Diskussion zwei mediale Möglichkeitsbedingungen der Genese sozialen Wissens analysiert. Mit den neuesten Informations- und Kommunikationstechnologien muss digitale Informationsprozessierung hier mit hinzugenommen werden. Der *Gesellschaftsbezug des Wissensphänomens* führte zu der Frage nach der gesellschaftlichen Einbettung und Kontextierung von Organisationen. Das haben die Konzepte der *kulturell-kognitiven, praxisförmigen Einbettung* und der *gesellschaftlichen Ausdifferenzierung* deutlich gemacht.

Des Weiteren werden im Wissensdiskurs der Organisation wesentliche organisationstheoretische Topoi reformuliert und entlang einer operativen Perspektive neu konturiert. Das betrifft die organisationstheoretisch zentralen Thematiken der Organisationsstrukturen und Umweltbeziehungen sowie die Frage nach der Form- bzw. Gebildehaftigkeit von Organisationen als genuine soziale Entitäten. Im Einzelnen:

Organisationale Strukturkomponenten – seit Simon und March in der Organisationstheorie als „standard operating procedures" und „decision premises" (Entscheidungsprämissen) diskutiert –, werden im Wissensdiskurs als spezifische Wissensformen konzeptualisiert. Die Ablaufform der Konditionalprogrammierung – „wenn ..., dann ..."-Routinen – wird z. B. als propositionales Routinewissen bezeichnet (vgl. Tsoukas 2005, S. 70 ff.) und der organisationale Wissenshaushalt in Rezeptwissen (Routine-Ablaufprogramme, standardisierte Prozeduren) und soziale Typisierungen (geteilte Wahrnehmungsmuster, Bedeutungen und Überzeugungen), die durch Sozialisation und Interaktion innerhalb der Organisation erworben werden, unterteilt (vgl. Sparrow 1998, S. 46). Die operativ-wissenssemantische Rekonstruktion von Entscheidungsprämissen und deren Interdependenzen lautet dementsprechend: Gewusst wie?! Wie können und sollen Konditionen mit Wirkungen verknüpft werden? Wie können und sollen Mittel Zwecke und Ziele erreichbar machen? Wie können und sollen Kommunikationswege strukturiert werden? Wie kann und soll das Personal in Programme und Kommunikationswege eingebunden werden? Wie können und sollen Programme und Kommunikationswege an das Personal angepasst werden?

Ein weiteres Beispiel für die wissenssemantische Reformulierung organisationstheoretischer Topoi ist die Frage nach *System-Umwelt-Bezügen* von Organisationen und damit korrelierenden organisationalen Binnendifferenzierungen. Verschiedene gesellschaftliche Umweltreferenzen von Organisationen, auf die sich Organisationen durch interne Differenzierungen in Form von Erwartungsstrukturen oder Subsystembildung beziehen (vgl. Drepper 2003a, S. 106 ff.), werden als Wissensbezüge und Wissensquellen verstanden. Die organisationale Binnendifferenzierung – Abteilungen als segmentäre Subsysteme oder Rollen als aufgaben- und themenbezogene Strukturen –, wird als Wissensdifferenzierung konzeptualisiert. Die Multireferenz von Organisationen (vgl. Wehrsig und Tacke 1992) in rechtlicher, wirtschaftlicher, politischer, wissenschaftlicher, erzieherischer, künstlerischer, medizinischer, technologischer und religiöser Hinsicht wird als Wissensfelddifferenzierung aufgefasst.

Eine weitere operative Neuausrichtung organisationstheoretischer Topoi im Rahmen der Wissenssemantik findet sich hinsichtlich der Bestimmung der Rollen, die Organisationen in übergreifenden gesellschaftlichen Prozessen spielen und diese zu *kommunikativen Adressen* und *Adressaten* machen. Organisationen werden als Wissenskonsumenten, als Wissensproduzenten, als Wissensdistributoren und Wissensselektoren verstanden, wobei sie in Bezug auf zu Wissen kondensierte Themen als Adressen (Verbreitung und Selektion) und Adressaten (Erwartungsstabilisierung durch Adressenbildung) der Kommunikation (vgl. Fuchs 1997; Tacke 2000; Drepper 2003a, S. 273 ff.) fungieren. Das lässt sich noch einmal wie folgt auffächern:

Wissenskonsum/Kommunikationsadressat: Organisationen als Wissenskonsumenten zu bezeichnen, beschreibt die Abhängigkeit von Organisationen von gesellschaftlichen Sinn- und Wissenshaushalten. Die Ausdifferenzierung bzw. Bildung von Organisationen setzt diachron (Ausdifferenzierung von Organisationssystemen im Kontext sozio-kultureller Evolution) wie synchron gesellschaftliche Strukturbedingungen voraus, an die Organisationen mit ihren Entscheidungsstrukturen und ihrer Entscheidungsproduktion anschließen (vgl. Drepper 2003a, S. 29ff.). Organisationsgenese ist immer Systembildung innerhalb von Gesellschaft, sei sie nun an deutlich konturierten, generalisieren und typisierten Kommunikationszusammenhängen (Wirtschaft, Politik, Recht, Wissenschaft, Erziehung etc.) oder aber an strukturell weniger verdichteten Kommunikationen (z. B. Interaktionen, Netzwerke, soziale Bewegungen) orientiert. Alles in allem drückt die Adressatenrolle die Einbindung von Organisationen in gesellschaftliche Strukturen und die Teilhabe von Organisationen an gesellschaftlichen Kommunikationszusammenhängen aus.

Wissensproduktion/Kommunikationsadresse: Die Funktion der Wissensproduktion beschreibt die aktive Rolle von Organisationen in gesellschaftlicher Kommunikation. Die Vorstellung ist die, dass Organisationen als Adressen der Kommunikation sowohl an der Verbreitung als auch der Selektivität von Kommunikationsthemen mitwirken. Bestimmte Themen werden von Organisationen gesetzt und besetzt und unter deren Namen verbreitet. Organisationen kommunizieren auf diese Weise eine spezifische Selektivität, die die Interpretation, das Verstehen und damit eine spezifische Anschlussförmigkeit eines Themas konditionieren bzw. prädisponieren soll (Agenda-Setting). Wirtschaftsorganisationen können z. B. auf der Ebene von Technologie- und Produktionswissen oder auf der Ebene von Dienstleistungswissen kommunikativ aktiv werden und als Wissensproduzenten auftreten. Viele Unternehmen, und vor allen Dingen Beratungsunternehmen, sind heute damit beschäftigt, Wissen so zu produzieren und zu kommunizieren, dass es als spezielles Markenwissen exklusiv auf das Unternehmen zugerechnet werden kann und so die Reputation der Organisation als spezifische Adresse im Markt gesteigert wird (vgl. Sandhu 2009). Die Verbreitung findet über Publikationen, Konferenzen, Seminare, Trainings und heute auch über die Teilnahme an digitalen Kontaktnetzwerken statt. Die Verstärkung der Selektionsvorschläge zur Erhöhung der Annahmewahrscheinlichkeit läuft über den Verweis auf effiziente Betriebsergebnisse und Bilanzen (Erfolg), (Wissenschafts-) Expertise und deren Reputation und massenmediale Präsenz und Popularität. Diese Zusammenhänge werden wir im folgenden Kapitel entlang des Begriffes der „Kommunikabilien" weiter vertiefen.

Kommunikabilien: Sinnbewegungen und Sinnfestlegungen

3

Im folgenden Kapitel geht es um Forschungen und Studien im Schnittfeld von Organisations-, Gesellschafts-, Kommunikations- und Wissenstheorie, an denen das Verhältnis von operativen Sinnbewegungen und typisierenden Sinnfestlegungen aufgezeigt und diskutiert werden kann. Wir greifen dabei einschlägige Theoriebegriffe und -argumentationen aus den ersten beiden Kapiteln auf und wenden diese thematisch an. Als thematischer Einstieg dient der Diskurs über Management als semantisches und strukturelles Phänomen, wobei Managerialismus als ein „diskursives Ereignis" (vgl. Link 1997, S. 15) bzw. „semantisches Feld" (vgl. Berger und Luckmann 1980, S. 42 f.) bestimmt wird, in dem nicht einzelne Wörter, sondern diskurstragende Kategorien und Klassifizierungen und „ganze semantische Komplexe einschließlich ihrer Praxisbezüge" (Link 1997, S. 15) kognitive und normative Effekte entwickeln, die durch Managementisierung als Ebene der praktischen Umsetzung und strukturellen Durchsetzung realisiert und konkretisiert werden. Es bietet sich wissenssoziologisch an, die Unterscheidung von Managerialismus und Managementisierung heuristisch mit der Unterscheidung von Semantik und Struktur zu unterlegen, um eine Diskursebene der Ideenzirkulation von einer Strukturebene der Ideenimplementation zu unterscheiden. In einem nächsten Schritt muss dabei aber bedacht werden, dass beide Ebenen aufeinander bezogen werden müssen, denn eines bleibt soziologisch unhintergehbar vorausgesetzt: Sinn ist das soziale Universalmedium, in das sich alle sozialen Strukturen operativ als Formen einprägen. Das heißt, dass sowohl Semantiken als auch üblicherweise als Sozialstrukturen bezeichnete Erwartungsstrukturen typisierte Sinnstrukturen sind, die sich nach verschiedenen Graden der Sinngeneralisierung und kommunikativen Anschlusspotenzialität bzw. -verbindlichkeit unterscheiden (vgl. Drepper 2003a, S. 111; Stichweh 2000c).

© Springer Fachmedien Wiesbaden GmbH 2017
T. Drepper, *Operativität und Typik*,
DOI 10.1007/978-3-658-17649-5_3

An die wissenssoziologischen Überlegungen zu Managerialismus und Managementisierung schließen in einem weiteren Schritt sinn-, kommunikations- und medientheoretische Analysen zu Organisations- und Managementstandards an. Bekannte Konzepte in den Organisationswissenschaften für Ideenzirkulation sind *Diffusion* und für Annahme und Stabilisierung *Standardisierung* und *Standards*. In dieser Diskussion lässt sich eine Begriffsvielfalt hinsichtlich der Bezeichnung der Sinnelemente beobachten. Ideen, Praktiken, Innovationen, Standards, Wissen und kulturelles Material sind die hier üblichen Konzepte. Der Begriff der „Kommunikabilien" (Fuchs 1993, S. 149 ff.) soll es als Sondierungsbegriff erlauben, die sinn- und kommunikationstheoretisch relevanten Fragestellungen und Argumentationen zu identifizieren und der (*Was-*)Frage nach den *Sinnelementen* nachzugehen, die operativ bewegt werden. Hinzukommt die Frage nach dem *Wer,* nach der sozialstrukturellen Trägerschaft und Stabilisierung des Sinnmaterials bzw. der Sinnformen. Geht es hier um bestimmte Personengruppen, einzelne Organisationen, Organisationstypen, Akteure und Kollektivakteure, gesellschaftliche Felder und Sphären, Kommunikationssysteme, Rollen, Regeln und Routinen, Normen oder Werte? Die Frage nach dem *Wie* nimmt den Ereignismodus der Prozessierung und Variation von Sinnformen in den Blick. Wird hier von Verhalten, Handlung oder Kommunikation als Grundbegriff ausgegangen? Und welche weiteren Begriffe und Konzepte werden für Zirkulations-, Verbreitungs-, Annahme- und Anschlussphänomene angenommen? Geht es um *Übersetzung* (translation), *Wanderung* (travel), *Verbreitung* und *Durchsetzung* (diffusion), *Übertragung* (transfer), *Anpassung* (adaption), *Aneignung* (adoption) und *Umdeutung* (reinterpretation), *Austausch* (exchange), *Import* (import), *Einprägung* (imprint), *Verschiebungen* (displacement), *Umwandlungen* (transformation), *Bastelei* (bricolage), *Zusammensetzung* und *Neuformung* (hybrization) oder *Respezifikation* (specification)? Die *Warum*-Frage wirft dann noch den Blick auf Hintergründe und Begründungen für Selektivitäten, die auf Konzepte wie System-, Institutionen- oder Feldlogiken, Akteursinteressen und Akteurskonstellationen, Pfadabhängigkeiten, geschichtliche Rekursivitäten und Eigenwerte verweisen. Um diese Fragen und theoretischen Erörterungen wird es im Folgenden gehen. Ich beginne mit der Unterscheidung von Managerialismus und Managementisierung.

3.1 Managerialismus und Managementisierung: Themenzugang und theoretische Desiderate

Die Managementperspektive hat sich nahezu in alle Sachgebiete und Lebensvollzüge der modernen Gesellschaft ausgebreitet.[1] Auf die (Selbst-)Steuerung durch Managementmethoden kann heute scheinbar nicht mehr verzichtet werden. Die Ausweitungsambitionen des „Managertums" (Schelsky 1965) beschränken sich dabei nicht mehr nur auf die Organisationen der Wirtschaft, denn die „Managementisierung" (Meyer 2002) konfrontiert immer stärker auch Nicht-Wirtschaftsorganisationen mit Managementtrends und Reorganisationserwartungen. Wie Nigsch es bereits in den 1990er Jahren formuliert hat, ist Management „in steigendem Maße zum gemeinsamen Nenner unvermeidlicher Reorganisationsprozesse" (Nigsch 1997, S. 417) geworden. Der Managementbegriff fungiert dabei als mikro-, meso- und makroetikettierende Semantik der Steuerung und Selbststeuerung. Der rational agierende „Akteur" (individuell und kollektiv) bedient sich heute moderner Managementtechniken und beschreibt sich auch dementsprechend. Im Diskurs um die organisationale und gesellschaftliche Relevanz von Management lassen sich grob zwei polare Positionen unterscheiden, eine betriebstechnisch-instrumentelle Perspektive von einer ideologie- und organisationskritischen Perspektive. Für die managementaffine Position lautet die Standardproposition, dass heutzutage auch Schulen, Krankenhäuser, Kindergärten, Universitäten, Bistümer, Altersheime und Caritas-Stationen, Parteien, Pfarrgemeinden und Verwaltungen nicht mehr funktions- und konkurrenzfähig sind, wenn sie sich ohne professionelles Management aufstellen und antreten. Organisationen, egal welcher Couleur, sind ohne umfassende Managementprogramme und dementsprechend geschulte Managementprofessionals (z. B. MBA-Absolventen) kaum noch denkbar. Hören wir Peter F. Drucker dazu, einen der populärsten Protagonisten unter den Managementautoren, der hier für einen gesellschaftsweiten Managementanspruch spricht: „The center of a modern society, economy, and community is not technology. It is not information. It is not productivity. It is the managed institution as the organ of society to produce results. And management is the specific tool, the specific function, the specific instrument to make institutions capable of producing results" (Drucker 1999, S. 39).

---

[1]Vgl. Drepper (2005a, 2006b) zu ersten Vorarbeiten zu diesem Thema. Wenn im Folgenden von „Managern" die Rede ist, ist das geschlechterneutral gemeint, denn um eine bessere Lesbarkeit des Textes herstellen zu können, verwende ich das generische Maskulinum. Auf Gender-Aspekte der Thematik weise ich dann gesondert hin.

Im Verständnis der zweiten und eher managementkritischen Perspektive erscheint die Durchdringung vieler Bereiche des gesellschaftlichen Lebens mit Managementideen und -praktiken als die konsequente Umsetzung des neoliberalen Projekts der Ökonomisierung des Sozialen. Im Sinne einer modernen Gouvernementalität erscheinen die Managementpraktiken als sozialtechnologische Governanceformen des Regierens über soziale Strukturen und das moderne Subjekt (vgl. Bröckling et al. 2000). Das „Enterprising Self" erlebt die radikale Individualisierung von Chancen und Risiken (vgl. Bröckling 2000). Erfolg oder Scheitern, Sieg oder Niederlage liegen am Individuum selbst und dessen Kompetenzen, Leistungsbereitschaft und Einsatzwillen. Der Einzelne soll und muss sich in dieser Selbstverwertungskultur durchökonomisieren, durchrationalisieren und durchdisziplinieren wie ein Unternehmen, denn der unternehmerische Individualismus setzt die „Hoffnung auf den unternehmerischen Unternehmer" (Bude 1997). Der neue Menschentypus, „der den Geist des Kapitalismus verkörpert, wie kein anderer, (ist) der des Unternehmers" (Verwoert 2003, S. 7). Er ist kreativ und autonom, nimmt die Dinge in die Hand und unterscheidet sich in seiner Mentalität dadurch fundamental vom Bürokraten und Angestellten (vgl. Kracauer 1971). Dieser manageriable Menschentypus (Hondrich 2001) strotzt vor „Initiative, Spannkraft, Schwung, Phantasie und Ausdauer" (Gutenberg 1958, S. 42). Im Falle des Scheiterns oder des zu langsamen oder seltenen Scheiterns wird *victim blaming* zur gebräuchlichen Zuschreibungsroutine, denn es liegt ja am Einzelnen, wenn er nicht voran kommt.[2]

Semantisch wird die kommunikative Durchlässigkeit dadurch erleichtert, dass Management kein exklusiver Begriff mehr ist, sondern mittlerweile ein populärer. Der allgegenwärtige Gebrauch des Managementbegriffes beweist dessen hohe kommunikative Anschlussfähigkeit, denn Management ist ein hochgradig konnotativer Begriff, der tief in das Rationalitäts- und Modernisierungsselbstverständnis und den Selbstbeschreibungshaushalt der westlich geprägten Gesellschaft eingelassen ist.

---

[2]Für den neuen Managementtrend des „Design Thinkings" (vgl. Brown 2016) ist nicht Scheitern das Problem, sondern Nicht-Scheitern. Schnelles und häufiges Scheitern als Denkstil und Problemlösungshabitus wird als der angemessene Lern- und Innovationsmodus in der digitalen Welt verstanden: Binären Flüchtigkeiten wird mit individuellem und kollektivem Temposcheitern begegnet: Viel und schnell fallen – viel und schnell wieder aufstehen – und immer so weiter! Man wird sicher nicht direkt zum Ideologiekritiker, wenn man annimmt, dass das nicht so sehr nach einer neuen pädagogischen Kultur der Fehlerfreundlichkeit klingt, sondern eher nach einem selbstreparierenden Beschäftigungsfähigkeits-Algorithmus als nächster Steigerungsstufe des selbstmanagenden Individuums als Potentialmaximierer im Rahmen des Konzepts des plastischen Organisationsmenschen in der *ability culture* (vgl. Drepper 2008a, S. 3200 ff.).

Wenn von Management die Rede ist, dann schwingen Rationalität, Effektivität, Effizienz, Rentabilität, Innovationsfähigkeit, Wettbewerb, Konkurrenz und Profitabilität immer mit. Im Sinne von Raymond Williams (1976) ist Management zu einem hoch anschlussfähigen Keyword geworden, wobei hohe kommunikative Anschlussfähigkeit oftmals auf semantischer Diffusität und Sinnambiguität basiert.[3] Der Managementbegriff lässt sich mitunter als „unbestimmt überdeterminiert" bezeichnen (vgl. Baecker 2002). Er ist dahin gehend überdeterminiert, dass an Management weitreichende Erwartungen geknüpft werden, und dabei so hinreichend unbestimmt, dass er auf fast jeden Sachverhalt angewendet werden kann. Gerade solche Begriffe entwickeln eine große Symbolträchtigkeit, die diffus und konnotativ genug sind, *multiple Anschlussfähigkeit* herzustellen. Die Bestimmtheitslücke sorgt für kommunikative Anschlussfähigkeit. Ambiguität ist gerade aus diesem Grund ein *Sinnvariationsgenerator,* da Mehrdeutigkeit kommunikative Möglichkeitsräume eröffnet und somit „Gelegenheit zum Anbringen von Variation bietet" (Luhmann 2000a, S. 349).

Wissenssoziologisch reflektiert, scheint die gesellschaftliche Generalisierung des Managementanspruches mit einer betriebswirtschaftlich gestützten Überschätzung der Managementfunktion einherzugehen.[4] In diesem Zusammenhang ist es ist Dirk Baeckers These, dass sich historisch-variable Leitwissenschaften

---

[3]Ortmann weißt auf den Unterschied von *Vagheit* und *Ambiguität* hin, der in den Organisationswissenschaften oftmals nicht beachtet wird. Vagheit meint Diffusität, Unklarheit und Verschwommenheit von Sinnofferten, während Ambiguität Doppel- und Mehrdeutigkeiten von Sinnofferten bezeichnet. Das macht dann wesentliche Unterschiede als Signal für mögliche kommunikative Anschlüsse, ob man interpretativ auf der Suche nach potenziell gemeinter Bedeutung im Fall von Unklarheit ist oder aber im Fall von Ambiguität an eine Offerte unter mehreren anschließen kann. Es handelt sich also um zwei verschiedene Sinnformen mit unterschiedlicher Auslöseselektivität für Anschlusskommunikationen. Vagheit motiviert zu Interpretationskommunikation auf der Suche nach Bedeutung(en) (Was ist hier gemeint? Wie ist das überhaupt zu verstehen?) und Ambiguität zur Entscheidung für eine Sinnofferte unter mehreren möglichen (Für welche Bedeutungsmöglichkeit entscheide ich mich und schließe daran an?). In der englischen Sprache ist die Unterscheidung allerdings etwas unklarer, da dort „ambiguity" auch als Synonym für Unklarheit, Uneindeutigkeit und Ungewissheit verwendet werden kann. Vgl. Ortmann (2012, S. 77 ff.) zu Vagheit in Organisationen und Keefe und Smith (1999) allgemein zu Vagheit. Für den Hinweis bedanke ich mich bei Günther Ortmann.

[4]Bemerkt werden muss, dass sich die disziplinär orientierte Betriebswirtschaftslehre mittlerweile selbst in starker Konkurrenz zu Managementberatungslehren und Managementratgebern sieht. Vgl. Kieser (2002) zum Streit um Definitions- und Beratungsmonopole zwischen disziplinär orientierten Managementwissenschaften und am Beratungsmarkt ausgerichteten Managementlehren. Vgl. auch Faust (2002) zum Boom der Managementberatung.

bestimmen lassen, die durch die gesellschaftlichen Gestaltungserwartungen aber oftmals überfordert werden:

> Aber genauso wie damals (1960er und 1970er Jahre – T. D.) die Soziologie und die Gesellschaft unter der Überschätzung der Soziologie gelitten haben – man erinnere sich nur daran, dass man damals aus der Einsicht, dass komplexe Phänomene nicht steuerbar sind, die Konsequenz abgeleitet hat, dann müsse man auf informiertere und indirektere Art und Weise, also trotzdem, steuern –, so leiden heute die Betriebswirtschaftslehre und die Gesellschaft unter der Überschätzung der Betriebswirtschaftslehre. Wer glaubt, dass ,Management' eine Führungs- und Gestaltungskunst sei, die unterschiedslos allen Organisationen, also nicht nur Unternehmen, sondern auch Behörden, Kirchen, Vereinen, Schulen, Universitäten, sozialen und kulturellen Einrichtungen sowie Armeen verschrieben werden können, weiß nicht mehr, dass dieses Management ein Produkt der Anwendung eines wirtschaftlichen Kalküls auf einen diesem Kalkül fremden Gegenstand, die Organisation, ist (Baecker 2003, S. 15).

Genau an dieser Hypostasierung der Managementfunktion setzt die kritische Reflexionsperspektive an, die ich nun am Beispiel ausgewählter Analysen rekonstruieren möchte. Hier steht „Managerialismus" als kritischer Reflexionsbegriff im Vordergrund (vgl. Parker 2002; Pollitt 1993; Reed 1989). Über diesen Begriff wird u. a. die Analyse des Zusammenhanges von Organisationspraktiken und gesellschaftlichen Diskursen eröffnet. Managerialismus als kritischer Begriff zielt damit nicht nur auf die Ebene von Organisationen, sondern auch auf die gesamtgesellschaftliche Ebene und fragt nach der sozialstrukturellen Bedeutung von Wissensformationen. Im Rahmen der Critical Management Studies (CMS) bezeichnet Martin Parker Managerialismus als eine verdrängende Ideologie, denn trotz der gesellschaftlich und historisch zu verzeichnenden Vielfalt von Organisationstypen hat sich in den letzten Jahren eine „generalized application of managerialism as the one best way" (Parker 2002, S. 184) in den Vordergrund gespielt. Die legitimierende Hintergrunderzählung der managementfokussierten Organisationen ist Globalisierung und Marktorientierung. Die dominante Proposition lautet: Globalisierung erzeugt und verschärft Markt- und Wettbewerbsbedingungen, und Markt- und Wettbewerbsstrukturen fordern und fördern effizientes und effektives Organisationsmanagement (vgl. Parker 2002, S. 185). Diese Programmatik subsumiert dann jegliche Organisationsfragen unter das Managementkontrolldiktat. Die Fokussierung auf Markt und Management lässt sich Parker zufolge aber weder synchron-sozialstrukturell noch historisch-diachron plausibilisieren. Die Managementetikettierung wird spätestens dann hinterfragenswert, wenn organisationale Praxis und beschreibende Rhetorik nicht mehr übereinstimmen und Struktur und Semantik zu deutlich auseinander klaffen (vgl. Parker 2002, S. 185):

„Recognizing the historical and social specifity of managerialism is very important in this respect. For most of human history, and in most cultures, organizing has been done without managers and markets as we now understand those terms" (Parker 2002, S. 202).

Parker fragt in seiner Analyse nach den sozialstrukturellen Trägerelementen der Semantik.[5] Das managementorientierte Organisationsverständnis basiert Parker zufolge auf drei Aspekten, die zur Bedeutung von Management als generalisierter Kontrolltechnologie beitragen. Parker (2002, S. 184) nennt das Anwachsen einer internationalen Berufsgruppe oder vielleicht sogar Managerklasse, die flächendeckende Anwendung der Managementsemantik sowie die Ausbreitung von Managementwissen durch Business-Schools. Mit dem ersten Punkt meint Parker, dass der „new corporate internationalism" zu einer globalen und globalisierten Managementklasse führt, wobei Organisationsmitgliedschaften immer mehr den Einfluss von nationalgesellschaftlichen Identitäten und Identifikationen verdrängen (vgl. Parker 2002, S. 55). Der zweite Punkt meint die hohe Anschlussfähigkeit des Managementbegriffes in der gesellschaftlichen Kommunikation. Der dritte Punkt bezieht sich auf eine relevante Stimme, die die Sprache und Tonart des Managements gesellschaftlich zu Gehör bringt, die Managementwissenschaft, die Parker zufolge nicht nur Ausbildungs- und Reflexionswissen produziert und bereitstellt, sondern auch als PR-Maschinerie fungiert. Parker zufolge hält sie zu wenig Distanz zum Gegenstand, verhält sich zu affirmativ und übernimmt zu viele Selbstbeschreibungen aus der Wirtschaft. Der überwiegende Teil der Texte aus dem literarischen Raum der Managementwissenschaften sind Parker zufolge management- und kontrollaffirmativ verfasst. Neben praktischen Hinweisen zur Organisations- und Managementgestaltung tragen und reproduzieren sie die Selbstbeschreibungen der Managementpraktiker (vgl. Parker 2002, S. 9).[6] Parker bezeichnet sie deshalb als eine der größten Legitimations- und Public-Relations-kampagnen in der Ideengeschichte der modernen Gesellschaft (vgl. Parker 2002, S. 9). Im Verhältnis zwischen Theorie und Praxis lässt sich eine zirkuläre ideenreproduzierende Struktur beobachten, denn Managementwissenschaftler trainieren Manager, die Beratung von Managementberatern nachfragen, die wiederum

---

[5]Vgl. Pfeffer (1997, S. 9) zur wissenssoziologischen Frage der historischen Entwicklung und Differenzierungen der Trägergruppen (Ingenieure, Betriebswirte, Juristen, Psychologen, Soziologen, Manager) und organisationalen Kontexte (Refa-Institute, Business Schools, Soziologie-Departments etc.) der Produktion und Reflexion des Denkens, Redens und Schreibens über Organisationen.

[6]Auf die wesentliche Rolle der populären Managementliteratur als Textgattung kommen wir später in diesem Kapitel zurück.

ihre Legitimität durch Managementwissenschaftler erhalten (vgl. Parker 2002, S. 2). Inhaltlich propagiert der moderne Managerialismus als Welt- und Organisationsanschauung die Anwendung von Management als einer generalisierbaren Kontrolltechnologie auf verschiedenste Bereiche des modernen Lebens. Kontrolle, Steuerung und Gestaltung sind Schwesterbegriffe des Managementbegriffes. Dieser Managementimperialismus ist überwiegend in großen Unternehmen zu Hause, die Parker zufolge die Brutstätten („breeding grounds") für Managerialismus sind, reicht aber mittlerweile auch bis in Organisationen nicht-wirtschaftlicher Gesellschaftsbereiche hinein. Parker spricht aus diesem Grund von einem Kolonialisierungsprozess der „corporate colonization". Er bezweifelt dabei allerdings, dass die unkritische Implementierung und Reproduktion von Managementmethoden immer auch die automatisch angemessene Organisationsform darstellt. Vielmehr werden durch die Managementdominanz alternative Möglichkeiten, viele „non-managerial ways" des Organisierens marginalisiert. Dieses Absehen von alternativen Organisationsmöglichkeiten drückt sich auch auf der semantischen Ebene aus. Alternative Bezeichnungen wie Koordination, Partizipation, Gemeinschaft und Demokratie werden durch den Managementbegriff marginalisiert oder kooptiert (vgl. Parker 2002, S. 11). Die semantische Inflationierung des Managementbegriffes ist dabei nicht nur oberflächlich und basiert auf trendbedingt flüchtigen, aber letztlich harmlosen Sprachspielchen, sondern fungiert als eine kommunikative Praxis mit sozialstrukturellen Effekten, die starken Einfluss auf organisationale und gesellschaftliche Strukturen ausübt. Management wird als *Struktur-, Prozess-* und *Praxiskonzept* (Entscheidungs- und Handlungskategorie) auf verschiedene soziale Prozesse des Ordnens und Kontrollierens von Sachen, Personen, Zeiten und Räumen angewendet. Das Management und Managen gesellschaftlicher und organisationaler Probleme wird als wertvoll, opportun und präferenzierungswürdig erachtet, während die andere Seite, das Nicht-Management als zu vermeidende Seite der Unterscheidung erscheint. Die Präferenz für Management und Managen ist eindeutig. Management fungiert als *Wert* in der Kommunikation und *manageriabel/nicht-manageriabel* ist dabei die leitende Unterscheidung, die durch die Unterscheidung *gut/schlecht* bzw. *präferabel/ nicht-präferabel* noch einmal zweitcodiert wird.[7] Halten wir fest. Die ideologiekritischen Analysen Martin Parkers zu Managerialismus und der Managementisierung gesellschaftlicher Bereiche analysieren sowohl die wissenssoziologisch

---

[7]Vgl. Luhmann (1997, S. 1121 ff.) zu Wertekommunikation. Dieses anspielungshafte Voraussetzen der Geltung von Werten lässt sich als „allusive Kommunikation" bezeichnen (vgl. Drepper 1998, S. 80; Drepper 2008a, S. 3206).

relevante Korrelation von Sozialstruktur und Semantik als auch den Zusammenhang von sozialen Praktiken und Wissen. Parker benennt mit der Managerklasse, den Managementwissenschaften und den Business Schools die Trägerstrukturen der Ideengenese, -zirkulation und -verdichtung. Eine konzeptionelle Schwierigkeit ist m. E. allerdings, dass in Parkers Analysen die Ebenen nicht eindeutig getrennt und dann wieder aufeinander bezogen werden. Managerialismus als das Sprechen, Schreiben, Begründen, Legitimieren, Ideologisieren in Managementterms und Managementisierung als die erwartungsstrukturelle Einrichtung von organisationalen Entscheidungsprämissen sind schwer auseinanderzuhalten und werden nicht systematisch aufeinander bezogen.

Die Studie von Boltanski und Chiapello zum „Geist des Kapitalismus" (2003) ist eine weitere wichtige Referenz in diesem Themenkomplex. Sie verbindet wissenssoziologische, organisations- und gesellschaftstheoretische Analysen miteinander. Boltanski und Chiapello untersuchen den Projekt- und Netzwerkkapitalismus des ausgehenden 20. und beginnenden 21. Jahrhunderts sowie Hauptmotive neoliberalistischen Denkens. Diese Studie steht im Kontext der neueren Konventionentheorie (Diaz-Bone 2009, 2011), wobei es nicht um eine kritische Theorie des Kapitalismus im herkömmlichen Sinne geht, sondern um eine Soziologie der Kapitalismuskritik im Rahmen einer wissenssoziologischen Theorie des Wandels gesellschaftlich ausdifferenzierter und gleichzeitig eingebetteter wirtschaftlicher Strukturen. Boltanski und Chiapello wollen darin die normativen Ordnungsvorstellungen betrieblicher Arbeitsorganisation, familiären Zusammenlebens, individueller Lebensentwürfe und kollektiver Mentalitäten sowie deren Wandel entschlüsseln und deutlich machen. Die Grundthese lautet, dass der Kapitalismus externe Legitimationsmuster braucht, moralische Aufladungen und ethische Absicherungen, um die individuelle Dauermotivation zur Teilnahme an ökonomischen Prozessen jenseits purer Profitmaximierung und Effizienzorientierung herstellen zu können. Individuen brauchen moralisch plausible Gründe, um sich dem Kapitalismus anzuschließen (vgl. Boltanski und Chiapello 2003, S. 45). Um eine Gemeinwohlorientierung herstellen, sich legitimieren und in die Gesellschaft einbetten zu können, greift der Kapitalismus auf ihm sinnfremde Reservoirs des gesellschaftlich-kulturellen Kontextes zu. Der „Geist des Kapitalismus" ist dabei die Gesamtheit von Glaubenssätzen, „die mit dem Kapitalismus verbunden sind und zur Rechtfertigung dieser Ordnung, zur Legitimation und mithin zur Förderung der damit zusammenhängenden Handlungsweisen und Dispositionen beitragen" (vgl. Boltanski und Chiapello 2003, S. 46). Der Geist, „der den Akkumulationsprozess zu einem gegeben Zeitpunkt begünstigt, ist demnach durchdrungen von zeitgleichen kulturellen Erzeugnissen, die zumeist zu ganz anderen

Zwecken entwickelt wurden als zur Rechtfertigung des Kapitalismus" (Boltanski und Chiapello 2003, S. 59). Die großen wirtschafts- und unternehmensstrukturellen Transformationslinien, die Boltanski und Chiapello historisch-kritisch rekonstruieren, laufen vom „Familienkapitalismus" zum „Konzernkapitalismus" zum derzeit dominanten „Netzwerkkapitalismus". Alle strukturellen Phasen weisen dabei eigene Rechtfertigungslogiken auf, die sogenannten „Poleis", die als „allgemeinwohlorientierte Konventionen" als symbolisch-normative Leitbilder und rhetorisch-semantische Wissens- und Diskursformationen einer jeweiligen Gesellschafts- und Wirtschaftsstruktur fungieren (vgl. Boltanski und Chiapello 2003, S. 61). Boltanski und Chiapello unterscheiden die „religiös-spirituelle Polis", die „häuslich-familiäre Polis", die „Polis der Ehre" (Reputationspolis), die „bürgerlich-politische Polis", die „marktwirtschaftliche Polis" und die „industrielle Polis". Die verschiedenen Kombinationen dieser Poleis ergeben dann jeweils die normativen Rechtfertigungs- und Überzeugungsmodelle der einzelnen Kapitalismusphasen. Der Familienkapitalismus beruht auf einer Kombination von familiärer und marktwirtschaftlicher Polis, während sich der Konzernkapitalismus auf eine Rechtfertigung durch die Kombination von industrieller und bürgerweltlicher Polis bezieht. Für die neuesten kapitalistischen Strukturentwicklungen reichen diese Poleis allerdings nicht mehr aus. Der neue Geist des Kapitalismus bedarf eines erweiterten Konventionsrahmens, der projektbasierten Poleis (vgl. Boltanski und Chiapello 2003, S. 147 ff.). Darin werden gesellschaftliche Strukturentwicklungen wie Globalisierung, die Liberalisierung der Wirtschaftsprogrammatik, die zunehmende (zwanghafte) Beteiligung der Mitarbeiter an Unternehmensgeschäften und -risiken, Leistungsentgelte, Projekte und Netzwerke reflektiert und programmiert. Sozialstrukturell basiert die projektbasierte Polis auf individueller Mobilität, Verfügbarkeit und Erreichbarkeit sowie der Vervielfältigung bei gleichzeitiger Entbettung und Delokalisierung sozialer Kontakte. Weltanschaulich dominieren die Vorstellung vom modernen Leben als Abfolge von Projekten und ein Konzept der subjektiven Selbstoptimierung. Der neue Geist des Kapitalismus setzt auf Teams, Visionen, Innovationen, Netze, Kompetenzen, Wissen und Leadership, wobei tradierte Unterscheidungen wie Arbeit/Nicht-Arbeit bzw. Lohnarbeit/Nicht-Lohnarbeit, Unternehmer/Angestellter immer brüchiger werden (vgl. Boltanski und Chiapello 2003, S. 108 ff.).

Kommen wir von hier aus zu weiterführenden theoretischen Aussagen der vorliegenden Studie. Der moderne Kapitalismus ist Boltanski und Chiapello zufolge ein *operativ-dynamischer Beobachter,* der sich durch die Beobachtung des gesellschaftlichen Wandels an geänderte Umweltbedingungen anpasst und dabei immer wieder neu erfindet. Der Kapitalismus wird von Boltanski und Chiapello als ein beobachtendes und lernendes System verstanden, dessen Anpassungsvermögen darauf zurückgeht, externe Kritik konstruktiv zu wenden und als eigenes Charakteristikum auszuweisen. Die Inkorporation und Assimilation der Kritik ist Teil der kapitalistischen Erfolgsgeschichte. Externe Kritik wird in die eigene Sinnlogik übernommen und dort erwartungsstrukturell normiert. Die gesellschaftliche Grunddynamik, die Boltanski und Chiapello am Werk sehen, ist das dialektische Wechselverhältnis zwischen Kapitalismus und Kapitalismuskritik: Externe Kritik wird zum zentralen Element der Veränderung, indem sie zur kapitalistischen Selbstkorrektur und Neujustierung genutzt wird. Die externe Kritik wird so durch Inkorporierung schleichend verharmlost und neutralisiert (vgl. Boltanski und Chiapello 2003, S. 68 ff., 211 ff.). Boltanski und Chiapello unterscheiden zwei Hauptformen der Kritik am Kapitalismus, die sie als „Empörungsquellen" bezeichnen. Zum einen ist das die „Sozialkritik", deren Träger Parteien und Organisationen der Arbeiterbewegung sind, und zum anderen die „Künstlerkritik", die von Intellektuellen und Künstlern getragen wird (vgl. Boltanski und Chiapello 2003, S. 215 ff.). Die Künstlerkritik formuliert ihre Kritik an entfremdeter und entfremdender Arbeit, der Unterdrückung von Kreativität, Freiheit und Autonomie des gesellschaftlichen Individuums, sowie der Entzauberung, Verdinglichung und Standardisierung der modernen Gesellschaft. Die Sozialkritik verfasst ihre Kritik an der Ungleichheit und Armut, wachsendem Opportunismus und der Gefährdung gesellschaftlicher Solidarität. Die Sozialkritik identifiziert den Kapitalismus als Quelle von Armut und Ungleichheit sowie von Egoismus und Ausbeutung, während die Künstlerkritik Normierungen, Kalküle, Freiheits-, Kreativitäts- und Authentizitätsbeschränkungen seitens des Kapitalismus kritisch betrachtet. Der neue „Geist des Kapitalismus" hat diese Kritik nun längst inkorporiert und zur eigenen Erwartungskonfiguration umgebaut. Darin wird programmiert und propagiert, dass Standardisierung und Kreativität, Rationalität und Emotionalität sich im heutigen Wirtschaftsleben (scheinbar) nicht mehr widersprechen. Individualität, Authentizität und Freiheit werden im post-tayloristischen Netzwerkkapitalismus explizit gewünscht und gefordert. Die künstlerische Semantik und Selbstbeschreibung der Autonomie ist längst vom Kapitalismus angeeignet und generalisiert worden. Der neoliberale Habitus hat Elemente eines traditionell künstlerischen Habitus wie Kreativität, Autonomie und Spontaneität angeeignet und zu rhetorischen Hauptbausteinen des Management-Dogmas der flexibilisierten konnektionistischen Ökonomie gemacht. Methodisch weisen Boltanski und Chiapello diese Erwartungsstrukturmodulationen an zwei umfänglichen Textkorpora nach, an Managementtexten der 1960er und der 1990er Jahre. Der moderne Managementdiskurs ist Boltanski und Chiapello zufolge der semantische Kontext, an dem die Genese der Argumentations-, Interpretations- und Legitimationsschemata des neoliberalistischen Kapitalismus am eindrücklichsten studiert werden kann. Hier werden die maßgeblichen Programmatiken und Pragmatiken formuliert. Boltanski und Chiapello unterscheiden verschiedene Textgattungen voneinander wie populäre Managementliteratur von fachdisziplinär rückgebundener BWL-Literatur, wobei gerade die populär orientierten Texte (Publikumsliteratur) und die darin vertretene generelle Managementlehre das scheinbar wirksamere Verbreitungsmedium normativer Modelle sind (vgl. Boltanski und Chiapello 2003, S. 93). Die Managementtexte der 1960er Jahre thematisieren die meritokratische Loslösung der Führungskräfte von dominierenden Familienstrukturen und Unternehmerherrschaft in Betrieben und schlagen als Lösungen die Emanzipation des mittleren Managements, die Einführung objektiver Leistungsbewertung sowie die Verschlankung der Bürokratie vor. Die Managementlehre der 1990er Jahre profiliert sich vor allen Dingen durch die Kritik an Großorganisationen, damit verbundener Bürokratie und Hierarchie. Dieser Kritik entspricht die Popularität des Netzwerkbegriffes in Theorie und Praxis, der als Gegenwelt zu verkrusteten, unbeweglichen und statischen Strukturen lose Kopplungen und Dynamik verspricht. Die Losung lautet: Projekt und Netz statt Bürokratie und Hierarchie (vgl. Boltanski und Chiapello 2003, S. 188 ff.). Boltanski und Chiapello untersuchen diese Themen in der Relationierung von diskursiver Formation (Semantik), sozialer Praxis und sozialer Struktur. Die diskursiven Formationen werden anhand verschiedener Textgattungen (populäre Literatur, disziplinäre Publikationen) als programmatische und reflexive Anlehnungs- und Verbreitungskontexte normativer Organisationsmodelle begriffen, sodass nach dem Einfluss populärer Managementratgeber, fachdisziplinärer Wirtschaftsliteratur oder auch politisch-philosophischer Texte gefragt werden kann.[8] Ein weiterer wichtiger Ansatz dieser Studie besteht darin, reziproke Beeinflussungsverhältnisse zwischen verschiedenen gesellschaftlichen Bereichen zu untersuchen, wodurch Anschlüsse an andere soziologische Theorien nahe gelegt werden, die, ebenfalls wissenssoziologisch sensibilisiert, wechselseitige Beobachtungskonstellationen verschiedener gesellschaftlicher Bereiche in den Blick nehmen. Hier bietet sich besonders die Theorie der Beobachtung zweiter Ordnung aus dem Kontext der soziologischen Systemtheorie an. Gleichzeitig kann der Begriff der

---

[8]Wir werden diesen Aspekt später in diesem Kapitel anhand einer differenzierten Textgattungsanalyse von Managementliteratur (Furusten 1999) wieder aufgreifen.

Kritik in diesem Zusammenhang reflektiert werden.[9] Die Hauptthese lautet, das gesellschaftliche Bereiche andere gesellschaftliche Bereiche beobachten, sich selbst beobachten und beobachten, wie sie von anderen beobachtet werden. Diese Beobachtungskonstellationen liefern Informationen, die intern verarbeitet werden können und zur Modulation von Erwartungsstrukturen beitragen. Zu dieser Beobachtungs-Stilistik sind prinzipiell alle gesellschaftlichen Bereiche in der Lage, nicht nur die Wirtschaft. So entfällt der dämonische Zug des Wirtschaftssystems, das *ein* beobachtendes, beobachtetes und selbstbeobachtendes System unter anderen innerhalb der Gesellschaft ist. Darauf verweisen im vergleichbaren Sinne ja auch Boltanski und Chiapello, die der Kritik und deren Trägergruppen die Fähigkeit zuschreiben, sich neu erfinden, revitalisieren und wieder erstarken zu können (vgl. Boltanski und Chiapello 2003, S. 379 ff.). Die Veränderungen einer normativen Ordnung durch Kritik erscheinen dann als Erwartungsstrukturänderungen durch wechselseitige Beobachtungsrelationen. Bei allen theoretischen Vergleichbarkeiten muss hier jedoch bedacht werden, dass das argumentative Zentrum der

---

[9]Vgl. Luhmann (1997, S. 1117 ff.) zu einer beobachtungstheoretischen Rekonstruktion des Kritikbegriffes:

> Es liegt nahe, in dieser Situation, gleichsam als Weiterentwicklung der kritischen Soziologie, die mit ‚Kritik' bezeichnete Unterscheidung durch die Unterscheidung von Beobachtern zu ersetzen. Das wiederum setzt die Einsicht voraus, dass es sich bei allem Beobachten und Beschreiben (auch bei dem zweiter und dritter Ordnung) um kontextabhängige Realoperationen handelt. Auch ein Beobachter zweiter Ordnung ist immer ein Beobachter erster Ordnung insofern, als er einen anderen Beobachter als sein Objekt herausgreifen muß, um durch ihn (wie immer kritisch) die Welt zu sehen. Das zwingt ihn zum autologischen Schluß, das heißt: zur Anwendung des Begriffs der Beobachtung auf sich selber. (…) Denn jede Weltbeobachtung findet in der Welt statt, jede Gesellschaftsbeobachtung, wenn sie als Kommunikation vollzogen wird, in der Gesellschaft.

Eine theoretische Seitenbeobachtung ist außerdem, dass Boltanski und Chiapello ebenfalls mit dem Begriff der *Operation* arbeiten, dass allerdings spezifisch und nicht allgemeintheoretisch. Sie sprechen in Bezug auf bestimmte wirtschaftliche Umwandlungen, Übersetzungen bzw. Transformationen „von Nichtkapital in Kapital" (Boltanski und Chiapello 2003, S. 479) von „einer Reihe von Operationen, die man als Produktionsoperationen bezeichnen kann" und in denen es um die „Verwandlung des Authentischen in ein Marktprodukt" (ebd.) geht. Letztendlich sind damit kommunikative Ökonomisierungsoperationen der Umwandlung, Übersetzung und Transformation von Nichtwirtschaftlichem in die Wirtschaftssphäre gemeint.

Theorie des Wandels in Boltanskis und Chiapellos Ansatz die dialektische Bewegung bleibt. Trotz aller theoretischen Öffnungen und Erweiterungen des ideologiekritischen Kernprogramms, überwiegt die kritische Grundhaltung. Die „Macht der Kritik" (vgl. Boltanski und Chiapello 2003, S. 517 ff.) lässt sich revitalisieren, denn nicht nur der Kapitalismus ist ein beobachtendes, adaptives und lernfähiges Gebilde, sondern auch die gesellschaftlichen Kritikformen, die, haben sie die neoliberale Umgarnung und schleichende Übernahme erst einmal durchschaut, wieder erstarken können.

Auch wenn die gesellschaftstheoretischen Konvergenzgesichtspunkte zwischen den kritischen Analysen von Boltanski und Chiapello und der soziologischen Systemtheorie begrenzt zu sein scheinen, so möchte ich doch die differenzierungstheoretischen Impulse aufgreifen und am Ende dieses Unterkapitels auf Managerialismus und Managementisierung beziehen. Zu welchen Fragen und Einsichten gelangt man, wenn man die Struktur der modernen Gesellschaft entlang spezifischer Sinnlogiken und Systemgrenzen beschreibt und rekonstruiert? Und wie verhält sich dazu die Perspektive einer dominierenden „idée directrice" (Hariou 1964), einer großen Leit- und Hintergrunderzählung der Managementisierung und Ökonomisierung verschiedener gesellschaftlicher Bereiche und Organisationstypen? Kann auf Basis einer differenzierungstheoretischen Analyse der Managementbegriff möglicherweise als eine moderne Leitidee und Leitsemantik verstanden werden, über die weitere wirtschaftstypische Semantiken des Managements und des wirtschaftlich orientierten Organisierens auch in nicht-wirtschaftlichen Organisationen platziert und dort kommunikativ anschlussfähig werden? Ist Management eine moderne idée directrice mit so hoher Bedeutungsmacht, dass sie in nicht-wirtschaftlichen Bereichen der Gesellschaft und deren Organisationen sinnorientierend und erwartungsstrukturierend wirken kann? Erfüllt Management die Funktion eines, metaphorisch gesprochen, semantischen „trojanischen Pferdes", durch das Vorstellungen über Rationalität, Effizienz, Effektivität, Rentabilität, Markt und Steuerung (Governance) Einzug halten können? Was sind die strukturellen Möglichkeitsbedingungen, gesellschaftlich und organisational, dass Management als eine solch plausible Semantik, nicht nur der Wirtschaftskommunikation, fungieren kann? Möglicherweise ist es die Verallgemeinerung von „Knappheit" als dominanter gesellschaftlicher Kontingenzformel (vgl. Luhmann 1997, S. 470)? Möglicherweise fungiert das Modell der Unternehmung als dominante Schablone (template) für andere Organisationen und Organisationstypen (vgl. Kette 2012)? Möglicherweise ist es der gesamtgesellschaftliche Problembezug der Komplexität, denn funktionale Differenzierung steigert das Maß an sachlicher, sozialer, zeitlicher und räumlicher

Komplexität, und Organisationen sind in Form der zweckförmigen Bearbeitung von gesellschaftlichen Problemen auf die Respezifikation dieser Komplexitäten bezogen (vgl. Drepper 2003a, S. 191 ff.)? Möglicherweise ist es Organisation als gesellschaftliche Formbildung selbst, die dem Managementbegriff und weiteren Managementsemantiken den Zugang in verschiedene gesellschaftliche Bereiche öffnet, denn Organisationen gibt es in fast jedem Bereich der modernen Gesellschaft, wodurch die Organisationsabhängigkeit moderner gesellschaftlicher Kommunikationen und die Geldabhängigkeit formaler Organisationen als Türöffner und strukturelle Plausibilisatoren für ökonomische Semantiken in verschiedenen gesellschaftlichen Bereichen und deren Organisationen fungieren können? Differenzierungstheoretisch scheint gerade der letzte Punkt von besonderer Bedeutung zu sein. Es ist die Systemebene der Organisation, über die die Managementsemantik auch in nicht-wirtschaftliche Bereiche der Gesellschaft getragen wird. Auf der Systemebene der Organisation können Managementsemantiken und Managementpraktiken in nicht-wirtschaftlichen Kommunikationsbereichen der Gesellschaft thematisiert werden und ihn Entscheidungsprämissen eingehen. Die managerialistische Semantik kann dabei aber eine Überschätzung der betriebswirtschaftlichen Logik und des Gewinnkalküls transportieren. Das Gewinnkalkül legt mit Knappheits- und Ressourcenfragen den Fokus primär auf die Sach- und Zeitebene sozialen Sinns, belichtet dabei aber tendenziell die Sozialdimension unter:

> Die Durchsetzungskraft des betriebswirtschaftlichen Kalküls liegt darin, dass es innerhalb der Organisation einen Funktionssystembezug vertritt, der innerhalb der Organisation solange sie wirtschaftet, also unter Knappheitsgesichtspunkten (knappe Kunden, knappe Mitarbeiter, knappe Kapitalressourcen, knappe Vorleistungen usw.) operiert, schlechterdings nicht bestritten werden kann. Dass sich ein privatwirtschaftliches Unternehmen auf den Märkten einer Wirtschaft bewähren muss, die nicht nur Wahlmöglichkeiten gegenüber den angebotenen Produkten hat, sondern auch mit konkurrierenden Zugriffen auf die beanspruchten Personal-, Material- und Kapitalressourcen aufwartet und nicht zuletzt eine Vielzahl von stake- und shareholdern in Position setzt, die miteinander um die wirtschaftlichen Ergebnisse der unternehmerischen Wertschöpfung konkurrieren, gilt in diesem Unternehmen als so selbstverständlich, dass die prinzipielle Inkonsistenz dieser Funktionssystemzugriffe mit der andersartigen Eigenlogik der Organisation vielfach keine Berücksichtigung findet (Baecker 2003, S. 268).

Diese Argumentation macht darauf aufmerksam, dass bereits zwischen Wirtschaftsorganisationen und wirtschaftlichen Erwartungen Inkonsistenzen und strukturelle Spannungen auftreten können, z. B. zwischen längerfristigen Produkt-, Struktur- und Personalfragen und kürzerfristigen Kapitalperspektiven. Die

Orientierung am Gewinnkriterium entledigt keineswegs von Organisationsfragen, was daran liegt, dass das Gewinnkriterium nicht festlegt, sondern *einen* Problemgesichtspunkt unter mehreren möglichen liefert, der grundsätzlich verschiedene funktional äquivalente Lösungen möglich und vergleichbar macht. Das abstrakte Identitätsprinzip des Gewinnkalküls enthält keine konkreten Richtlinien, wie ein Organisationsdesign auszusehen hat. Wie man die Organisation zu organisieren hat, wird durch das Gewinnkriterium nicht direkt schon mitgeliefert. Dafür ist es als generalisierte Orientierung zu abstrakt formuliert und muss jeweils auf der Organisationsebene respezifiziert werden.

3.2   (Neo-)Institutionen

Eine weitere wesentliche Referenzadresse in der Debatte um Managerialismus, Managementisierung, weltkulturelle Verbreitung und Annahme von Organisations- und Managementkommunikabilien ist der Neoinstitutionalismus in der Organisationsforschung. Bestimmende Konzepte in diesem Zusammenhang sind Diffusion, Imitation, Standardisierung und Standards. Bevor wir ausführlich zur Diskussion dieser Konzepte kommen, werden wir zunächst einige Kernargumentationen des Neoinstitutionalismus in der Organisationsforschung rekonstruieren, die dessen sinn- und kommunikationstheoretischen Anschlusspunkte sichtbar machen lassen. Diese theoretischen Rekonstruktionen hätten durchaus schon im letzten Kapitel stehen können, besonders wenn man auf den sowohl kultur- als auch kognitionstheoretisch anschlussfähigen Zusammenhang von „Culture and Cognition" (DiMaggio 1997) in den neoinstitutionalistischen Forschungen zu sprechen kommt. Aufgrund der vorbereitenden Relevanz für den Diffusionsbegriff stehen sie allerdings an dieser Stelle im Text.

Der Neoinstitutionalismus hat sich in den letzten Jahren in der Organisationsforschung als prominente Adresse profiliert, die Analyse von Organisationsstrukturen und -prozessen nicht nur auf die Organisationsebene zu beschränken, sondern auf die Einbettung in rahmende institutionelle, sprich gesellschaftliche, Kontexte zu beziehen. Die andere Seite dieser Bedeutungsbreite und hohen Anschlussfähigkeit ist allerdings, dass der Begriff inflationiert zu werden droht und dadurch möglicherweise an theoretischem Gehalt verliert, da er leicht auf fast jeden Sachverhalt angewendet werden kann, bei dem es um soziale Strukturen und die überindividuelle Dauerhaftigkeit sozialer Ordnungen geht.[10] Dass sich der Neoinstitutionalismus überhaupt zu einer so führenden Stimme innerhalb der sozialwissenschaftlichen Organisationsforschung hat entwickeln können, liegt an unterschiedlichen Aspekten, die auf sehr günstige Weise zusammenspielen. Auf der Sachebene betont der Institutionenbegriff sowohl den Gesellschaftsbezug von Organisationen als auch das Thema der sinnhaften Konstitution und kulturellen Form von Organisation. *Institutionelle Einbettung* meint den ersten Aspekt und *institutionell-kulturelle Formung* den zweiten. Der Neoinstitutionalismus ist sensibilisiert für den Zusammenhang von kulturellen Mustern und Erwartungsstrukturen, im wissenssoziologischen Sinne also für das Verhältnis von „Sozialstruktur und Kultur" (Haferkamp 1990) bzw. von „Gesellschaftsstruktur und Semantik" (Luhmann 1980a). Das zeigt sich etwa an den Konzepten des „Kollektivakteurs" und des „Individuums als kulturelles Skript" sowie der darauf aufbauenden Korrelationsthese zum Zusammenhang des Kollektivakteurstatusses von Organisationen mit der weltweiten Standardisierung von Kulturmustern, wobei Standardisierung den Prozess des Entwurfs, der Verbreitung, Annahme und Akzeptanz von Erwartungsstrukturen umfasst. Die Standardproposition im Neoinstitutionalismus hierzu lautet, dass kulturelle Muster Handlungsträgerschaft konstruieren. Das bedeutet, dass der ontologische Status und die Identität von Individuen und Organisationen auf einer historisch-semantischen Zuschreibung liberalistischer Handlungslehren beruhen, die vom autonomen und rational agierenden Akteur ausgehen. Die Anlehnungskontexte, die diesen kulturellen Mustern als Sinnhaushalt zugrunde liegen, sind psychologische Theorien für das Individuum, Organisationstheorien für die Unternehmens- und Organisationsebene sowie Entwicklungstheorien für Nationalstaaten. Darüber hinaus werden allgemeinere Werte wie Fortschritt, Gerechtigkeit, Gleichheit und Verantwortung ebenfalls auf Handlungseinheiten zugeschrieben. Diese Argumentationen lassen sich an

---

[10]Das mag mit dem semantischen Erbe des Begriffes zusammenhängen, denn „institutio" als „altehrwürdige" Semantik wird immer dann aufgerufen, wenn es um Bedeutendes, Bewahrenswertes, Überzeitliches, Überpersönliches und Überräumliches mit besonderer Symbolträchtigkeit und Symbolmächtigkeit geht. Das gilt sowohl für gesellschaftlich wertgeschätzte Personen, Rollen, Ämter und Kollektivgebilde als auch für Materialitäten und Artefakte (z. B. heilige und kanonische Texte, Verfassungen, sakrale Gebäude, Statuen etc.). So bezeichnet der Institutionenbegriff in diesem Doppelsinne sowohl überdauernde Erwartungsstrukturen als auch als herausgehobene Symboladressen (Personen, Rollen, Ämter, Texte, Kollektivgebilde).

die wissenssoziologischen und sinntheoretischen Diskussionen aus dem vorherigen Kapitel anschließen, da sie das Verhältnis von Symbolebenen (Leitideen, kulturelle Skripte und Schemata) zu der Praxis- und Strukturebene von operativen Einheiten thematisieren. Als Symbolebene werden im Neoinstitutionalismus z. B. institutionalisierte Bedeutungen (environmental patterning) in der Umwelt von Organisationen verstanden. Wie wir im Folgenden noch weiter sehen werden, verweist der verwendete Feldbegriff auf ein relationales und konstruktivistisches Denken (vgl. Thrift 1996), denn Feldpositionen, Feldkonstellationen und -formationen werden durch Zuschreibungen (accounts) konstituiert. Die kognitions- und kulturtheoretische Ausrichtung führt dazu, dass der Neoinstitutionalismus Formen und Typiken analysiert. Kultur fungiert als Oberbegriff, und Institutionen und Organisationen werden als „cultural forms made up from cultural forms" (vgl. Forssell und Jansson 1996, S. 96) begriffen. So erscheint die *formale Struktur* von Organisationen als eine *strukturelle Form*. Die Typik kommt dadurch ins Spiel, dass Organisationen ihr typisches Profil durch institutionelle Umwelteinbettung herstellen (enactment) und zugeschrieben bekommen (accounting). Institutionalisierte Organisationsformen sind im neoinstitutionalistischen Sinne generalisierte Typisierungen im „social stock of organizational knowledge" (Forssell und Jansson 1996, S. 96), die eingesetzt werden können, um verschiedene Organisationstypen zu konstituieren und zu unterscheiden. Attribution ist damit ein weiterer wesentlicher Begriff in diesem theoretischen Umfeld.

In neoinstitutionalistisch geprägten Arbeiten wird oft auf die phänomenologisch-sozialkonstruktivistische Idee der sinnhaften Konstruktion der sozialen Wirklichkeit und auf die Vorstellung der kognitiven Konstruktion von handlungsleitenden Sinnmustern zurückgegriffen (vgl. DiMaggio und Powell 1991a, S. 15). Institutionen als objektive Wirklichkeit werden durch handlungspraktische Sinnsetzungsprozesse hervorgebracht. Der Neoinstitutionalismus orientiert sich auch an der ethnomethodologischen und sozialphänomenologischen Einsicht, dass Institutionen als „soziale Tatsachen" (vgl. Douglas 1991) in diskursiven Akten und sozialen Praktiken hervorgebracht, angewendet und weitergegeben werden. Die Objektivität von Institutionen ist Effekt sozialer Konstruktionen, und Institutionen sind Ablagerungen – „Sedimentierungen" im Berger und Luckmann'schen Sinne – von kognitiven Schemata, die das Weltverstehen und die Weltdeutung von Individuen symbolisch repräsentieren sowie deren Handlungen anleiten. Diese kognitiven Schemata sind sprachlich konstruierte Bedeutungszuschreibungen und Sinngestalten mit kollektiver Geltung. Der Institutionenbegriff betont gleichzeitig zwei Bezüge, zum einen die Symbolebene, auf der Institutionen überindividuelle Deutungsmuster und Interpretationsschemata darstellen, und zum anderen die

Ebene der sozialen Praxis, auf der Handlungen gestaltend in die Welt eingreifen. Institutionen stellen sowohl den Symbol- und Ideenhaushalt als auch verallgemei- nerte Formen praktischen Handelns bereit, durch die Individuen die soziale Welt hervorbringen. Im Sinne der interpretativen Wende in den Sozial- und Kulturwis- senschaften, auf die wir bereits mit Anthony Giddens eingegangen sind (vgl. Gid- dens 1984), soll der Institutionenbegriff, diese beiden Ebenen in einem Konzept der Konstitution sozialer Wirklichkeit vereinen. Es geht um das Verhältnis von sinnhafter Abstraktion und Generalisierung auf der Ebene der Symbole und deren Konkretisierung und Realisierung durch soziale Handlungen und soziale Bezie- hungen. In diesem Sinne entstehen und bestehen Institutionen in der *Dualität* von Sinn- und Symbolbezug und sozialer Praxis (Handlung und Beziehung). Soziale Konstruktion meint insgesamt diese *Rekursivität* von sozialer Handlungspraxis und Sinnbezug: Soziales Handeln orientiert sich an sozialem Sinn, und sozialer Sinn wird durch Handeln reproduziert.[11] Das folgende Beispiel von Friedland und Alford (1991, S. 249) zu Demokratie als westlicher Institution soll diese Argu- mentation veranschaulichen. Der bürokratische Rechtsstaat und die parlamentari- sche Demokratie sind für Friedland und Alford gleichzeitig Symbolsysteme und Handlungspraktiken. Demokratie als Institution meint einerseits die Symbolebene der politischen Wertideen (z. B. freies Wahlrecht, Gewaltenteilung, begrenzte Amts- und Regierungszeiten etc.) und andererseits darauf basierende Entschei- dungs- und Verfahrenspraktiken und -strukturen (Staatsstrukturen, Parteienstruk- turen, Verwaltungsstrukturen), die diese Ideen realisieren und konkretisieren. Demokratie als Institution bezeichnet gleichzeitig sowohl den Bereich politischer Ideen als auch die konkreten politischen Praktiken und Strukturen.

Gesellschaftliche Differenzierung wird im Neoinstitutionalismus wie folgt verstanden. Die moderne Gesellschaft besteht aus einer Mehrzahl unter- schiedlicher Bereiche mit jeweils typischen institutionalisierten Mustern bzw. Sinnlogiken (vgl. Bonazzi 2008, S. 370). Die Nähe zum Weber'schen Moderni- tätsverständnis abendländischer Rationalität und der Idee der „Wertsphärentren- nung" (vgl. Weber 1920, 1922) liegt auf der Hand. Krücken (2005, S. 301) weist aber darauf hin, dass der Neoinstitutionalismus einerseits sehr wohl auf Webers Modernitätsverständnis aufbaut, andererseits aber doch in zweierlei Hinsicht darüber hinausgeht, denn zum „einen werden die durch die Rationalisierung dif- fundierenden kulturellen Grundüberzeugungen weiter gefasst als bei Weber. So

---

[11]Insgesamt ist dieses Rekursivitätsprinzip sehr vergleichbar mit dem Giddensschen Duali- tätstheorem, das wir bereits vorgestellt haben.

spielen der Universalismus der Werte sowie der Wert der Individualität eine fundamentale Rolle. Zum anderen mündet die Rationalisierungsthese in eine Globalisierungsthese". Die moderne Gesellschaft differenziert im zunehmenden Maße institutionelle Umwelten wie das Recht, die Politik, die Wirtschaft, die Wissenschaft und die Erziehung aus, die ihre je spezifischen Rationalitätsstandards ausbilden (vgl. Meyer und Rowan 1991, S. 46). Meyer und Rowan (1977/1991) gehen davon aus, dass Organisationen ihre Strukturen und Prozesse mit Blick auf diese Rationalitätserwartungen einrichten, indem sie rationalisierte Elemente übernehmen. Als rationalisierte Elemente bezeichnen sie Regeln, die u. a. die in Organisationen typisch auftretenden Situationen und Zwecke definieren, bestehende Situationsdefinitionen verändern sowie Mittel angeben, wie in bestimmten Situationen rational zu agieren ist. Die Rationalitätsansprüche in Form institutioneller Regeln stellen wesentliche Einflussfaktoren für die Entstehung und Weiterentwicklung formaler Organisationen dar (vgl. Meyer und Rowan 1991, S. 45). Die formale Struktur moderner Organisationen ist als eine Reaktion auf Ansprüche und Erwartungen seitens der institutionalisierten Umwelt zu verstehen. Wenn wir hier noch einmal auf die Regeldiskussion aus dem letzten Kapitel zurückkommen (Abschn. 2.4), dann sehen wir in dieser Argumentation den Regelbegriff an zentraler grundbegrifflicher Stelle. Er wird als wesentliches organisationsstrukturelles Element definiert, durch das Anpassungsleistungen an die Umwelterwartungen erbracht werden. Die Bedeutung der institutionellen Umwelt als Sinnvorgabe für interne Regelgenese wird im Neoinstitutionalismus besonders betont und stellt eine kognitions- und kulturorientierte Erweiterung eines eher klassisch-normorientierten Regelbegriffes dar. Das zeigt sich auch im „Isomorphie"-Konzept, in dem verschiedene organisationale Anpassungsformen an Umwelterwartungen unterschieden werden. Organisationen agieren in gesellschaftlichen Sektoren und organisationalen Feldern. Mit „Isomorphismus" ist ein Prozess der Formangleichung bezeichnet, „der eine Einheit in einer Population dazu bewegt, sich anderen Einheiten anzugleichen, die mit den gleichen Umweltbedingungen konfrontiert sind (...)" (Walgenbach 2006, S. 369). Das neoinstitutionalistische Isomorphie-Verständnis thematisiert die „feinen und diffusen Pressionen zur Anpassung an anerkannte Standards" sowie die wachsende Vereinheitlichung „der sozialen Aktivitäten wie auch um die daraus hervorgehenden positiven und negativen Folgen" (Bonazzi 2008, S. 371). Auf der Position und Positionierung in einem organisationalen Feld kann auch die Homogenisierung der organisationalen Strukturen beruhen, denn die „institutionalisierten Elemente in einem organisierten Feld begrenzen nämlich die Richtung und die Inhalte von Änderungen und bedingen zugleich, daß in diesem Feld ein weiterer Schub in Richtung Homogenisierung einsetzt (...), der um so stärker ist, je

mehr das organisationale Feld bereits strukturiert ist" (Walgenbach 2006, S. 369).
Institutioneller Isomorphismus wird analytisch noch einmal in drei unterschiedliche Formen unterschieden: 1) Isomorphismus aufgrund von politisch-staatlich-
rechtlichem Zwang: „coercive isomorphism that stems from political influence
and the problem of legitimacy" (DiMaggio und Powell 1991b, S. 67); 2) Isomorphismus durch mimetische Prozesse, womit die Imitation von üblichen und
standardmäßigen Strukturen, Strategien und Prozessen gemeint ist: „mimetic
isomorphism resulting from standard responses to uncertainty" (DiMaggio und
Powell 1991b, S. 67); 3) Isomorphismus durch normative Bindung bezeichnet
professionsbezogene Wissensbestände und Normvorstellungen durch Berufs- und
Interessenverbänden etc. verstehen: „normative isomorphism, associated with
professionalization" (DiMaggio und Powell 1991b, S. 67).

   „Rationalitätsmythen" sind ein weiteres wesentliches neoinstitutionalistisches
Konzept, das den fiktionalen und kontrafaktischen Gehalt moderner Rationalitätsansprüche und -erwartungen zur Diskussion stellt, denn Mythen sind Erzählungen, die einer genauen Wirklichkeitsprüfung nicht standhalten würden.[12]
Rationalitätsmythen haben aus Sicht von Meyer und Rowan dabei zwei wesentliche Charakteristika. Sie sind zum einen überindividuelle Muster, die bestimmte
soziale Ziele als wünschenswert ausgeben. Zum anderen sind diese Mythen kon-
sensuell festgeschrieben und kollektiv verbindlich. Sie folgen dabei einer „Logik
des Glaubens" und nicht einer „Logik des Zweifels" und des Überprüfens. In diesem Sinne wird Rationalität als eine historisch kontingente Leitidee verstanden,
die in der modernen Gesellschaft zu einem selbstverständlichen Eigenwert
geworden ist und als Normalerwartung an Organisationen adressiert wird. Orientieren sich Organisationen an den Erwartungen ihrer Umwelt und übernehmen
bestimmte Standards, dann übernehmen sie auch diese Rationalitätsmythen.
Selbst wenn ein externer Beobachter nun darauf hinweist, dass manche dieser
Vorstellungen gar nicht die versprochenen Rationalitätsvorteile ermöglichen,
kann es für Organisationen durchaus funktional und legitim sein, diesen dennoch
zu folgen. Das wird im Neoinstitutionalismus als „zeremonielle Anpassung"
beschrieben, da diese Form der Anpassung ohne Abwägung möglicher Alternativen, unter Ausblendung von Zweifeln und Unterlassen von Überprüfung erfolgt.

---

[12]Hauser (2005, S. 57 ff.) macht deutlich, wie facettenreich und komplex die ideenge-
schichtliche Diskussion eines allgemeinen Mythosbegriffes ist. Die Unterscheidung von
„Mythos und Logos" (ebd., S. 66 ff.) kann nur eine erste Richtung angeben, eine Differenz
„zwischen einer argumentativen Beweisführung und einer Erzählung" (ebd., S. 67 f.) zu
beschreiben und zu bezeichnen.

„Zeremoniale Aktivität" (‚ceremonial activity') ist auf die kategorialen Regeln der jeweiligen relevanten institutionellen Umwelten bezogen, in denen Organisationen operieren (z. B. Wissenschaft, Wirtschaft, Recht, Erziehung, Medizin etc.) und basiert damit auf einer (Sinn-) „Logik der Angemessenheit" (vgl. Meyer und Rowan 1991, S. 55). Wir werden diese neoinstitutionalistischen Kernaussagen in die folgende Diskussion des Diffusionsbegriffes einbringen und vertiefen.

3.3   Diffusion

In neoinstitutionalistischen Forschungen zu Zirkulation, Annahme und Stabilisierung von Organisations- und Managementkonzepten werden zwei Prozesse beschrieben, zum einen die Expansion und Diffusion von Managementwissen und Managementtechniken in verschiedene Bereiche der Gesellschaft, zum anderen die strukturelle Standardisierung und Homogenisierung von Organisationen als isomorphe Kollektivakteure. Die Argumentation lautet wie folgt: Die standardisierten und homogenisierten Organisationsformen breiten sich in und zwischen verschiedenen (National)-Gesellschaften aus, wobei Rationalisierung die ideé directrice dieser Entwicklung und Organisationen deren Implementierungsagenten sind. Als dominantes Kulturmuster der flächendeckenden Angleichung fungiert die sogenannte „world polity", die westliche Ideale weltweit transportiert. Organisationen fungieren bei der Musterreproduktion sowohl als Agenten als auch als Adressaten. Die Erklärung lautet, dass sich die Organisationen dem Skript der world polity unterwerfen und als autonome und rationale Kollektivakteure auftreten und operieren (vgl. Hasse 2004, S. 38). Die kulturellen Muster definieren sowohl die Identität der Akteure als auch die Schemata angemessenen ökonomischen, politischen und kulturellen Handelns. Diese Konstruktions- und Attributionsprozesse laufen auf dem Niveau weltgesellschaftlicher Vernetzung ab. Globalisierung – das ist der relevante Prozessbegriff in diesem Kontext – bringt eine Welt voller handlungsfähiger und manageriabler Organisationen hervor, die als rationale und eigenständige Akteure auftreten (müssen). Und als solche können auch Organisationen als kollektive Akteure fungieren. Im Folgenden werden wir diese Argumentation in zwei Schritten rekonstruieren und diskutieren. Zunächst wird es um den Diffusionsbegriff gehen, danach um Standards.

Die Verbreitung, Vermittlung, Über- und Annahme der typischen Kulturmuster wird im Neoinstitutionalismus mit dem Diffusionsbegriff analysiert (vgl. Hasse 2003, S. 44), der mit der Frage nach der kulturelleren Homogenität und Heterogenität von Organisationen verbunden wird. Wissenssoziologisch ist dabei das

Verhältnis von kulturellen Mustern und den, diese Muster tragenden und reproduzierenden, Strukturen bzw. Trägern angesprochen. Die Argumentation dabei ist, dass, *wenn* kulturelle Homogenität beobachtet und festgestellt wird, Rationalität als westliche Leitidee wirkt, die die Standardisierungs- und Homogenisierungsprozesse antreibt und legitimiert.[13] Als weiterer wesentlicher Begründungszusammenhang wird die Individualismussemantik (vgl. Dumont 1991) auf verschiedene Aktionseinheiten in der modernen Gesellschaft zugeschrieben, die so als Triebkraft für kulturelle Angleichungsprozesse fungiert. Organisationen werden in diesen kulturellen Angleichungsprozessen als *Diffusionsagenten* und *Diffusionsadressen* begründet und begünstigen kulturelle Diffusionsprozesse ihrerseits dadurch, dass sie sich an typgleichen Vorbildern orientieren. Vom dichten Netz formaler Organisationen,

> die um knappe Ressourcen wetteifern und in Prozesse des ein- oder wechselseitigen Informationsaustausches eingebunden sind, sind zusammenbetrachtet also tief greifende Diffusionseffekte zu erwarten. Die Intensivierung des Wettbewerbs sowie die Steigerung des Informationsaustausches zwischen Organisationen begünstigt die Diffusion technischer oder auch sozialer Neuerungen (Hasse 2003, S. 47).

Hasse kommt zu dem Schluss, dass Organisationen eine zentrale gesellschaftliche Form institutionellen Wandels sind, die für die Diffusion von Neuerungen von zentraler Bedeutung sind (vgl. Hasse 2003, S. 50). Organisationen fungieren als Strukturierungsinstanzen, weil sie die Art und Weise mitbestimmen, durch die gesellschaftliche Prozesse strukturiert werden. Diese These wird durch den bereits diskutierten Begriff des „enactments" von Karl Weick gestützt (vgl. Abschn. 2.2), demgemäß Organisationen aktiv auf ihre Umwelten Einfluss nehmen und nicht nur passiv auf diese reagieren. Damit lässt sich die Frage nach der gesellschaftlichen Einbettung von Organisationen mit der Frage organisationsinterner Prozesse und Strukturen verbinden: „Organisationen sind demnach informations- und sinnproduzierende Systeme. Soweit Beziehungen zur gesellschaftlichen Umwelt angesprochen sind, verweist dieses Konzept darauf, dass organisatorische Entscheidungen und Handlungen in diese gesellschaftliche Umwelt intervenieren" (Hasse 2003, S. 53).

---

[13]Mit dem *wenn* möchte ich einrechnen, dass das Homogenisierungsargument mittlerweile durch eine Diversitäts- und Differenzierungsdebatte (Stichwort z. B.: „varieties of capitalism") erweitert wurde.

Der Kollektivakteurstatus von Organisationen, der durch die semantische Attribuierung und Selbstattribuierung (Selbstbeschreibung) entlang der Akteurssemantik erzeugt wird, und die Managementisierung von Organisationen verschiedener gesellschaftlicher Bereiche hängen aus neoinstitutionalistischer Sicht zusammen. Diese These führt uns wieder enger an den Diffusionsbegriff zurück. Meyer beschreibt zwei Unterphänomene der „expanded diffusion of management ideas around the world" (Meyer 2002, S. 34). Dabei geht es ihm um die Erklärung der Diffusion „kulturellen Materials" – „diffusion of cultural material on organizations and management" (Meyer 2002, S. 42) –, über Organisationen und Management im Kontext globaler Weltkultur- bzw. Weltgesellschaftsverhältnisse. Mit „kulturellem Material" sind hier Hierarchie- und Kontrollkonzepte (Strategie), Vorlagen des Organisationsstrukturdesigns (Struktur) und Trainingsmethoden im Bereich des Human Resource Managements (Personal) gemeint. Meyers These ist, dass sich Managementideen schneller verbreiten können, weil Organisationen in verschiedenen Ländern und verschiedenen gesellschaftlichen Sektoren immer strukturgleicher werden. Es geht dabei z. B. darum, wie effiziente und wirtschaftliche Strukturierung und Steuerung auch in öffentlichen Verwaltungen, Krankenhäusern, Universitäten und Schulen angewendet werden können. Der soziale Wandel besteht laut Meyer darin, dass die Managementorientierung an die Stelle tritt, an der zuvor soziale Strukturen wie Bürokratie, Eigentümerschaft und typische Professionalitäten (Lehrer, Mediziner, Jurist, Ingenieur) orientierend und ordnend waren. Dieser Wechsel der Strukturorientierung und -ordnung macht sich Meyer zufolge dadurch bemerkbar, dass der Begriff der Organisation populärer zu werden scheint als etwa der Verwaltungs-, Bürokratie- und der Assoziationsbegriff.[14] Gerade das Etikettieren von Arbeitsprozessen als Managementtätigkeit macht diese semantischen Verschiebungen und Umdeutungen greifbar. Diese Argumentation deckt sich stark mit den Analysen von Martin Parker und von Boltanski und Chiapello zu neoliberalen Semantikverschiebungen und Umdeutungsprozessen, die wir zu Beginn des Kapitels diskutiert haben.

An dieser Argumentationsstelle verbindet Meyer die Frage nach der Diffusion von Managementwissen und der Dominanz der Organisationssemantik mit dem Akteursbegriff und dem Konzept der Handlungsfähigkeit (agentic actorhood). Der Schlüssel zum Verständnis der Organisation als dominanter Operationseinheit in der modernen Gesellschaft und Management als deren Identitäts- und (Selbst-) Identifikationskern liegt in der Analyse der Zuschreibungspraktiken (accounts)

---

[14]Vgl. Toqueville (1985), Etzioni (1975, 1998) und Bellah (1985) zum Begriff der *association* in der amerikanischen Gemeinwohltradition.

von Akteursschaft und Handlungsfähigkeit auf organisierte Einheiten (vgl. Meyer 2000, S. 34). Meyer argumentiert des Weiteren, dass Globalisierung als sozialer Prozess eine Welt voller handlungsfähiger, machtvoller und manageriabler Organisationen hervorbringt und immer stärker auch als Erwartungslage fordert. Die Prozesse der Globalisierung und der „Hyper-Organization" (Bromley und Meyer 2015) steigern sich wechselseitig. Eine analytische Möglichkeit, dem Modus dieses Prozesses etwas näher zu kommen, sieht Meyer darin, Dimensionen des Globalisierungsphänomens zu unterscheiden. Als Globalisierungsdimension identifiziert Meyer z. B. erweiterte Märkte, die neue Unsicherheitszonen für Organisationen schaffen und darauf wiederum mit effektiveren Entscheidungsstrukturen und -prozessen reagieren müssen. Unsicherheiten können dann durch eine gesteigerte Akteurseigenschaft („improved efficacious actorhood") bearbeitet werden (vgl. Meyer 2002, S. 36). Halten wir hier zunächst fest: Die Semantik des „agentic actorhood", die von Organisationen erwartet, sich als rational handelnde Akteure zu verstehen und zu verhalten, wird in den neoinstitutionalistischen Analysen als wesentlicher Faktor für die Steigerung der *Annahmewahrscheinlichkeit von Organisations- und Managementideen* verstanden. Als eine wesentliche sozialstrukturelle Voraussetzung dafür, dass die Vorstellung der Organisationen als autonomer und sich selbst disziplinierender Akteur plausibel werden kann, identifiziert Meyer die Loslösung von Organisationen von Nationalstaaten und nationalen Gemeinschaften. Durch politische Dezentralisierung und Deregulierung werden Organisationen immer mehr gezwungen, sich als autonome Entscheidungsträger und -akteure zu begreifen. Die Entbettung aus traditionellen institutionellen Kontexten integrierter Nationalstaaten fordert von Organisationen immer stärker, sich als autonomer Akteur neu zu verorten. Organisationen werden immer mehr gezwungen, sich wie selbstständige, eigen- und selbstverantwortliche Entscheider zu verhalten („mobilized decision maker", vgl. Meyer 2002, S. 37).

Die Analyse von Meyer lässt sich sowohl beobachtungs- als auch kommunikationstheoretisch erweitern. Der Beobachtungsbegriff macht dabei *zirkuläre Strukturen der Erwartungsgenese* sichtbar, und der Kommunikationsbegriff weist auf den *Konstitutionsmodus organisationaler Sinnumwelten* hin. Beide Sichtweisen sind bei Meyer impliziert, werden aber nicht systematisiert. Die kommunikative Verbreitung von Managementkonzepten schafft eine starke Tendenz für Organisationen, andere Organisationen auf mögliche relevante Organisationskonzepte hin zu beobachten und auch zu beobachten, wie andere Organisationen die eigene Organisation beobachten. Die beobachtende Einheit beobachtet, ob andere Feldteilnehmer sie auf die Einrichtung und Einhaltung bestimmter Standards hin beobachtet. So entstehen Erwartungserwartungen als zirkuläre Strukturen mit sozialintegrativen und normativ-inklusiven Effekten. Feldintegration entwickelt sich so auf der Basis der wechselseitigen Einschränkung von Freiheitsgraden.[15] Diese Argumentation lässt sich durch ein Beispiel aus dem Erziehungssystem plausibilisieren, dass Meyer anführt. Die gewohnte institutionelle Einbettung in eine klassische Verteilungslogik (z. B. Schüler und Studenten in Schulen und Universitäten) fordert noch keine gesteigerte organisationale Selbstprofilierung (Fremd- und Selbstbeobachtung). Das allerdings fordern neue Situationen, in denen Ressourcenknappheit kommunikativ hergestellt wird, in denen z. B. Schüler und Studenten zu *knappen Ressourcen* erklärt werden.[16] Hören wir Meyer selbst dazu. In diesem Zitat verwendet Meyer an einer der wenigen Stellen innerhalb seiner Analysen einen Kommunikationsbegriff, der aber nicht weiter definiert wird. Die Sinnumwelt von Organisationen wird als umfassendes Kommunikationssystem aufgefasst:

> If, on the one hand, an organization sees itself as an entity unique to a particular country, community, business setting, and so on, it is unlikely to look for (or to be exposed to) management models drawn from around the world. If, on the other hand, it is seen as a modern organized actor, models are everywhere and the possibilities for diffusion are endless. The entire communication system around such an organization changes: its own elites look elsewhere, as do its ordinary participants. But do so customers and suppliers giving advice, and even members of the general public. If everyone within and without an organization examines it from the point of view of universal rationalities rather than local community, there is a great deal of exposure to expand ideologies of organization and management. Globalization has a variety of meanings and dimensions, many of these operate to create more standardized pictures of organizations across the boundaries of nations or social sectors. And they operate to create stronger pictures of organizations as empowered and managed actors (Meyer 2002, S. 41 ff.).

Mit einer weiteren neoinstitutionalistisch informierten Studie von Mikl-Horke (2005) können wir den analytischen Ansatzpunkt des Diffusionsbegriffes weiter verdeutlichen. Wir kommen dadurch auch dessen kommunikationstheoretischen

---

[15]Vgl. zum Integrationsbegriff Luhmann (1997, S. 314 und 601 ff.).

[16]Im systemtheoretischen Sinne sind Konkurrenz und Wettbewerb als Strukturen und Knappheit als generalisierte Situationsdefinition und Kontingenzformel (vgl. Luhmann 1997, S. 347 f., 470) die Rahmenbedingungen dafür, dass immer mehr Organisationen sich als autonome Akteure beschreiben und verhalten. Die Wertschätzung marktvermittelter Koordination und die Deutungsmacht von Knappheitsargumenten färben dabei auch auf andere gesellschaftliche Bereiche ab.

Relevanzen und Verweisungen näher, die bei Meyer nur angedeutet wurden. Diffusion ist ein Begriff, der historisch-semantisch im engen Zusammenhang mit dem Kulturbegriff steht, denn Kultur und Diffusion sind Differenzbegriffe. Der Kulturbegriff ist ein „vergleichender Begriff" (vgl. Luhmann 1995c), der Differenzen markiert. Und auch die Frage nach Diffusion macht nur auf der Basis der Wahrnehmung von Differenzen bzw. System- bzw. Zustandsunterschieden von und zwischen Entitäten Sinn. Hinzukommt, dass der Diffusionsbegriff nicht nur ein Vergleichsbegriff ist, sondern auch ein zeitsemantischer *Entwicklungs-, Bewegungs-* und *Prozessbegriff.* Er stammt aus dem Vokabular der Bewegungs-, Verbreitungs- und Austauschsemantiken zur Beschreibung der soziokulturellen Entwicklung kommunikativer Erreichbarkeit, Vernetzung und wechselseitiger Sinndurchdringungen (vgl. Pankoke und Marx 1989). Die auf das Soziale gerichtete Diffusionsforschung ist dementsprechend mit bestimmten Phasen und Fragestellungen der Kommunikationstheorie verbunden. Dabei steht zunächst das Verbreitungsverständnis von Kommunikation, das „Kommunikation als Transmission" (Merten 1977, S. 42 ff.) und damit als einseitig gerichteten Prozess versteht, im Vordergrund. Mikl-Horke macht in diesem Sinne auf die Begriffsverwendung des Diffusionsbegriffes im Kontext der frühen Massenkommunikations- und Medienwirkungsforschung aufmerksam, vor allen Dingen in den Vereinigten Staaten. Der Diffusionsbegriff „wurde schließlich in der Bedeutung der Verbreitung von Nachrichten eingeführt. Diffusionsbegriff und Kommunikationstheorie verbanden sich solcherart zu einem spezifischen Forschungsinteresse an der Verbreitung von Informationen und Nachrichten in einer Population" (Mikl-Horke 2005, S. 17). Ein sehr einflussreicher Meilenstein der Diffusionsforschung ist Rogers „Diffusion of Innovation" (1963). Darin wird Diffusion als ein Prozess verstanden, „in welchem eine Innovation durch bestimmte Kanäle im Zeitverlauf zwischen den Mitgliedern eines sozialen Systems kommuniziert wird" (Mikl-Horke 2005, S. 19). Rogers sieht Diffusion als einen Kommunikationsprozess, der aus vier Elementen besteht: 1) „Innovation": Eine Idee, Praktik oder ein Objekt wird von einem Individuum als neu wahrgenommen; 2) „Kommunikationskanäle": Kommunikationskanäle sind die Mittel der Nachrichtenweitergabe; 3) „Annahmerate": Hiermit ist die Rate gemeint, „die für die Annahme der Innovation durch eine wachsende Zahl von Personen benötigt wird" (Mikl-Horke 2005, S. 19); 4) „Soziales System": Das soziale System ist letztlich die Menge der interagierenden Elemente, „die gemeinsam Probleme lösen und Ziele verfolgen" (Mikl-Horke 2005, S. 19). Rogers unterscheidet also zweistufig zwischen *Verbreitung* und *Annahme.* Der *Annahme* geht ein *Selektionsakt* voraus: „Letzterer involviert einen mentalen Prozess von der ersten Wahrnehmung über die Entstehung eines Interesses, die Einschätzung von Folgen, die versuchsweise

Anwendung und schließlich die Annahme. Dieser Entscheidungsprozess wird von Voraussetzungen wie bestehenden Praktiken, der Existenz und Dringlichkeit der Bedürfnisse oder der Probleme, der kulturell bedingten Einstellung Neuerungen gegenüber und den Normen des sozialen Systems beeinflusst" (Mikl-Horke 2005, S. 19 f.) Mikl-Horke fragt vor diesem Hintergrund nach der Diffusion von Managementinnovationen. Unter Managementinnovationen versteht sie in einem breiten Sinne Methoden, Praktiken, Techniken sowie Prinzipien, Leitlinien, Unternehmenskonzeptionen (shareholder value, corporate governance), wobei sich vor allen Dingen die Frage nach den *Annahmebedingungen* und *Annahmewahrscheinlichkeiten* von Innovationen, egal zunächst, wie man die Diffusionselemente bzw. Kommunikabilien bestimmt, als schwierig erweist. Mikl-Horke diskutiert hierzu einige mögliche Strukturen der Annahmeverwahrscheinlichung:

1. *Rationalität und Nachahmung:* Die Erwartung an rationales Entscheiden und die Selbstbeschreibung als rationaler Entscheider sind wesentliche Merkmale. Sowohl die Rationalitätserwartung ist ein tragendes Legitimationsprinzip als auch die Vorstellung, dass Dynamik zwingend angezeigt ist. Wandel ist permanent, sodass Innovationen per se positiv bewertet werden (vgl. Mikl-Horke 2005, S. 23).
2. *Geografische Nähe, Branchenzugehörigkeit und Kooperationsnetze:* Die Motivation zur Annahme neuer Ideen, Praktiken und Modelle kann in geografischer Nähe, Branchenzugehörigkeit und bestehenden Kooperationsnetzen liegen (vgl. Mikl-Horke 2005, S. 23).
3. *Reputation:* Reputation und Image werden ebenfalls als Selektoren und Annahmeverwahrscheinlicher diskutiert (vgl. Mikl-Horke 2005, S. 24).
4. *Unsicherheitsabsorption, Neuheitspräferenz und Nachahmung:* Mikl-Horke kommt zu dem Schluss, dass Nachahmung eine Entscheidungspraxis unter Unsicherheitsbedingungen ist,

eine Strategie, die Manager häufig unter Bedingungen der Ungewissheit anwenden. Sie kann durchaus auf rationalen Überlegungen hinsichtlich der Kosten der Neuerung bzw. den möglichen Wettbewerbsverlusten bei Nicht-Übernahme der Innovation beruhen. Nachahmung schließt rationale Erwägung nicht aus, garantiert aber keineswegs den Erfolg, weil eine Innovation sich in einem Fall als effizient, im anderen aber als ineffizient erweisen kann (Mikl-Horke 2005, S. 24).

Die überwiegende Diffusionsforschung weist Mikl-Horke zufolge eine akteurszentrierte und quantitative Verengung auf, die mit mehrdeutigen sozialen Objekten Erklärungsprobleme bekommt. Der übliche Diffusionsbegriff der Diffusionsforschung ist ein sehr breiter Begriff, denn er bezieht sich gleichermaßen auf die Verbreitung und Übermittlung von Ideen, Praktiken, Informationen, Produkten und Technologien. Die Diffusionsobjekte „können materieller oder immaterieller Natur sein, sie können mehr oder weniger genau abgrenzbar und definierbar, einfach oder komplex strukturiert sein. Die am häufigsten untersuchten Gegenstände der Diffusion sind Nachrichten, Konsumgüter und Techniken (...)" (Mikl-Horke 2005, S. 29). Management- und Organisationsinnovationen sind indes komplexe soziale Objekte, mehrdeutig und sinnoffen für verschiedene Interpretationen. Es kann sich dabei um „Prinzipien und Leitlinien für Verhalten, um Praktiken und Verfahren, um Organisationsmodelle, Führungstheorien, Unternehmensphilosophien handeln" (Mikl-Horke 2005, S. 29). Mikl-Horke plädiert aus diesem Grund für eine organisations- und gesellschaftstheoretische Erweiterung der Diffusionsforschung, denn die

> (...) Diffusionsforschung befasst sich primär mit den Einflussfaktoren und Verläufen des Annahmeverhaltens von Individuen, nicht von Organisationen. (...) In Bezug auf Managementinnovationen geht es jedoch weniger um diese psychologischen Schritte, sondern um die mikropolitischen Prozesse in der Organisation, um die externen Einflüsse auf die Entscheidung und um die Effizienzfrage, die in diesem Bereich immer von besonderer Bedeutung ist (Mikl-Horke 2005, S. 31).

Das heißt dann im Besonderen, dass Macht-, Autoritäts-, Interessen- und Legitimationsaspekte deutlich stärker zu gewichten sind als die übliche Diffusionsforschung das tut (vgl. Mikl-Horke 2005, S. 30). Das Rogersche Diffusionskonzept ist Mikl-Horke zufolge zu konsensorientiert und harmonisch, denn es umfasst keine, für Organisationen typische, Machtdifferenziale, Interessenkonflikte und Zielambiguitäten. Das bedeutet für die Kommunikation und organisationale Annahme von Managementtheorien und -techniken, dass es zu Sinnvariationen und Sinnverfremdungen kommen kann, „als ein Resultat der Anwendung im Sinne von Versuch und Irrtum und bezogen auf konkrete Funktionserwartungen. Daher kann Annahme alles Mögliche, vom genauen Kopieren bis zu faktischer Neukonstruktion, bedeuten (Mikl-Horke 2005, S. 31)". Es gibt hier also Mehrdeutigkeiten und interpretative Spannbreiten zu beachten, und es lassen sich *multiple Diffusionsverläufe* auf der Basis verschiedener kommunikativer Kanäle feststellen sowie *verschiedene Selektionsstrukturen* wie Macht, Autorität und Interesse (vgl. Mikl-Horke 2005, S. 30). Annahmen können ebenfalls differenziert werden, denn im

> Fall von Managementinnovationen kann sich das, was Annahme bedeutet, auf sehr unterschiedliche Grade der Internalisierung und Integration in das Unternehmen beziehen. Annahme kann die Verwendung bestimmter Prinzipien als Begriffe oder

Schlagwörter in der Art und Weise, wie über Probleme gesprochen wird, bedeuten. Sie kann sich also in einer bestimmten Rhetorik niederschlagen oder die explizite Zustimmung zu einem Grundprinzip, etwa im Sinne der stimulus diffusion (…). Handelt es sich hingegen um Techniken oder Managementtools, so impliziert die Annahme in der Regel die Implementierung in Organisation oder Produktionssystem. Was unter der ‚adoption of innovation' zu verstehen ist, kann daher eine sehr breite Palette von der Übernahme von Slogans bis zur Implementierung und Routinisierung von Praktiken umfassen (Mikl-Horke 2005, S. 31).

Ein weiterer Aspekt der Studie von Mikl-Horke bringt uns vom Diffusionsbegriff zur Frage nach der Standardisierung und Homogenisierung organisationaler Praktiken und Strukturen. Diesen Zusammenhang haben wir bereits mit John Meyer thematisiert und werden ihn im nächsten Unterkapitel mit den Analysen von Nils Brunsson zu Weltstandards („A World of Standards") weiterführen. Mikl-Horke nimmt sich in ihrer Studie vor, „die Diffusion von Management- und Unternehmenskonzepten mit Blick auf die Frage einer globalen Homogenisierung der Praktiken und Prinzipien, nach denen Unternehmen geführt werden und Arbeit organisiert wird, zu untersuchen" (Mikl-Horke 2005, S. 7). Ihre Eingangsthese dazu lautet:

> Die Ausweitung des internationalen Handels und Wettbewerbs, die zur Schaffung einer neuen supranationalen Ebene wirtschaftlicher Organisation, Koordination und Kontrolle über nationale Grenzen hinweg führt; die Wirkung multinationaler Unternehmen auf die bestehenden Wirtschaftssysteme und die Schaffung globaler Märkte: die Globalisierung der Kapitalmärkte verbunden mit der Stärkung der Macht der Kapitaleigner gegenüber dem Management, was die Regeln des Wettbewerbs und den Charakter der Unternehmen verändert; die Verbreitung der Telekommunikation und elektronischer Netzwerke im globalen Maßstab, was auch die Vorbedingung für die Dominanz der globalen Finanzsphäre ermöglichte, darüber hinaus aber vielfach als Grundlage für die Entstehung einer globalen Kultur durch die weltweite Diffusion westlicher, insbesondere amerikanischer Lebensstile, Modeerscheinungen, Denkweisen und Rhetoriken gesehen wird (Mikl-Horke 2005, S. 7).

Wenn wir nun die Einzelaspekte dieser Kompaktbeschreibung systematisieren, werden hier unterschiedliche gesellschaftliche und organisationale Strukturebenen angesprochen, die laut Mikl-Horke alle auf ihre je spezifische Art und Weise an der generellen Globalisierungsdynamik beteiligt sind. Bei der Ausweitung des internationalen Handels und Wettbewerbs handelt es sich um Praktiken, die einen neuen Regelungs- und Ordnungsbedarf fordern und nach sich ziehen. Mit der Wirkung multinationaler Unternehmen ist die Wirkung von Organisationen auf nicht-organisationale Prozesse und Strukturen bezeichnet. Die Globalisierung der Kapitalmärkte meint eine abstrakte und hochgradig generalisierte Form der finanzmarktlichen Wirtschaftskommunikation, die wiederum Einfluss auf Eigentümer- und Machtstrukturen in Organisationen hat. Die Verbreitung der Telekommunikation und elektronischer Netzwerke bezeichnet die strukturelle Möglichkeitsbedingung für die Dominanz der globalen Finanzsphäre und die Möglichkeitsbedingung für die „Entstehung einer globalen Kultur durch die weltweite Diffusion westlicher, insbesondere amerikanischer Lebensstile, Modeerscheinungen, Denkweisen und Rhetoriken" (Mikl-Horke 2005, S. 8). Mikl-Horke thematisiert in diesem Argumentationszusammenhang die wichtige Frage, ob die Globalisierung der Wirtschaftskulturen zu einer Diversität oder Homogenität der organisationalen Praktiken und Strukturen führt. Fligstein (2001) zufolge besteht keine flächendeckende Homogenität von Organisationsstrukturen und Steuerungskonzeptionen („conceptions of control"), sondern eher eine „varieties of capitalism" (Hall und Soskice 2001). Fligsteins vergleichende Studien weisen auf die Divergenz von *Globalisierungsrhetorik* und *struktureller Realität* hin, aber dennoch lässt sich eine „Tendenz zur Universalisierung auf der Basis der Ideologie der neoliberalen Globalisierung, die auch eine Homogenisierung der Prinzipien und Strukturen erwarten lässt" (Mikl-Horke 2005, S. 12) verzeichnen. Das „shareholder-value"-Prinzip nimmt den Charakter einer weltweit verbreiteten Ideologie an. Hier ist laut Fligstein eine Diffusion von verallgemeinerten amerikanischen Erfahrungen in Form von Konzepten, Modellen und Theorien zu bemerken. Fligstein markiert damit das Problem der Legitimität von Unternehmenskonzepten und deren Verbreitung durch politische und kulturelle Kanäle. Machtaspekte spielen in diesem Verallgemeinerungsprozess in Bezug auf unternehmerische Kontrollkonzeptionen eine große Rolle (vgl. Mikl-Horke 2005, S. 12). Somit stellt sich aus der Fligstein-Perspektive also eine ambivalente Einschätzung des Struktur- und Ideenwandels zwischen Homogenität und Diversität ein.

Die Gleichzeitigkeit von *Homogenität* und *Heterogenität,* von *Typik* und *Differenz* zu bestimmen und zu begreifen, haben auch die folgenden beiden skandinavischen Analysen zur Erweiterung des neoinstitutionalistischen Isomorphie-Konzeptes im Blick, die auf der Unterscheidung von „talk and action" von Nils Brunsson (Brunsson 1989) basieren und damit eine Ebene des Diskurses von einer Ebene der Praktiken und Strukturen unterschieden wird. Erlingsdóttir und Lindberg (2005, S. 66) unterscheiden verschiedene Isomorphietypen, die empirisch in unterschiedlichen Graden und Mischformen vorkommen können: „Isonymism" (Name, Label, Bezeichnung, Zuschreibung), „Isomorphism" (Form), „Isopraxism" (Praxis, Praktiken). Auf diese Weise differenzieren sie den üblichen Isomorphie-Begriff. Hieran ist vor allen Dingen interessant, Homogenität und Divergenz gleichzeitig beobachten zu können. „Isonymism" soll möglich sein bei gleichzeitigem „Polymorphism" und „Polypraxism". Das heißt, dass sich unter ein und demselben label ganz unterschiedliche Strukturen und Praktiken ausdifferenzieren können (vgl. Erlingsdöttir und Lindberg 2005, S. 70).[17] Auch Hwang und Suarez (2005) kommen in einer Studie zu verschiedenen Organisationen und deren Umsetzungen von strategischen Plänen und Internetauftritten zu dem Schluss, dass Homogenität und Heterogenität, Konvergenz und Divergenz gleichzeitig möglich sind. Es gibt so etwas wie *Oberflächenkonvergenz* und *Tiefendivergenz*. Die Autoren spielen das an den zwei Fällen „Strategische Pläne" und „Internetauftritt" durch, die in den Semantikkomplex der Organisation als Kollektivakteur („agentic actorhood") gehören. Strategische Pläne und Internetauftritte sind *kommunikative Artefakte*, die von eigenständigen, zweckgerichteten und zielbewussten modernen Akteuren standardmäßig erwartet werden. Strategische Pläne sind *kommunikative Manifestierungen*, die ein bestimmtes Set an Zielen und Interessen und dazu führenden Mitteln und Instrumenten artikulieren. Internetauftritte sind eine typische Form der *Positionierungskommunikation,* durch die Selbstbeschreibungen kommuniziert und Außendarstellungen präsentiert werden. Damit werden nicht zuletzt Positionen im spezifischen Feld bzw. (Markt)Segment markiert.[18] In Bezug auf die Frage, wie Ideen und Praktiken von Organisationen angepasst werden, argumentieren Hwang und Suarez, dass es um die *Angemessenheit* und *Plausibilität* von Ideen und Praktiken geht und durch die aktive Bewertung der Angemessenheit Unterschiede und Differenzierungen entstehen (vgl. Hwang und Suarez 2005, S. 71). Sie argumentieren weiter, dass, selbst wenn Organisationen pro forma ein uniformes Modell adaptieren, Variationen, Divergenzen und Differenzierungen möglich und sehr üblich sind. Sie stützen diese These mit der *Eigenlogik organisationsinterner Entscheidungsprozesse,* die aus dem Kontext der verhaltenswissenschaftlichen Entscheidungstheorie in die Organisationstheorie eingegangen ist: „Decision-making within organizations is often ‚anarchic' due to problematic preferences, unclear technologies, and fluid participation and these internal processes often create divergent responses to the same adopted models" (Hwang und Suarez 2005, S. 72).

Halten wir hier fest: Die neoinstitutionalistischen Argumentationen machen die differenzierungstheoretische Relevanz deutlich, eine Ebene, auf der Organisationen operieren, von einer Ebene des Diskurses, auf der Ideen und Konzepte kommunikativ zirkulieren und Erwartungen, die an Organisationen herangetragen werden, formuliert, festgehalten und standardisiert werden, zu unterscheiden.

---

[17]Vgl. zu den verschiedenen Kombinationsmöglichkeiten die Tabelle in Erlingsdöttir und Lindberg (2005, S. 69).

[18]Auf die Semantik des „Stellens" und der „Aufstellung im Feld" habe ich bereits hingewiesen.

Diese Ebenenunterscheidung lässt sich systemtheoretisch untermauern und ergänzen. Organisationen konstituieren eine „Mesodiversität" (Lieckweg und Wehrsig
2001, S. 42), denn *wie* sie letztlich eine an sie adressierte typische Erwartung
umsetzen, ist gestaltbar („enactment") und führt zu *Variationen* und *Differenzierungen typischer diskursiver Erwartungen* aus der organisationalen Sinnumwelt.
Dieser Fragestellung gehen wir nun mit der Diskussion um Standards und Standardisierung weiter nach.

3.4   (Welt-)Standards

In den Analysen der Arbeitsgruppe um Nils Brunsson zum Zusammenhang von
Globalisierung, Organisation und Standardisierung (vgl. z. B. Brunsson et al.
2000), die in den letzten Jahren sozial- und organisationswissenschaftlich sehr
forschungsintensiv und einflussreich waren, wird Globalisierung als ein Phänomen weltumspannender Kommunikation und zugleich als eine Quelle kognitiver
Angleichung und struktureller Homogenisierung diskutiert. Globalisierung wird
als Ebene der Zirkulation normativer Konzepte, Identitäts- und Selbstbeschreibungsmuster sowie Situationstypiken verstanden, die Angleichung und Ähnlich-
keiten auf weltgesellschaftlichem Niveau erzeugen. Wie das grundbegrifflich
genau zu verstehen ist, möchte ich im Folgenden rekonstruieren und dabei die
wissenssoziologischen, sinn- und kommunikationstheoretischen Theoriestücke
aus den letzten Kapiteln mit einbeziehen. Zunächst wird es um Form, Funktion
und Folgen von Standards gehen. Brunsson und Jacobsson (2000a, b) geben einen
breiten Standardisierungsbegriff vor, der es heuristisch ermöglichen soll, mög-
lichst viele Phänomenaspekte einfangen und die weltgesellschaftsweite Relevanz
des Phänomens erfassen zu können (vgl. Brunsson und Jacobsson 2000, S. 4).
Standardisierung wird in dieser Breite als Regulierungs- und Ordnungsform verstanden, die Koordinationen und Kooperationen auf globalem Niveau ermöglichen und regeln.[19] Standards werden als *generalisiertes Wissen* und *generalisierte*

---

[19]Brunsson unterscheidet zwischen „formaler Organisation", „Markt" und „Standardisierung" als Koordinations- und Kontrollformen innerhalb der modernen Gesellschaft. Formale Organisation basiert auf Hierarchie und Entscheidung, Markt auf der freiwilligen
wechselseitigen Bindung der Teilnehmer (Verkäufer/Käufer) durch Preise. Mir ist der
grundbegriffliche Status dieser Unterscheidung nicht ganz klar. Nicht gerade schärfer wird
die grundbegriffliche Lage m. E. durch den Vorschlag, die drei Formen könnten auch als
Institutionen beschrieben werden. Damit handelt man sich die begriffliche Unschärfe des
Institutionenbegriffes ein, die wir zuvor thematisiert haben (Abschn. 3.2).

Regeln des richtigen bzw. angemessenen Verhaltens verstanden, die Koordination und Kontrolle ermöglichen, indem sie sowohl *kognitiv* (Orientierung und Koordination) als auch *normativ* (Ordnung und Kontrolle) fungieren. Diese Argumentation führt uns noch einmal zur Wissens- und Regeldiskussion aus dem letzten Abschn. 2.1 und 2.4) zurück, denn Standards werden als Erwartungsstrukturen grundbegrifflich über den Wissens- und den Regelbegriff bestimmt und dabei sowohl das kognitive als auch das normative Fungieren betont. Brunsson und Jacobsson unterscheiden dann noch einmal drei Standard-Typen: 1) „Identitätsstandards" normieren die Frage nach dem Wer, nach dem „being something". Sie liefern Typisierungs- und Selbstbeschreibungsmuster. 2) „Handlungsstandards" legen Handlungsroutinen fest und geben Anweisungen des „doing something". 3) „Besitzstandards" regeln Eigentums- und Ressourcenverhältnisse des „having something" (vgl. Brunsson und Jacobsson 2000, S. 4).

Als ein wesentliches sozialstrukturelles Argument für die weltgesellschaftliche Bedeutungssteigerung von Standardisierung nennt Brunsson den schwindenden Einfluss von Nationalstaaten, wodurch für Organisationen neue Unsicherheitszonen entstehen. Freie Standardisierungen schließen nun diese Lücke. Die Standardisierung von Organisationen wird vornehmlich durch zwei Prozesse getragen und vorangetrieben, durch „Individualisierung" und „Globalisierung" (vgl. Brunsson 2000a, S. 38). Globalisierung bedeutet für Brunsson dabei nicht nur weltumspannende Erreichbarkeit und Vernetzung, sondern mentale oder kognitive Globalisierung, die zur äußeren wie inneren Vereinheitlichung von Kollektivakteuren führt. Dieser Prozesswandel erwartet eigenverantwortliche Aktoren („strong actors") als dominantes Identitätsformat. Von „strong actors" wird erwartet, dass sie über autonom generierte Handlungs- und Entscheidungsfähigkeit verfügen, denn in die „Freiheit entlassene" Organisationen können bzw. müssen sich nicht mehr primär als „Abhängige" oder „Gegängelte" wahrnehmen und beschreiben, sondern als autonome Einheiten (vgl. Brunsson 2000a, S. 32).[20] Brunsson geht davon aus, dass je mehr Organisationen sich an diesem Erwartungsformat orientieren (müssen), desto mehr Standards und Standardisierungen sind im Weiteren zu erwarten. In diesem Sinne läge eine sich selbstverstärkende zirkuläre Struktur vor: Standards erzeugen, fördern und erzwingen eigenständige

---

[20]Das stimmt z. B. für Schulen möglicherweise insoweit nicht, als dass sie sich zur Freiheit gedrängt und gezwungen sehen. Die Externalisierungsadressen, an die der Unmut über Reformen gerichtet werden kann, bleiben weiterhin die Schulbehörden und die Bildungspolitik. Die tatsächliche Autonomie der Schule als „selbstständiger Akteur" scheint vielmehr eine Scheinautonomie zu sein (vgl. Drepper und Tacke 2012).

Organisationen, und eigenständige Organisationen fördern Standards. Organisationen sind einerseits also Adressen von Standardisierung, also Standardisierungsobjekte, andererseits aber auch an deren Produktion beteiligt, also Standardisierungssubjekte (vgl. Brunsson 2000b, S. 149). Diese Situation hat Einfluss auf die Form interorganisationaler Kommunikation, denn Brunsson zufolge wechselt der dominante Kommunikationstyp von Anweisung und Kontrolle zu *Beratung*. Wie genau ist das zu verstehen? Standards folgen einer freien bzw. freiwilligen Logik, vergleichbar der Marktkoordination und im Unterschied zur obligatorischen Struktur formaler Organisationen.[21] Das bedeutet, dass nicht Direktive, sondern Beratung der angemessene Kommunikationstypus ist (Brunsson und Jacobsson 2000, S. 2), der seine Autorität und Legitimation aus Expertise zieht. Standards sind nicht hierarchisch oder in Befehlsform verfasst, sondern als „pieces of general advice" (Brunsson und Jacobsson 2000, S. 2). Beratung ist programmatisch mit den Grundideen und Werten der Individualitäts-, und Entscheidungssemantik wie Individualität, Autonomie und Selbstverantwortung verbunden und als kontingenzsensible Kommunikationsform passend zur polykontexturalen Form der modernen Gesellschaft (vgl. Fuchs 2004, S. 243).[22] In Beratungskommunikationen wird die Selektionslast der Kommunikationsofferte auf die Seite des Beratenen geschoben, der entscheiden muss, ob die mitgeteilte Information für ihn akzeptabel, anschluss- und motivationsfähig ist. Selektionen, Risiken und Gefahren können nicht mehr externalisiert werden, sondern müssen vom Beratenen selbst getragen werden. Wenn Standardisierung in diesem Sinne als „Governance without government" (Brunsson und Jacobsson 2000, S. 7) und Beratung als der dazu passende Kommunikationstypus verstanden wird, dann stellt sich – wie eben thematisiert – theoretisch die Frage nach der Motivation zur Selektionsannahme der kommunizierten Vorschläge als Problem der kommunikativen Überzeugung und Überredung. Aus einer kommunikations- und medientheoretischen Perspektive kommt man hier erneut auf *symbolisch generalisierte Kommunikationsmedien* zu sprechen (vgl. Abschn. 2.5), die die

---

[21]Brunsson unterschätzt m. E. den Zwangscharakter von Standards und überschätzt deren Freiwilligkeit. Das liegt daran, dass Brunsson mit der Unterscheidung Standard/Direktive respektive Standard/Gesetz operiert und sich der Freiwilligkeitsbegriff aus der Differenz zu politischer Normierung und Regulierung bestimmt.

[22]Die Arbeiten von Fuchs (1992, S. 43 ff., 1994a, b, 2002, 2004, 2005); Fuchs und Mahler (2000) sind sowohl für den Zusammenhang von Polykontexturalität (als zur funktionalen Differenzierungs*typik* korrespondierender Sinnmodalitäts*typik*) und Beratung (als operativer Kommunikations*form*) als auch für das Verständnis des Zusammenhangs von *Operation, Typik* und *Form* grundlegend und richtungsweisend.

Annahme und Befolgung vorgeschlagener Sinnselektionen und damit die kommunikative Anschlussfähigkeit verwahrscheinlichen. Und das können – so breit ist der Begriff bei Brunsson angelegt – im Falle von Standards *Wahrheit, Geld, Macht, Recht* und möglicherweise auch *Popularität* sein, die diese zu befolgens-werten Erwartungsstrukturen machen, je nachdem auf welches Medium der Kommunikation zurückgegriffen wird.[23] Mal kann es um wissenschaftliche Wahrheit und Reputation gehen, mal um Wirtschaftlichkeit und Effizienz, mal um die Verbindlichkeit von Gesetzen und die Sanktionsvermeidung rechtlicher Vorgaben, mal um persönliches Charisma und ein anderes Mal um Populäres und Modisches.[24]

Standards tragen nicht nur zur Orientierung, Legitimierung und Unsicher-heitsabsorption bei, sondern können auch Probleme auslösen, indem interne Organisationsnormen konterkariert, Marktstrukturen gestört und normative Gemeinschaften (z. B. Professionen) irritiert werden.[25] Ein weiteres Risiko von Standardisierung kann im Problem der Verantwortungszuschreibung aufgrund starker Abstraktion gesehen werden. Die Selektionslast wird dem Standard-Annehmer überantwortet. Der Anwender eines Standards trägt das Risiko, denn Standardisierer können nur schlecht haftbar gemacht werden. Sie bieten ein Wissen an, zwingen aber niemanden, dieses Wissen anzunehmen und ihm zu folgen. Die Annahme oder Ablehnung erfolgt auf eigenes Risiko (vgl. Brunsson und Jacobsson 2000, S. 24 f.). Standardisierung ist deshalb ein Prozess, in dem Verantwortlichkeit fragmentiert, ausgedünnt und individualisiert werden kann (vgl. Jacobsson 2000, S. 47), sodass ein wesentliches Risiko von Standardisierung in den geringen Feedback- und Korrekturmechanismen besteht. Während wissenschaftliches Wissen und professionelles Wissen der Überprüfung durch Standesvertreter ausgesetzt sind, ist Standardisierungswissen in Expertennetzwerken überwiegend „disloziertes Wissen" (vgl. Stichweh 2005, S. 41). Die exit-option, d. h. die Ablehnung des Standardwissens und die Zuwendung zu einem anderen

---

[23]In einer systemtheoretischen Rekonstruktion ist der Standardisierungsbegriff im Kontext des *Programmbegriffes* zu diskutieren, der in der soziologischen Systemtheorie für die Erklärung der Erwartungsbildung verschiedener Systemtypen herangezogen wird, sowohl für Funktionssysteme als auch für Organisationssysteme (vgl. Drepper 2003a, S. 55 ff. und 83 ff.).

[24]Um Popularität und Mode als Sinnselektoren wird es im folgenden Unterkapitel ausführ-licher gehen.

[25]Brunsson macht das am Beispiel von Wertkonflikten in der Reform des öffentlichen Gesundheitssystems in Schweden deutlich, in der neue Organisations- und Management-standards auf Professionswerte und -normen prallen (vgl. Brunsson 2000a, S. 31).

Standard, ist wesentlich wahrscheinlicher als die voice-option (Hirschman 1974) mit dem Ansinnen, durch Beschwerde und Kritik die möglichen Fehler auszuräumen und Verbesserungen anzuregen:

> This is a special feature of expert knowledge embodied in Standards, which distinguishes it from other forms of expert knowledge. In the sciences there are well-developed systems for expressing criticism; in professions there are often quite specific procedures for filing complaints and for determining wether there has been unprofessional conduct. In the case of standards, however, not only is there often little incentive to complain; there may not be any established procedure for doing so, either. These two factors are of course related (Jacobsson 2000, S. 46).

Diese Überlegungen zu Standards und Expertenbasierung führen uns noch einmal zum Zusammenhang von Wissensgesellschaft, Professionen und neuer Organisationsprofessionalität zurück (Abschn. 2.1). Jacobsson (2000) zählt Professionen, Organisationen und Wissensarbeiter als Trägertypen und Speicherformen von Expertenwissen in der modernen Gesellschaft auf. Professionen sind eine klassische Form der Speicherung von Expertenwissen und Organisationen ein weiterer, mittlerweile sehr prominenter Ort der Expertenwissensspeicherung. Mit Reed (1996) unterscheidet Jacobsson die klassischen disziplinenbasierten Professionen (Ärzte, Juristen, Ingenieure, Richter) von Experten in organisationsbezogenen Berufen wie Manager, Verwalter und Techniker. Diese beiden Typen unterscheiden sich in ihrer Wissensbasis, ihren Machtstrategien und ihrer Koordinierungsform. Klassische Professionen identifizieren sich durch abstraktes, kodifiziertes und kosmopolitisches Wissen, das auf der akademischen Disziplin beruht und durch Ausbildungssozialisation sedimentiert und tradiert wird. Diese Professionen folgen einer Monopolisierungsstrategie mit dem Ziel des Alleinvertretungs- und Lösungsanspruches eines gesellschaftlichen Problems, wobei deren Organisations- und Reproduktionsprinzip auf kollegialer Schließung beruht. Inklusions- und Exklusionsverhältnisse müssen reguliert werden können (vgl. Jacobsson 2000, S. 43). Das Wissen der sogenannten Organisationsprofessionen findet hingegen seinen Bezug in den Problemen von Organisationen. Das Wissen ist technisch, explizit, lokal und politisch. Die Professionsstrategie ist nicht auf Monopolisierung, sondern auf wechselseitige Beglaubigungs- und Unterstützungsrituale der Wichtigkeit akademischer Abschlüsse, Positionsautorität und Karrieremobilität ausgerichtet. Jacobsson schließt die Diagnose an, dass die Management- und Organisationsprofessionen mehr und mehr zu den dominierenden Standardisierungsträgern in der modernen Gesellschaft werden (vgl. Jacobsson 2000, S. 43). Wissensarbeiter („knowledge worker") sind die dritte relevante Expertengruppe. Darunter versteht Jacobsson, erneut in Anlehnung an Reeds

Typologie, Finanz- und Wirtschaftsberater sowie IT-Experten, deren Wissensbasis aber nicht deutlich konturiert ist. Es ist eine Mischung aus theoretischem Wissen, analytischen Diagnoseinstrumenten und z. T. undisziplinierten Elementen (Jacobsson 2000, S. 43). Empirisch, so Jacobsson, sind die verschiedenen Speicherungsformen und Trägertypen von Expertenwissen oftmals vermischt und miteinander verknüpft. So basieren Standardisierungen mitunter auf akademischem Wissen, sind mit Professionen verknüpft und auf Organisationen bezogen.

Am Ende dieses Unterkapitels möchte ich am Beispiel des Identitätsformats der „Idealen Organisation" die Analysen zu Managerialismus und Managementisierung vom Beginn des Kapitels mit den Erörterungen zu Standardisierung zusammenführen. Managementmodelle und Reorganisationskonzepte bieten häufig ein Komplettbild der „Idealen Organisation" an. In diesem Sinne betreiben sie Idealtypenkonstruktion. Als ein Beispiel kann hier das Qualitätsmanagementsystem der ISO 9000-Normierung besprochen werden (vgl. Mendel 2006). Furusten macht die Annahmen über die ideale Organisation deutlich, die in diesem Konzept angelegt sind: „These (assumptions – von mir, T. D.) are embodied in six principles for achieving quality: customer orientation, clearly defined processes, a view of organizations as manageable units, the use of measurable objectives, management that exercises control, and ongoing documentation of each process" (Furusten 2000, S. 75). Die sich in diesem Sinne orientierende Organisation kann klar definierte, handhabbare Ziele und Zwecke setzen und die Prozesse zu deren Realisierung steuern und überwachen. Die Funktion des Managements ist dabei ebenfalls eindeutig zu bestimmen. Es gestaltet das System („designing"), überwacht die Prozesse („monitoring", „controlling") und entwirft Ziele und Programme („policy making)" (vgl. Furusten 2000, S. 77). Außerdem ist Dokumentation elementar für neuere Qualitätsmanagementprozesse (vgl. Cole und Scott 2000). Ziele, Pläne, Verantwortlichkeiten und Autoritäten müssen genau dokumentiert werden, um Nachprüfbarkeit und Verantwortlichkeitszuschreibung im Abweichungsfalle herstellen zu können (vgl. Furusten 2000, S. 78). Die Analysen von Michael Power (2002) zum Zusammenhang von Standardisierung und Managementkontrollsystemen vertiefen diese Argumentation. Power beschreibt einen Wechsel in der Steuerungskonzeption von Organisationen, der von einem „imperialistischen" zu einem „neoliberalen" Steuerungsmodell führt. Die neuen Governanceformen werden ideenförmig durch neoliberale Ordnungsvorstellungen wie Eigenverantwortung, Eigeninitiative, Selbstorganisation, Selbstmotivation und Selbststeuerung gerahmt. Diese Konzepte, Ideen und Vorstellungen bereiten die Ideenbasis für die Reflexivierung von Kontrolle, die für die neoliberalen Governanceformen typisch sind (vgl. Power 2002, S. 191). In diesem Transformationsprozess von imperialistischer zu neoliberaler Governance verschieben sich nach Angabe von Michael Power die Standardisierungszentren vom Staat auf nicht-staatliche Organisationen, organisationale Felder und Netzwerke. Die neoliberale Regulierungsform sieht vor, dass die ideale Organisation nicht mehr einfach nur vorgeschriebenen Erwartungen folgt, sondern sich selbst zu permanenter Selbstbeobachtung befähigt und verpflichtet und diese Selbstbeobachtung und Selbstbindung für das relevante Umweltpublikum transparent und beobachtbar macht. Im Optimalfall fungiert die Internalisierung dieser „Codes of Conduct" (vgl. Teubner 2012, S. 93) selbstdisziplinierend. Die Disziplinierung erfolgt durch den normalisierenden Blick, die normalisierende (Selbst-)Beobachtungskonfiguration. Standardisierung ist in diesem Sinne Normalisierung, denn Standards definieren Normpunkte, Normbereiche und Normfelder (vgl. Link 1997):

> In short, the discipline of the imperialist ‚cage' is replaced by that of normalizing ‚gaze'. To summarize: the neoliberal, responsive model of standards as tools of regulation is intended to compensate for the failings of the imperial, command and control model. New institutional sources for standards and standard setting can be found beyond the state in the form of hybrid self-regulatory bodies, such as business associations and individual organizations, although the state in many cases functions as regulator of last resort or guardian of general principles. As the neoliberal model has taken hold, the boundaries between projects of organization and of regulation are no longer distinct (Power 2002, S. 195).

Im „Meer der Globalität" (Teubner 2012, S. 86) lassen sich verschiedene Struktureffekte beobachten, wie ein steigender Wettbewerb um die *Zentrumsposition* im Standardsetzungsprozess sowie ein *Formwandel* der Standards von einer Inhalts- zu einer Prozessorientierung (vgl. Power 2002, S. 195). Power veranschaulicht diese Struktureffekte an drei Bereichen neuerer Managementkontrollsysteme, am Beispiel des „corporate accounting", des „quality managements" sowie des „risk managements". Für das Feld des corporate acccounting lässt sich eine *Zentrums-Peripherie-Struktur* angeben. Es geht im Wettbewerb um die Zentrums-Position im Gefüge internationaler Standardsetzer. Das Etablieren von internationalen Prüfungs- und Bilanzierungsstandards ist ein umkämpftes Terrain, wobei die Unterstützung von großen multinationalen Unternehmen und die Anerkennung bzw. Unterstützung durch die Kapitalmärkte wichtige Pfeiler für die Standardisierungsorganisationen sind (vgl. Power 2002, S. 197). Die kommunikative Produktion von Accounting-Standards durch verschiedene Organisationen, Verbände und Assoziationen verschafft der Wissensbasis des Accounting Sichtbarkeit und Legitimität, die durch Interpretationen und Kommentierungspraxis für eine Vereinheitlichung des Wissens sorgt.[26] Auch für das zweite Beispiel neuerer Managementkontrollsysteme, das „quality management", stellt Power als Annahme- und Akzeptanzsteigerungssymbole *Sichtbarkeit* und *Transparenz* organisationaler Operationen *für Dritte* heraus. So fungiert z. B. das Normierungskonzept ISO 9000 als normative Blaupause der organisationalen Fremd- und Selbstbeobachtung, die als Erwartungsstruktur sowohl die organisationale Umweltkommunikation als auch die organisationsinterne Bindung ermöglichen soll. ISO 9000 ist damit ein Programm der Regulierung interner Kontrollstrukturen als auch ein Designformat, das nach außen Berechenbarkeit, Verlässlichkeit und Vertrauenswürdigkeit signalisieren soll und somit der Unsicherheitsabsorption dient. ISO 9000 zertifizierte Unternehmen können als stabile und seriöse Adressen wahrgenommen werden, mit denen das organisationsexterne Publikum *rechnen* kann.

Power macht anhand der Unterscheidung global/local darauf aufmerksam, dass es sich empirisch niemals nur um eine einfache Umsetzung und Implementierung der formalen Standards seitens der Organisationen handelt. Globale und generalisierte Standards, die als normative Imperative kommuniziert werden, werden von den Organisationen nicht einfach eins zu eins umgesetzt, sondern *lokal interpretiert* bzw. *respezifiziert* und in der Praxis an die Praxis angepasst (vgl. Power 2002, S. 199 f.). Vor allen Dingen die Prozessorientierung der ISO-Konzeption, also das überwiegende Absehen von substanziellen und damit konkreten Aspekten, ermöglicht die weitreichende Anschlussfähigkeit an die Konzeption. Wie wir im ersten Kapitel bereits gezeigt haben, ist der Prozessbegriff alleine schon höchst anschlussfähig, da er zeitsemantisch ein, die Moderne als Selbstbeschreibungsbegriff tragender, Bewegungsbegriff ist, der eng mit der Fortschrittsidee verbunden ist (vgl. Koselleck 1977; Luhmann 1980b; Pankoke 1977). Wer Prozess sagt, geht in der Regel auch gleichzeitig von Entwicklung, Fortschritt und Wachstum aus: Alles ist nach vorne gerichtet und auf voraus

---

[26]Vgl. zu diesem Thema auch die Analysen von Hendrik Vollmer (2003, 2004), in denen es um „Accounting konkret" im Sinne von Funktionen und Folgen organisierten Rechnens geht. Dass Accounting eine so relevante Funktion in modernen Organisationen einnehmen kann, hängt mit der hohen strukturellen Plausibilität und Autorität von Zahlen und darauf basierenden Rechenoperationen zusammen. Zahlen übernehmen dabei eine wesentliche symbolische Funktion. Die Macht der Zahlen liegt im Messen, Rechnen und Skalieren. Es geht um Formalisierung. Und wie ließe sich besser als über Zahlen und Zahlenrelationen formalisieren?

gestellt! In der englischen Sprache wird die etymologische Nähe und Verwandt-schaftsrelation der Begriffe über den erhaltenen lateinischen Wortstamm noch deutlicher. So wird ersichtlich, dass die Begriffe zu einem semantischen Kom-plex gehören und ein gleichsinniges Bedeutungsfeld bilden: *process, progress, proliferation.*

3.5 Texte

In den bisherigen Diskussionen ist bereits wiederholt die Frage nach der Verbrei-tung von Kommunikabilien und die mögliche Funktion von Popularität ange-sprochen worden. Das möchte ich im Folgenden am Beispiel einflussreicher Texte zeigen, die sowohl als Verbreitungsmedien als auch als Annahmeverwahr-scheinlicher analysiert werden können. Das lässt sich am Genre der populären Managementliteratur exemplarisch diskutieren, das wesentlich an der Erreich-barkeits- und Annahmesteigerung der jeweils aktuellen und modischen Manage-mentkonzepte beteiligt ist. Hier sind besonders die Bestseller als Verkaufsspitzen der Textgattung zu nennen, die in der Verbreitung und Popularisierung einschlägi-ger Semantiken von großer Relevanz sind. Das werde ich mit der Rekonstruktion der Analyse von Furusten (1999) darlegen.[27] Die Ausgangsthese dazu lautet, dass der Managementdiskurs als ein gesellschaftliches, inter- und intraorganisationa-les Kommunikationsphänomen verstanden werden kann und eine kommunikative Umwelt von Organisationen bildet, zu deren Genese, Gestaltung und Repro-duktion Organisationen als operative Kommunikatoren mit kommunikativem „enactment" selbst beitragen. Damit ist der Managementdiskurs im wissensso-ziologischen Sinne ein relevanter Wissensträger bzw. Sinnhaushalt für organisati-onsbezogene Themen, der in verschiedene Textgattungen differenziert ist und auf verschiedene gesellschaftliche Kommunikationskontexte verweist und zugreift. Im Einzelnen:

---

[27]Die Analyse von Furusten ist mittlerweile schon etwas älter, zeigt aber sehr genau die Anschlussstellen für kommunikations-, wissens- und differenzierungstheoretische Über-legungen in der Organisationsforschung. Mittlerweile wird man die mediale Analyse auf die Beobachtung digitaler Formate (Blogs, Foren, themenspezifische soziale Netzwerke und Portale) ausweiten und spezifizieren müssen. Mir geht er hier um die systematischen Argumente.

Furustens Analyse kombiniert neoinstitutionalistische Argumente mit einem diskursanalytischen Ansatz, um nach der Korrelation von Organisationsstrukturen und gesellschaftlichen Diskursen, Semantiken und Ideen in deren Umwelt fragen zu können. Diese Studie ist damit ein gutes Beispiel für die Verbindung wissenssoziologischer, kommunikations- und sinntheoretischer Perspektiven in der Organisationsanalyse. Furusten beschreibt die Differenz von mündlicher und schriftlicher Verbreitung von Managementideen. In Interaktionskontexten wie Seminaren und Schulungen werden die Managementkonzepte primär über Mündlichkeit (mit medialer Unterstützung) verbreitet. Dabei kommt es sehr stark auf *personale Autorität* und *rhetorische Fähigkeiten* an. Bei diesen Auftritten gelten einige Strukturaspekte mündlicher Kommunikation unter Anwesenden wie begrenzte Komplexitätsverarbeitungspotenziale, Vorrang des Narrativen sowie dramaturgische und komödiantische Kommunikation. Das sind im extremen Popularitätssegment die Arenen der Managementgurus, die von ihrem geneigten Publikum als charismatische Persönlichkeiten attribuiert werden. Der hohe Aufmerksamkeitserfolg der Managementgurus scheint in der Kombination verschiedener Kommunikationsmedien und -systeme zu liegen, z. B. in der Kombination von Oralität in Interaktionssystemen („speeches und lectures") und Literalität („articles and books") (vgl. Furusten 1999, S. 3). Das Gesamtangebot populärer Managementkonzeptionen steht insgesamt aber auf differenzierten Füßen. Furusten dazu:

> Although the gurus may advocate different perspectives and suggest different models for solving organisational and managerial problems, it is still true that what a few gurus articulate is disseminated to a vast number of people in the world through the various distribution channels of modern society. To conclude, it should be noted that the supply of managerial manifestations both in the past and today seems to be dominated by services offered by a few consulting firms, a few management books, a few management gurus, a few management magazines, and a few management development programmes (Furusten 1999, S. 3).

Furusten bezeichnet die populäre Managementliteratur als „schriftliche Manifestationen" und relevante Sinnelemente in der Umwelt von Organisationen. Die Textgattung der populären Managementliteratur ist dabei ein Teilsegment eines umfassenden managerialen Diskurses („general managerial discourse", vgl. Furusten 1999, S. 5). Ein wichtiges sozialstrukturelles Argument benennt Furusten in seiner Studie damit, dass es trotz der dezentralen Prozessualität und Komplexität der Produktion, Verbreitung und Konsumierung von Managementideen so etwas wie Zentren mit dominanten Stimmen innerhalb des Diskurses gibt, die hohe Autorität und großen Einfluss genießen. Es gibt zentrale Orte der Konzeptionsentwicklung und der Wissensproduktion, von denen aus neuere Managementkonzepte ausgehen und deren Annahmewahrscheinlichkeit aus Reputationsgründen dadurch gesteigert wird. Harvard in Boston wäre für die USA eine solch renommierte Zentrumsadresse im Bereich des akademisch angebundenen Managementwissens mit einer hohen Annahmewahrscheinlichkeit kommunizierter Managementkonzepte (vgl. Furusten 1999, S. 11). Ein weiteres Beispiel für die Zentrumsthese in diesem Themenkontext findet sich bei Vollmer (2004, S. 456), der die amerikanische Militärakademie West Point als zentrale Adresse im Accountingdiskurs analysiert, von der aus das verborgene Organisationspotenzial der mittelalterlichen Duplikationstechnologie der doppelten Buchführung in die wirtschaftlichen Großorganisationen der Industrialisierung getragen wurde. In West Point wurden Rechenexperten ausgebildet und von dort aus ein neuer Managementstil in die Wirtschaftsorganisationen eingebracht. Auch Brunsson argumentiert mit der selektiven Wirkung der Zentrum/Peripherie-Struktur. Wenn etwas diffundiert, neue Ideen oder Techniken z. B., dann breitet sich das diffundierende Element vom Zentrum zur Peripherie aus (vgl. Brunsson 2000, S. 139). Wenn wir Furustens, Vollmers und Brunssons These so weit folgen, dann ist die Zentrum/Peripherie-Differenzierung innerhalb der Disziplinendifferenzierung der Wissenschaften ein wichtiger Annahmeverstärker für zirkulierende Ideen. Vermutlich reicht die akademische Reputation als Verstärkungsmedium aber nicht aus, um die vorgeschlagenen Selektionen dauerhaft und nachhaltig auch außerwissenschaftlich zu stabilisieren. Es müssen relevante Selektionsverstärker in den jeweiligen Systemkontexten hinzukommen, die die Reputation in das jeweils gültige Medium „übersetzen" (vgl. Renn 2006). So können beispielsweise als erfolgreich attribuierte Beratungsunternehmen oder erfolgreiche Unternehmen in der Wirtschaft als solche Reputationsverstärker wirken, die die akademische Reputation in die Sinnlogik und Programmatik der Wirtschaftskommunikation transferieren. Wenn renommierte und als erfolgreich attribuierte Unternehmen das jeweilige Wissen anwenden und für sich als nützlich erachten, dann steigt die Annahmeplausibilität und -wahrscheinlichkeit auch für andere Organisationen im Kontext, Feld und Marktsegment.

Der Ansatz, populärliterarische Managementideen und Managementkonzepte als Teile eines umfassenderen Managementdiskurses zu begreifen, bestimmt diesen Diskurs als ein differenziertes Kommunikationsphänomen. Der allgemeine Managementdiskurs wird von Furusten als ein Element in den vielfältigen Sinnbeziehungen zwischen Organisationen und deren Umwelten begriffen. Er bildet eine semantische Umwelt von Organisationen, was häufig in Organisationsstudien nicht ausreichend betrachtet wird (vgl. Furusten 1999, S. 17). Für Furusten besteht der umfassende Managementdiskurs aus der Produktion, Verbreitung und

Konsumierung von managerialen Manifestationen („managerial manifestations").
Der „general management discourse" bezeichnet das Phänomen der Vielfalt der
weltweit kommunizierten Manifestationen und textualisierten Konzepte über
Management- und Organisationsformen. Ein interessanter Aspekt dieses Kommunikationsphänomens ist, dass es sich zu einem sehr großen Teil außerhalb von
Organisationen abspielt, in Vorträgen, Seminaren, in der Lehre, Artikeln und
Büchern, also in der Umwelt von Organisationen. Unabhängig davon, ob es sich
nun um rhetorisch stilisierte Interaktionsmanifestationen in Seminaren, Workshops oder Vorträgen handelt oder um schriftliche Dokumente als mediale Substrate (Artikel, Bücher, Handouts), Furustens Argument ist, dass es sich um
Gestaltungsvorschläge dreht, die der Organisation von außen als *Designschema*
und *Problemlösungswissen* vorgeschlagen werden. Aus diesem Grund bezeichnet
Furusten den „general management discourse" als das Aggregat aus geschriebenen und mündlichen Textualisierungen des organisationalen und managerialen
Lebens. Oder anders ausgedrückt, der umfassende Managementdiskurs erscheint
als eine Art *Makrokonversation* bzw. eine *institutionalisierte Konversationsform*,
die in sich noch einmal in verschiedene Unterkonversationen bzw. -diskurse
eigenständiger sozialer Netzwerke unterteilt ist. Jede singuläre Textualisierung
liefert dabei einen *Beitrag* zum umfassenden (Diskurs)-*Thema*.[28]

Furusten listet verschiedene Akteure, Akteursgruppen und Rollenträger auf,
die zum general Managementdiskurs beitragen: Lehrende und Forschende an
Business Schools und Universitäten; Managementgurus und solche Personen,
die Seminare und Workshops abhalten und die Artikel und Bücher verfassen;
Managementberater, die Organisationen Definitions- und Problemlösungsangebote anbieten; Organisationspraktiker in ihren Bereichen und Netzwerken, Wirtschafts- und Steuerpolitiker mit Regulierungsprogrammen und -entscheidungen;
Professions-, Interessen- und Handelsverbände, mit Gestaltungseinfluss auf Mitgliedsunternehmen (vgl. Furusten 1999, S. 20). Diese verschiedenen Akteursgruppen kommunizieren in verschiedenen Kommunikationsflüssen mit jeweils
typischer Rhetorik. Diese Kommunikationsflüsse versteht Furusten als Teildiskurse innerhalb des umfassenden Managementdiskurses. Er unterscheidet vier
Teil-Diskurse: den „populären", den „akademischen", den „praktischen" und den
„politisch-managerialen" Diskurs. Die verschiedenen Teildiskurse reproduzieren
dabei verschiedene Operationslogiken (vgl. Furusten 1999, S. 20).

---

[28]Vgl. Luhmann (1984, S. 213 ff.) zur kommunikationstheoretischen Unterscheidung von
Beitrag und Thema.

Halten wir hier ein erstes wissenssoziologisches Zwischenergebnis fest, dann benennt Furusten verschiedene *operative Einheiten* und *mediale Trägerstrukturen* des Managementdiskurses, wie Einzelpersonen (Trainer, Coaches und Autoren), Beratungsfirmen, Managementbücher, Magazine sowie Ausbildungsprogramme und -stätten, die das *institutionelle Gerüst* des Diskurses bilden. Differenzierungstheoretisch lässt sich das wie folgt vergleichen: populär = massenmedial, akademisch = wissenschaftlich, praktisch = Organisation (operativ und strukturell) plus Bereichstypik (Wirtschaft, Erziehung, Politik, Massenmedien etc.), politisch-managerial = Organisationsstrategie und -mikropolitik. Lösen wir die Gleichungen im Einzelnen auf. Der „populäre Teildiskurs" versammelt journalistisches und beratendes, an der Praxis orientiertes Schriftstellen sowie Managemententwicklungsprogramme. Populär ist er deswegen, weil über das System der Massenmedien eine flächendeckende Erreichbarkeit eines interessierten Publikums hergestellt werden kann. Neben der Verbreitung verleiht der Aspekt der Orientierung an gegenwartsrelevanten Themen und dazugehörigen Rhetoriken, die eine generelle und die Aufmerksamkeit von Organisationspraktikern herstellen, diesem Teildiskurs das Etikett *populär*. Die Hauptakteure dieses Teildiskurses sind Managementgurus und Berater, die in Management- und Führungskräfteentwicklungskonzepten *Lehre betreiben* und in Organisationen *direkte Beratung* anbieten. Weitere relevante Berufsrollen in diesem Kontext sind Wirtschaftsjournalisten, die Interviews durchführen und Artikel verfassen. Aber auch Akademiker und Praktiker können Beiträge zu diesem Kommunikationskontext liefern. Nicht selten kommt es dann allerdings vor, dass die in der Wissenschaft als Forscher und Lehrende reputierten Akademiker einen Rollenwechsel hin zur Beratungspersönlichkeit oder populärem Bestseller vollziehen. Im Simmel'schen Sinne (1992, S. 456 ff.) kreuzen diese „Grenzgänger" (Pankoke 1997, 2000) die sozialen Kreise. Der „akademische Managementdiskurs" beinhaltet Praktiken wie Forschung, Publizieren und Lehren. Furusten spricht deshalb von einem eigenständigen Teildiskurs, weil die wissenschaftliche Rhetorik eine eigenständige Sprachspiellogik aufweist. Der akademische Jargon und dessen Semantik identifizieren und typisieren die wissenschaftliche Kommunikation. Referenzorientierung (Texte, Empirie, Methodik) und Systematizität der Argumentation sind weitere Identifikationssymbole. Der „politisch-manageriale Diskurs" speist sich aus Gesetzgebung, dem Entwerfen politischer Programme, politischen Reden und dem Schreiben von massenmedial publizierten Artikeln über Managementthemen. Die diese Kommunikation hauptsächlich reproduzierenden Personen und Rollen sind Politiker und Politikexperten (Politikberater). Ihre Hauptaufgabe ist das Produzieren und Entscheiden von Gesetzen und Regulierungen über wirtschaftliches Agieren. Der Konversations- bzw. Kommunikationscode ist einerseits politisch und demnach angekoppelt an Alltagsdiskurse, andererseits aber auch juristisch, wenn es um konkrete kollektiv verpflichtende Regelungen geht. Der letzte Teildiskurs, den Furusten unterscheidet, ist der „praktische Managementdiskurs", der seine Beiträge aus internen Managementomentwicklungskontexten von Organisationspraktikern, Interaktionen und Netzwerken von Organisationspraktikern sowie Handels-, Interessen- und Berufsverbänden erhält. Der Schwerpunkt liegt auf Praktikern und deren pragmatisch fundierter und orientierter Erfahrungskommunikation, die sich nicht nur aus mündlichen, sondern auch aus schriftlichen Beiträgen zusammensetzt.

Furusten argumentiert des Weiteren, dass durch die Managementmanifestierungen, die aus den vier Teildiskursen des allgemeinen Managementdiskurses stammen können, die Inhalte zwischen Organisation und Gesellschaft zirkulieren. Das beinhaltet Ideen und Modelle über organisationale Identitäten, Strukturen und Prozesse, die in den Diskursen thematisiert werden. Die Grenzen zwischen den Teildiskursen des Gesamtdiskurses sind durchlässig und fließend und ebenfalls mit anderen gesellschaftlichen Diskursen verbunden. Einen Grund für diese Diskursdurchlässigkeiten und mehrfachen Themenanschlüsse sieht Furusten u. a. in Akteuren, die in verschiedenen Rollen kommunizieren, einmal als Wissenschaftler, dann als Berater und Seminarveranstalter und vielleicht auch als Autor eines populären Managementbuches, oder auch als Berater und Praktiker, die als Schriftsteller und vielleicht als Lehrende an Business Schools und Universitäten agieren. Aus diesem rollentheoretischen Argument schließt Furusten, dass es durch die rollenwechselnden Grenzgänger zu einer ständigen und komplexen Interaktion zwischen den Teildiskursen kommt: Die Grenzgänger halten die Themen in Bewegung und die Themen die Grenzgänger. Dabei übernehmen populäre Managementbücher auf einem höheren Sinngeneralisierungsniveau die Funktion des schriftlichen Kommunikationsmediums, das Vorstellungen und Überzeugungen bereitstellt (vgl. Furusten 1999, S. 23). Differenzierungstheoretisch orientiert sich Furusten am neoinstitutionalistischen Forschungsprogramm zum Zusammenhang von institutionellen Umwelten und Organisationen, dass wir bereits zu Beginn des Kapitels skizziert haben. Sinnförmige Umweltelemente werden von Professionen und Organisationen in Systemen wie Erziehung, Forschung und Beratung produziert und aufrechterhalten. Die Aktivitäten in diesen Feldern tragen ihrerseits zur Strukturierung der Organisationsumwelt bei, was wiederum Einfluss auf Organisationsprozesse entwickeln kann (vgl. Furusten 1999, S. 24). Die Ideen- und Wissensproduktion geht von Rationalisierungsagenten (Professionen, Organisationen, Verbände) aus, die Organisationen mit Ideen zur Struktur- und Prozessgestaltung versorgen. Die eindeutigen Ursprungsorte bzw. „specific actors" von Ideen auszumachen, ist Furusten zufolge allerdings kaum möglich, da Ideen auf verschiedenen Ebenen gleichzeitig kommuniziert werden können, in Organisationsnetzwerken, in organisationalen Feldern sowie der Gesamtgesellschaft. Einen genuinen Ort der Ideengenese anzugeben und damit eine genetische Kausalannahme zu machen, scheint also äußerst schwierig zu sein. Mit John Meyer argumentiert Furusten, dass „new and elaborated models of management, accounting, consulting or personnel administration pop up almost everywhere, in trends or waves of a general character" (Furusten 1999, S. 27). Trotz dieser Schwierigkeit der Lokalisierung eindeutiger Kontexte der Ideengenese hält Furusten an der Relevanz fest, für die Verbreitung der Ideen und Wissenselemente konkrete Akteure angeben zu können. Solche Akteure sind für ihn die bereits erwähnten Managementgurus und Berater, die Organisationen mit Ideen und Konzepten konfrontieren. Diese Einzelakteure, seien es nun individuelle oder kollektive, sind in Systemkontexte eingebettet, in denen die Ideen zirkulieren (vgl. Furusten 1999, S. 27).

Furusten begreift den umfassenden Managementdiskurs als eine Trägerschicht der Organisationsumwelt, in der Ereignisse, Erfahrungen, Problem-, Situations- und Lösungsdefinitionen und kondensiert (verdichtet), konserviert (Gedächtnisfunktion der Schrift) und damit für weitere Sinnaktualisierung in verschiedenen Situationen und Anwendungskontexten verfügbar gehalten werden. Wir haben diese Aspekte im Wissenskapitel systemtheoretisch als „Kondensierung" und „Konfirmierung" von Sinn beschrieben. Für Furusten sorgt der Managementdiskurs auf diese Weise für eine Mikro-Makro-Verbindung, da in ihm lokal relevante Geschichten (Narrationen) generalisiert und als Selektionsvorschlag für verschiedene andere Kontexte verfügbar gemacht werden (vgl. Furusten 1999, S. 28). Der generelle Managementdiskurs bildet einen semantischen Haushalt und ein Themengedächtnis, woran Managementautoren selektiv anschließen können. Dabei präsentieren und repräsentieren diese Texte nicht nur dominante Inhalte mit organisationaler und managerialer Relevanz, sondern fungieren auch als *Intermediäre* bzw. *Kopplungsmedien* zwischen Organisationen, organisationalen Feldern und der Gesellschaft. Vor diesem Hintergrund ist die Frage nach der Funktion und dem Einfluss von populärer Managementliteratur als vertextetem Teil eines umfassenden Diskurses für Organisation – und vielleicht auch Gesellschaft – relevant. Diese Literatur beinhaltet Ideen und normative Gestaltungshinweise für die Reproduktion *typischer Formen sozialer Ordnung*. In diesem Sinne bezeichnet Furusten sie – in Anlehnung an die Scottsche Erweiterung des neoinstitutionalistischen Dreischritt der Isomorphiemechanismen (coercive, mimetic, cognitive, normative) – als Elemente eines „kognitiven Isomorphismus", da sie zur Herstellung und Aufrechterhaltung sozial geltender Kategorien und Typisierungen beitragen: „If homogenous accounts of organisational and managerial life

are distributed in books to a worldwide public, they may trigger a general institu-
tionalisation of these accounts" (Furusten 1999, S. 33).

Die Funktion von populären Texten kann also in der Verbreitung, Generalisierung und Konservierung von Organisations- und Managementthemen gesehen
werden. Dabei können manche einflussreiche Texte so etwas wie den Status
kanonischer Texte annehmen, wenn sie als dominante und zentrale Stimmen zu
einem bestimmten Thema vom Publikum als solche attribuiert und akzeptiert
werden.[29] Texte ermöglichen die Sinnbewegung von Ideen in Zeit und Raum, von
Organisation zu Organisation, von Organisationen in die Gesellschaft und von der
Gesellschaft in Organisationen. Sinn-, kommunikations- und medientheoretisch
verstanden, halten Texte als schriftliche Kommunikationsmedien Sinnpotenziali-
täten bereit und appräsentieren die Möglichkeit des Sinnanschlusses und der
Sinnaktualisierung. Themen und Themenselektivitäten stehen für mögliche weitere anschließende Zugriffe und Beiträge bereit. Ob und wie angeschlossen wird,
ist dabei natürlich offen. Bezogen auf die vier Teildiskurse des umfassenden
Managementdiskurses geht Furusten davon aus, dass insbesondere der populäre
Teildiskurs den größten Einfluss auf organisationales Geschehen hat. Das deckt
sich mit Alfred Kiesers These (2002) zum problematischen Einfluss der Betriebs-
wissenschaft als dominanter Reflexionsdisziplin wirtschaftlicher Organisationen,
die wir bereits angesprochen haben. Wie Luhmann (2000a, S. 334) es ausdrückt,
liegt der Rezeptionsvorteil von Managementlehren darin, dass sie so etwas wie
„leicht kommunizierbare Quasitheorien" sind, die, greift man zusätzlich auf
Simons Analyse zu „Proverbs of Administration" (1946) zurück, auf *analogisierender Kommunikation* beruhen und in „Short Cut"-Form besonders auf die Vergleichbarkeit und Verwandtschaft von Themen, Ideen, Fällen und Problemen
Bezug nehmen und nicht so sehr auf die Möglichkeit von Widersprüchen oder
sogar die Gleichzeitigkeit von Unterschied und Gemeinsamkeit verweisen und
eingehen. Analogisierung liefert ein Versprechen auf Kontingenzbewältigung und
Komplexitätsreduktion, selbst auf die Gefahr hin, dass das mit der Produktion

---

[29]Vgl. Jan Assmann (1992, S. 93 ff.) zur Funktion von „Kanonisierung" und „kanonischer
Texte" in Bezug auf Kommunikation, Identitätsbildung und kollektives Gedächtnis. In
der Organisationskulturdebatte der 1980er Jahre war das etwa Peters und Watermans „In
Search of Excellence", während die Organisationslernen-Debatte von den Argyris und
Schön-Arbeiten und die Wissensmanagement-Diskussion von Nonaka und Takeuchi „ins-
piriert" wurden.

von Scheinlogiken einhergeht, worauf Eco (1992, S. 267) hinweist: „Zusammenhänge gibt es immer, man muß sie nur finden wollen".[30]

Worin bestehen nun die Struktureigenschaften der populären Managementtexte, die sie zu so interessanten Handlungs- und Reflexionsangeboten für Manager und Organisationspraktiker machen? Ich werde zur Beantwortung dieser
Frage einige relevante Aspekte aus Furustens dekonstruktiver Textanalyse populärer Managementliteratur herausgreifen. Neben der Handlungs- und Gestaltungs-
orientierung, dem pragmatischen bias, sind die *narrative Erzählstruktur* und die
Einzelfallorientierung wesentliche gattungsmäßige Struktureigenschaften der
populären Managementliteratur. Es werden Geschichten von erfolgreichen und
wegweisenden Einzelpersonen und Organisationen erzählt, deren Geschichte
generalisiert und zu einem universalen Handlungsprinzip hochgerechnet wird, an
dem sich andere Entscheider und Organisationen orientieren können und sollen.
Die so dargestellten Personen und Organisationen werden in der weiteren Argumentation als Metaphern eingesetzt, als Abkürzungssymbole, auf die im Detail
nicht mehr eingegangen werden muss. Glaubwürdigkeitssteigerung und Überzeu-
gungskraft versuchen solche Texte über den Verweis auf den Erfahrungsreichtum
und die Expertise des Autors zu erzeugen. Der Autor stellt in den Vordergrund,
dass er in der Regel selbst auf Erfahrung und Expertise in den besprochenen
Angelegenheiten zurückgreifen kann, also sowohl Teil der Problemdefinition als
auch der Problemlösung ist. Ihren normativen Charakter erreichen solche populären Managementtexte durch eine Aneinanderreihung von selbstverständlichen
Alltagswahrheiten. Furusten nennt diese rhetorische Eigenschaft „Plattitüdenori-
entierung". Ein weiteres rhetorisches Stilmittel sind „labels". Das bedeutet, dass
Gestaltungsvorschläge (z. B. starke Unternehmenskultur, Teamgeist und Führung) rezeptartig und ohne nähere Definition, Stringenz- und Konsistenzprüfung
eingeführt und propagiert werden. Sie werden als „selbstexplikative Etiketten"

---

[30]Bei *analogisierender Kommunikation* geht es um das Aufzeigen und Herstellen von Verbindungen und Konvergenzen, während digitalisierende Kommunikation Trennungen und
Differenzen erzeugt und darauf beruht. Aus diesem Grund korrespondiert Analogisierung
auch mit Interdependenzen und Digitalisierung mit Interdependenzunterbrechung. Komplexitätssteigerung beruht in der Regel auf der Gleichzeitigkeit von Interdependenzherstellung
und Interdependenzunterbrechung, möglicherweise damit auch auf der Gleichzeitigkeit von
analoger und digitaler Sinnproduktion und Informationsprozessierung. Und hier liegt noch
einmal ein musiktheoretischer Anschluss nahe, wenn man das Verhältnis von Note/Pause
und Klang/Stille betrachtet, denn Melodielinien basieren nicht auf der Aneinanderreihung
(Interdependenz) von Tönen, sondern auf der Gleichzeitigkeit von aneinandergereihten
Tönen (Interdependenz) und Pausen (Interdependenzunterbrechung). Die Magie der Melo-
die liegt also in spezifischen *Differenzverhältnissen*.

verwendet und vorausgesetzt (vgl. Furusten 1999, S. 81 ff.). Ihnen wird unbe-
dingte Werthaftigkeit zugeschrieben, sodass ihre Notwendigkeit nicht mehr hin-
terfragt wird.

Wie bereits angesprochen, ist Furusten daran interessiert, nicht nur die *Form*,
sondern auch die *Funktion* populärer Managementtexte als Sinnumwelt von
Organisationen in den Blick zu nehmen. Die Frage lautet, ob solche Texte Ideo-
logien repräsentieren oder ob sie Wissen vermitteln. Sind sie in einer „ideological
rhetoric" oder einer „cognitive rhetoric" verfasst? Furusten kommt zu dem folgenden Schluss:

> Following from the discussion above, it seems that the label ‚knowledge', i. e. that
> the argumentation should be stable, mobile, and combinable (…) does not apply to
> these texts. Thus the arguments are definitely not so loosely coupled that we should
> speak of free associations. (…) In other words, they can be regarded as particular
> packages of normative explanations of how management and organisations work.
> In this regard they can be seen as attempts to make sense of the ambiguos world
> ‚out there' (…). This means that they constitute collections' of concepts, and sets of
> values and beliefs concerning what reality would be if it were ideal (…). In this res-
> pect ‚ideological' seems to be an appropriate label for the arguments in these books
> (Furusten 1999, S. 101).

Die leicht vorsichtige Formulierung („seems") erklärt sich dadurch, dass es nicht
ganz eindeutig ist, hier ausschließlich von ideologischen Inhalten und ideologi-
scher Rhetorik zu sprechen. Vielmehr handelt es sich um eine Mischform aus
wissenschaftlich rückgebundenen und normativ geprägten Aussagen. Es entsteht
so etwas wie ein semi-akademisches bzw. semi-ideologisches Format. Das liegt
an der sozialstrukturellen Kontextierung der Textproduktion. Die Autoren sind
häufig Personen, die aus der akademischen Managementforschung in die Beratung gehen, also vom *making research* zum *doing business*. Der Problemorien-
tierungsduktus der akademischen Praxis wird dabei in der Regel nicht komplett
aufgegeben, trifft dann aber auf eine stärkere pragmatische Ambition. So entsteht
ein Texthybrid aus sowohl wissenschaftlich orientierten als auch pragmatisch und
beratungsaffin ausgerichteten Aussagen. Die Produktion solcher Hybridtexte zwischen Managementlehre und Managementtheorie ist stark durch die Standardisierung von Methoden und Arbeitsroutinen dominiert. Furusten argumentiert, dass
es Allianzen zwischen der Produktion, Distribution und Konsumierung der populären Managementkonzepte gibt. Hier liegt eine zirkuläre Struktur vor:

> We have argued that these groups of allies consume what other voices in the popular
> discourse have already produced. What they consume, however, is not just anything.

In fact, they tend to consume manifestations that have gained informal acceptance as representing a general knowledge. Manifestations that have achieved high circulation in the form of books, or that are written by famous managers or well known management gurus, are most likely to achieve such a status. (…) Allies with a commercial interest in defending dominant ideological standards appear in all three processes of production, distribution and consumption. In this way they contribute to the maintenance and guarding of these standards (Furusten 1999, S. 139).

Furusten schließt insgesamt aus seinen Analysen, dass der populäre Teil des generellen Managementdiskurses eine wichtige Distributionsroute für standardisierte Managementthemen ist. Der populäre Teil des Diskurses nimmt die dominante Stimme im Gesamtdiskurs ein. Darüber hinaus – und hier erweitert Furusten die Perspektive über die Ebene von Organisationen hinaus in Richtung Gesellschaft – wirkt der populäre Managementdiskurs als wichtige Politisierungsquelle („policy maker"), die an der Herstellung und Verstetigung kultureller Erwartungen, Normen und Standards „guter und schlechter Steuerung" beteiligt ist (vgl. Furusten 1999, S. 140 f.). Auf der Seite der Konsumierung ist populäre Managementliteratur heutzutage eine wichtige Komponente in der Alltagskommunikation vieler Organisationen, selbst wenn sie nicht flächendeckend rezipiert wird. Selbst wenn standardisierte Ideen noch nicht automatisch homogene Operationen bedeuten und Standards nicht buchstäblich umgesetzt, sondern lokal interpretiert und respezifiziert werden, fungiert der populäre Managementdiskurs als ein Themenspeicher bzw. semantisches Reservoir, das mögliche Beiträge zu einem speziellen Thema vorsortiert (vgl. Furusten 1999, S. 145). Einerseits fungiert der populäre Managementdiskurs als semantischer Haushalt, der kommunikative Möglichkeiten einräumt und auch einschränkt, indem Interaktionen thematisch vorselektiert werden. Andererseits folgen die lokalen Organisationsprozesse ihrer eigenen Logik und transferieren und übersetzen die Inhalte in die jeweilige Situationsadäquanz. Hier herrscht also nicht eine transitive Ableitungslogik, sondern es ereignen sich verschiedene Selektionsschritte, mitunter gleichzeitig. „Ideenwanderung" („travel of ideas", vgl. Czarniawska 1996) ist ein mehrfach-selektiver Kommunikationsprozess und kein top-down Mechanismus. Informationen werden nicht einfach weitergeleitet, sondern *in situ*, das heißt im Moment und im Kontext, sinnhaft konstruiert und respezifiziert. Der umfassende Managementdiskurs dient dabei als Sinnrahmen und Einbettungskontext, der von Organisationen konstruktiv und sinngebend genutzt wird (vgl. Furusten 1999, S. 149).

Kommen wir nun zum Modus der Ideenzirkulation. Furusten trifft dazu die Unterscheidung zwischen der Bedeutung von Managementwissen („meaning of management knowledge") und den Managementmanifestationen („managerial manifestations"). Der erste Aspekt bezeichnet den *Sinnbezug von Texten*, während der zweite Aspekt die *Materialität des Textes* bezeichnet. Furusten geht davon aus, dass Sinnbedeutungen nicht einfach übertragen werden können, sondern als Interpretationsresultate zu verstehen sind (vgl. Furusten 1999, S. 37). Ob ein Sinnvorschlag in einem sozialen Kontext als anschlussfähig wahrgenommen und akzeptiert wird, hängt davon ab, inwieweit er mit den bereits institutionalisierten Sinnschemata und Kommunikationscodes korrespondiert und daran angepasst werden kann. Furusten verfolgt die Idee eines *mehrfach-* und *mehrstufig-selektiven Prozessgeschehens:* Einer Textproduktion gehen Prozesse der Beobachtung, Interpretation und Selektivität voraus. Soziale Ereignisse werden kontinuierlich von Individuen und Kollektiven beobachtet und interpretiert, sodass immer gleichzeitig verschiedene Texte angefertigt, gelesen und interpretiert werden. Auf diese Weise ist im sozialen Raum eine ständige Diskussion über Management im Gange, in Organisationen, organisationalen Feldern, gesellschaftlichen Sektoren, Nationalstaaten und der Ebene weltgesellschaftlicher Kommunikationsprozesse. Diese kollektiven Diskurse und Diskussionen führen zu verschiedenen Texten, die kontinuierlich produziert, gelesen, interpretiert und auch ignoriert werden. Geschriebene Texte artikulieren und konstruieren Wirklichkeitsansichten und werden dazu von ihren Autoren in entsprechende Formate verpackt und verbreitet. Auf diese Weise fungieren Texte als Medien, durch die Ideen sowohl auf der Makroebene der Gesellschaft – in neoinstitutionalistischer Terminologie organisationale Felder und soziale Sektoren – als auch auf der Mesoebene kleiner Gruppen und Organisationen verbreitet werden. Für Furusten wird Managementwissen in drei Schritten entwickelt: 1) „Beobachtung" eines Phänomens, 2) „Analyse" dieses Phänomens und schließlich 3) „Textualisierung" der Resultate in verschiedenen Textformaten. „Verpackt", das heißt sinngeneralisiert in Textform, kann dieses Wissen dann in Raum und Zeit zirkulieren und sich verbreiten (Furusten 1999, S. 46 f.).

Die Übermittlung von Managementideen über Zeit und Raum hinweg ist also ein mehrfach-selektiver Vorgang. Der in der theoretischen Analyse sehr gebräuchliche Begriff zur Beschreibung dieses Prozesses ist der Diffusionsbegriff. Das haben wir bereits rekonstruiert. Die Anwendung dieses Begriffes auf die Übermittlung und Übernahme von Sinnobjekten ist aber weitaus problematischer als bei physikalischen Objekten, da eine eindeutige Übertragung bei ereignisförmigen Sinnelementen aufgrund kontingenter Anschlussmöglichkeiten und mehrdeutiger Interpretationsmöglichkeiten deutlich voraussetzungsvoller ist. Texte transportieren keinen eindeutigen Sinn, sondern fungieren als Medium, da bei jeder Rezeption und Interpretation eine aktive Bedeutungskonstruktion stattfindet. Vor diesem Hintergrund ist es problematisch, von Diffusion zu sprechen, da das

Diffusionskonzept eine linear und transitiv funktionierende Zentrum-Peripherie-Struktur impliziert bzw. eine asymmetrische Beziehung voraussetzt (vgl. Furusten 1999, S. 48). Der Transfer von Managementideen, -themen und -wissen ist hingegen ein komplexer Kommunikationsprozess, der über verschiedene Verbreitungs-, Selektions- und Rezeptionsstationen läuft. Er lässt sich nicht durch ein Input-Output-Modell der Sinnübertragung begreifen. Diese Vorstellung überschätzt den Homogenitäts- und Stabilitätsaspekt von Informationen und ignoriert den aktiven Prozess der Konstruktion, Selektivität und Respezifizierung von Sinn. Eine Information ist kein in sich und mit sich stabiles Objekt bzw. eine Substanz, sondern eine *selektiv konstruierte Differenz* (von einer operativen Einheit), *die eine Differenz erzeugt* (in einer operativen Einheit), im Sinne Gregory Batesons „ein Unterschied, der einen Unterschied macht" (Bateson 1985, S. 407). Daraus folgt, dass der physische Transport textförmiger Managementideen nicht mit einem Bedeutungstransport gleichgesetzt werden kann. Das bedeutet auch, dass die Verbreitung bestimmter dominanter Managementkonzepte noch nicht gleichbedeutend mit der Homogenisierung von Organisationen gedacht werden kann (vgl. Furusten 1999, S. 51).

Damit sind wir an dem Punkt, die Gleichzeitigkeit von homogenisierenden Ideen und verschiedenartigen Organisationspraktiken bzw. -verhalten, das – wie Furusten es nennt – „paradox of homogeneous ideas and divergent behaviour in organizations" (Furusten 1999, S. 52) zu analysieren. Das ist ein wertvoller Beitrag zur Frage nach der Gleichzeitigkeit von Formenhomogenität und Formenheterogenität bzw. -diversität, die in gegenwärtigen Organisationstheorien diskutiert wird. Furusten nähert sich dieser Diskussion differenzierungs- und kommunikationstheoretisch durch die bereits angesprochene Unterscheidung von *Produktion, Verbreitung* und *Konsum* als eigenständige selektive Prozesse, an denen mehrere operative Einheiten beteiligt sind. Sowohl auf der Produktionsseite als auch auf der Seite der Konsumierung kann eine eigene Prozesslogik analysiert werden. Produktion und Konsum haben ihre je eigenen Kontingenzen und Selektivitäten. Es gibt eine Differenz zwischen der Produktion und der Konsumierung, selbst wenn es auf beiden Seiten typische Produktions- und Rezeptionsmuster gibt. Spätestens die Konsumierung durch die Einzelorganisation, – auf der „lokalen Ebene" wie Furusten es nennt[31] –, mit ihren eigenen Entscheidungsprämissen und ihrer eigenen Geschichte sorgt für eine individuelle Rezeption. Furusten argumentiert, dass deshalb weder das neoinstitutionalistische Isomorphie-Konzept

---

[31]Furusten arbeitet mit der sehr gängigen Unterscheidung von Elementen in *globalen* Organisationsumwelten und *lokalen* Prozessen in den Organisationen, also mit der analytischen Unterscheidung von global/lokal, bzw. von general discourse/local organization.

noch das klassische Immunitäts-Konzept von Selznick dem Prozess der lokalen Übersetzung von Managementideen durch Organisationen gerecht werden. Furusten schließt sich hier Røviks (1996, S. 141 ff.) Kritik an. Auf der einen Seite wird Anpassung zu schnell (Neoinstitutionalismus), auf der anderen Seite Ablehnung zu ausschließlich formuliert (Alter Institutionalismus).[32] *Ablehnung* („rejection") und *Abkopplung* („decoupling") sind zwei Möglichkeiten des Umgangs mit neuen Organisations- und Managementkonzepten. Die Abkopplung durch die Differenzierung von „talk" und „action" (Brunsson 1989) bzw. die Trennung von Vorder- und Hinterbühne (Goffman 1980, 1998), einer idealisierten Schauseite fürs Publikum und einer Innenseite davon abweichender Aktivitäten (Luhmann 1964), ist durch die Organisationsforschung hinlänglich beschrieben. Anpassung ist natürlich auch möglich, nur nicht als Blackbox-Implementierung bzw. Kopiervorgang, sondern in „Übersetzungsverfahren" (vgl. Czarniawska und Sevón 1996). Die Bedeutung von Ideen wird nicht einfach übertragen, sondern in den neuen Kontexten nach den dort geltenden Regeln und Relevanzen konstruiert. Damit geht es um das Begreifen einer operativen Praxis der Deutung und Umdeutung als Sinnkonstruktion und Sinnrekonstruktion. Der Übersetzungsprozess kann dabei unterschiedliche Formen annehmen: „from borrowing models and words when talking of management and leadership, to using models to structure and organise activities and events" (Furusten 1999, S. 54). Und er kann an verschiedenen Stellen bzw. auf verschiedenen Ebenen stattfinden, in organisationalen Feldern, in Übersetzungsketten und innerhalb von Organisationen. Auf der Feldebene dominieren autoritative Zentren die Übersetzung und Anpassung von Managementrezepten. Diese Zentren übernehmen die Funktion eines „generalized other" (Mead 1988, S. 194 ff.) und wirken so als Selektionsfilter. Eine weitere Ebene sind die Übersetzungsketten („translation in chains"), in denen laufend Filter- und Interpretationsprozesse stattfinden, an jeder Stelle der Kette. Furusten stellt sich eine Transformations- und Übersetzungskette konkret wie folgt vor: Ein Managementrezept erreicht ein Feld und wird dort vom Zentrum übersetzt. Wenn das Rezept feldspezifisch angepasst ist, wird es von weiteren Akteuren interpretiert und mitunter in „lokalen Organisationen" in organisationsspezifische Strukturen übersetzt. Wenn diese Version in der Organisation angekommen ist, wird sie möglicherweise in verschiedenen Organisationseinheiten entwickelt (vgl. Furusten 1999, S. 55). Zur weiteren Spezifizierung des Übersetzungsbegriffes übernimmt Furusten den Typologisierungsvorschlag von Røvik. Hier werden

---

[32]Vgl. Scott (1994, 1995) sowie Scott und Christensen (1995) zum Verhältnis von „altem" und „neuem" Institutionalismus.

Übersetzungen in verschiedene Erscheinungsformen wie „Konkretisierung"
(„concretising"), „teilweise Imitierung" („partly imitation"), „Kombination"
(„combination") und „Umschmelzung" („remelting") differenziert. „Konkretisierung" meint, dass eine Organisation ein Rezept nicht einfach als Ganzes imple-
mentiert, sondern für die eigenen Strukturen, Prozesse, Aktivitäten und Routinen
passend zu machen versucht. „Teilweise Imitierung" meint, dass einige Elemente
eines Konzeptes, nicht aber das gesamte Konzept übernommen und eingeführt
werden. „Kombinierung" bedeutet, dass verschiedene Konzepte miteinander verbunden werden. Die radikalste Form der Übersetzung ist die „Umschmelzung",
bei der verschiedene Konzepte zu einem neuen Konzept gemischt und verschmol-
zen werden (vgl. Furusten 1999, S. 57).

Von einem kommunikationstheoretischen Gesichtspunkt aus gesehen, stellt
sich der von Furusten analysierte Diskurszusammenhang als Kommunikationsprozess dar, an dem verschiedene Einheiten beteiligt sind. Es zeigt sich das folgende Bild. Managementliteratur kommuniziert Selektionsvorschläge, an die
in verschiedenen Kontexten (Wirtschaft, Erziehung, Wissenschaft, Recht etc.)
angeschlossen werden kann. *Wie* allerdings daran angeschlossen wird, hängt
von den jeweils spezifischen Strukturen ab, die sinnrelevant und kommunikati-
onskonditionierend in diesen Kontexten fungieren. Diese Differenzierungsana-
lyse weist auf die Trennung von funktionssystemspezifischer Kommunikation
bzw. Semantik und der Ebene von Organisationssystemen hin. Auf der Ebene
funktionssystemischer Kommunikation wie z. B. in der Wirtschaftsseman-
tik – Organisationen werden hier als steuerungsfähige Unternehmen verstanden
– zirkulieren die Homogenisierungskonzepte, während auf der Ebene der Organisationen eigenständige und eigenlogische Entscheidungen und Entscheidungsprämissen angefertigt werden, die sich sehr wohl an den funktionssystemischen
Erwartungen orientieren, diese aber nicht einfach eins zu eins umsetzen, sondern
organisationsförmig respezifizieren, das heißt interpretieren, anpassen und möglicherweise auch anreichern. Diesen Respezifizierungsschritt nennt Furusten,
ähnlich wie Nils Brunsson und weitere Neoinstitutionalisten, lokal. Die raum-
metaphorische Unterscheidung lokal/global beschreibt die Ebenendifferenz von
übergeordnetem, globalem Diskurs und organisationaler Ebene. In der Organisationsforschung wird dieser Transformationsprozess seit einiger Zeit anhand des
sprach- und sinntheoretischen Konzeptes der Übersetzung analysiert (vgl. Czarniawska und Sevón 1996). Das haben wir bereits thematisiert und werden wir nun
weiter vertiefen.

3.6 Übersetzung

Es gibt in den letzten Jahren einen regen Diskurs zum Übersetzungsbegriff in Bezug auf Fragen des Zusammenhanges von Organisation, Ideenzirkulation und Wissen. Die Theoriefigur der Übersetzung wird immer dann verwendet, wenn es um die Erklärung geht, wie es zu Sinnanschlüssen und -verschiebungen durch und in operativen Einheiten kommt. Diese Diskussion thematisiert und kritisiert dabei den Diffusionsbegriff als Erklärungskonzept für die Verbreitung, Annahme und Stabilisierung von Ideen. Wie wir bereits mit den Analysen von Mikl-Horke gezeigt haben, ist der Diffusionsbegriff ein gewohntes und übliches Konzept, mit dem in den Organisations- und Managementwissenschaften die Zirkulation von Ideen, Objekten und Praktiken erklärt wird. Die Hauptkritik am Diffusionskonzept geht dahin, dass Diffusion so viele physische und chemische Konnotationen mit sich führt, dass deren Übertragung auf soziale und kulturelle Phänomene fragwürdig erscheint (vgl. Czarniawska und Sevón 2005b, S. 7). Auf die Begrenztheit des Diffusionskonzeptes weisen ebenfalls Powell, Gammal und Simmard (2005) hin. Ihr Argument ist, dass der Diffusionsbegriff den aktiven Prozess der Rezeption sowie Rezeptionsdifferenzen zu wenig beachtet. Es sei statt dessen adäquater, von „Ideenzirkulation" („circulation") und „Übersetzung" („translation") zu sprechen, um den aktiven Charakter von Sinnbewegungen bezeichnen zu können (vgl. Powell et al. 2005, S. 233). Powell, Gammal und Simard gehen weiterhin davon aus, dass die Zirkulation und das Anschließen an Ideen ein mehrfach selektiver Prozess ist, der sowohl auf Eigenschaften der beteiligten Organisationen als auch auf Aspekten der Interaktionssituation selbst beruht.[33] Erlingsdóttir und Lindberg (2005) votieren ebenfalls für den Übersetzungsbegriff. Ihre Argumentation lautet vergleichbar. Damit eine Idee innerhalb eines organisationalen Feldes „wandern" kann, muss diese von ihrem ursprünglichen Kontext gelöst und in ein Objekt transformiert werden, z. B. in die Form eines Textes oder eines Bildes. Ein solches Objekt kann sich dann durch das relevante Organisationsfeld in Zeit und Raum bewegen und in einem anderen Kontext angepasst werden. Abschließend kann das Objekt lokal in eine neue Praxis überführt werden (vgl. Erlingsdóttir und Lindberg 2005, S. 48). Als analytischer Vorteil des Übersetzungsbegriffes wird gesehen, dass im Gegensatz zum Diffusionsbegriff die offenen Anschlussmöglichkeiten, Ambiguitäten und Rezeptionsunterschiede im Sinngeschehen angemessener betrachtet werden können (vgl. Sahlin-Anderson und Sevón 2003, S. 254). Hierbei ist das epistemologische

---

[33]Powell et al. (2005) analysieren in ihrer Studie das Rezeptionsverhalten von verschiedenen Nonprofit-Organisationen in der San Francisco Bay Area.

Übersetzungsverständnis von Michel Serres (1987) erkenntnisleitend. Übersetzung im Serres'schen Sinne ist eine *differenzielle Operation*, die einen *Operator*
voraussetzt und verschiedene Formen annehmen kann und *Displacement, Substi-
tution* und *Transformation* von Elementen produziert. Identität gibt es immer nur
operativ *in situ* und zwar durch „Differenz und Wiederholung" (Deleuze 1992):

> Die Übersetzung ist zugleich eine Praxis und eine Theorie; (...) Die Zustände
> wechseln die Phase, die Systeme wechseln den Zustand durch Übergänge von einer
> Phase zur anderen oder von einem Zustand zum anderen. Aber betrachtet man das
> System selbst, so ist es niemals stabil. Sein Gleichgewicht ist ideal und abstrakt,
> aber es wird nie erreicht. Der Zustand liegt außerhalb der Zeit. Zustand ist das
> Gegenteil von Geschichte, ersterer sucht letztere zu blockieren oder erstarren zu las-
> sen. (...) Das System als solches ist ein Transformationsraum. Das gilt allgemein.
> Es gibt nur *Veränderungen*. Was wir für ein Gleichgewicht halten, ist nichts als die
> Verlangsamung der Veränderungsprozesse. (...) Ich dachte, die Verteiler seien Ver-
> mittler, die Interferenz finde am Rande statt, der Übersetzer stelle sich zwischen die
> Instanzen; ich dachte, die Brücke verbinde zwei Ufer und der Weg ginge von der
> Quelle zum Ziel. Aber es gibt keine Instanzen. Oder besser, die Instanzen, Systeme,
> Ufer usw. sind ihrerseits als Verteiler, Wege, Übersetzungen analysierbar (Serres
> 1987, S. 111 ff.).

Das Element bzw. Objekt der Übersetzung hat eine unstabile Identität und unter-
liegt im Übersetzungsprozess einem Wandel, einer Transformation. Sich umher
bewegende Elemente sind nicht identitäts- bzw. bedeutungsstabil. Übersetzung
erscheint so als Differenz-, Heterogenitäts- und Ambiguitätsgeschehen im Gegensatz zu einem, auf sinnkonvergente Bedeutungsübertragung zwischen Quelle und
Ziel setzenden, Übersetzungsverständnis.[34] An diesen differenzialistischen Übersetzungsbegriff schließen auch die Analysen von Czarniawska zur Zirkulation von
Management- und Organisationsideen und deren Umsetzung in konkrete Manage-
ment- und Organisationspraktiken an. Wie werden Organisations- und Managementideen in Objekte (Modelle, Bücher, Folien etc.) übersetzt, an verschiedene
Orte verschickt, in andere Objekte transformiert und dann in Handlungen

---

[34]Übersetzung lässt sich als Form-Umwandlung verstehen, die nicht eine Ausnahme-, sondern eine regelmäßige Operation ist. Ähnlich wie in der neurophysiologischen Kognitions-
forschung heute davon ausgegangen wird, dass Wahrnehmungsdaten im Gehirn „nochmals
in eine andere Form umgewandelt (werden – von mir, T. D.). Es handelt sich dabei um eine
Transformation in die Sprache der Emotionen, denn jedes Datenelement erhält durch Übersetzung zusätzlich eine bestimmte Qualität, wird intensiv erlebt und gefühlt" (Trappmann-
Korr 2010, S. 287).

umgesetzt, die, wenn sie regelmäßig ausgeführt werden, zu Institutionen stabilisiert werden (vgl. Czarniawska und Sevón 2005b, S. 8)? Der Übersetzungsbegriff bietet sich zur Beschreibung des Entstehens und der Konstruktion verschiedener globaler Verbindungstypen an, da er *polysemantisch* angelegt ist. Er meint *Transformation* und *Transferenz* von Elementen, aber eben nicht nur sprachlicher. Für den organisationswissenschaftlichen Kontext ist dieses Konzept eben deshalb instruktiv, da es sich nicht nur auf sprachliche bzw. symbolische Elemente bezieht, sondern auch auf materielle Objekte und somit ermöglicht, den Zusammenhang von symbolischer und materieller Ebene zu adressieren. Czarniawskas und Sevóns These ist es, dass nur über den Zwischenschritt der Materialisierung überhaupt ein „Wandern" von Ideen in Zeit und Raum funktionieren kann. Praktiken und Institutionen können ihrerseits nur auf dem Umweg der ideenförmigen Dekonstruktion und Auflösung weitergegeben werden. Sinntheoretisch handelt es sich hier um ein Verhältnis der *Auflösung* und *Rekombination* von Sinn, sodass es begrifflich noch präziser ist, nicht nur von Materialisierung, sondern von *Sinngeneralisierung* zu sprechen, denn es geht um das Verhältnis von Sinngeneralisierung und Sinnrespezifikation. Natürlich ist Vertextung eine Materialisierung, aber dass ein Text als Produkt und Artefakt eine Materialität der Kommunikation darstellt, ist sekundär im Verhältnis zur medialen Funktion der Sinngeneralisierung für weitere kommunikative Anschlüsse. Dekonstruktion ist dabei eine sinnauflösende Operation, die den Sinn für anschließende Respezifizierung, Rekombination, Konkretisierung, Umsetzung, Anwendung und Anpassung zur Verfügung stellt.

Diese sinntheoretische Reformulierung und Präzisierung der These von Czarniawska und Sevón hat auch Einfluss auf die nachfolgenden Überlegungen zur Frage nach der *Annahmeverwahrscheinlichung von Ideen*. Welche Ideen werden nun aus welchen Gründen angenommen? Czarniawska und Sevón nennen „Superiority" als Motivations- und Selektionskriterium. Aber wie wissen Personen, was überlegen ist und wie lernen sie, Dinge zu imitieren? Czarniawska und Sevón geben die Antwort mit dem Begriff der „Mode". In diesem Zusammenhang ist es wichtig, dass es nicht darum geht, Moden zu erklären, sondern Moden gerade als erklärende Variable für Ideenzirkulation einzuführen. Erneut kann eine sinn- und kommunikationstheoretische Ergänzung an dieser Stelle argumentationspräzisierend sein. Moden sind soziale bzw. kollektive Selektionsräume bzw. Selektionshorizonte. Sie reduzieren Potenzialitäten auf Aktualitäten. Moden sind kommunizierte Selektionen und in diesem Sinne eine Kommunikationsstruktur, denn sie reduzieren Komplexität für zeitlich indizierte Stilentscheidungen und geben somit Typiken vor. Moden generieren und fokussieren Aufmerksamkeiten und Popularitäten und produzieren gleichzeitig Identität und Differenz, Homogenität und Heterogenität, Typik und Abweichung. Moden unterscheiden sich von allem was eben nicht als Mode attribuiert wird, was sich kommunikativ in der Verwendung der Hauptunterscheidung modisch/unmodisch und sinnstimmig assoziierbaren Folgeunterscheidungen wie neu/altmodisch, angesagt/nicht-angesagt, attraktiv/unattraktiv, interessant/langweilig, trendsetting/mainstreaming oder auch erstrebenswert/überflüssig ausdrückt. Für Organisationen und Organisationsentscheider ist der *Mode-Modus* als Orientierungsstruktur deshalb so reizvoll, da Moden Präferenzen vorgeben, was für Entscheidungsfindung, die zwischen Alternativen abwägen muss, eine deutlich Erleichterung darstellt, denn Moden präsentieren sich als typische Alternativen zu einem gegeben Zeitpunkt und damit als eingeschränkter Möglichkeitsraum. Durch Popularität werden Moden zu Entscheidungshilfen. In der Organisationssprache liegt die Relevanz von Moden darin, dass sie als Entscheidungsalternativen wahrgenommen werden. Moden grenzen ein und offerieren die zu einem bestimmten Zeitpunkt angemessene Wahl. Man schließt sich einer herrschenden Meinung an, folgt einer bestimmten Geschmacksrichtung und wendet bewährte Lösungen an. Moden können somit der Bildung von Entscheidungsprämissen dienen, indem sie Entscheidungsalternativen präferieren und somit zur Unsicherheitsabsorption beitragen. Dabei können verschiedene Selektionsverstärker hinzutreten, wie erfolgreiche Unternehmen als Trendsetter, spezifische Berufsgruppen und Professionen, Beratungsunternehmen und Managementgurus. Das „fashion behavior" (Czarniawska 2005c, S. 129) ist also keinesfalls irrational. Darüber hinaus scheint hier ein zirkulärer Prozess am Werk zu sein, durch den Moden zu Aufmerksamkeitsattraktoren werden. Orientiert an Moden, imitieren Personen Vorstellungen, Überzeugungen und Leidenschaften, die zu einem gewissen Zeitpunkt an einem bestimmten Ort als attraktiv gelten. Das bewegt sie dazu, Ideen, Objekte und Praktiken für ihren eigenen Gebrauch zu übersetzen. Diese Übersetzung verändert indes das zu Übersetzende und auch die, die übersetzen. Für Organisationen ist genau diese *Betonung des Typischen* zu einem gegebenen Zeitpunkt der entscheidende Punkt, denn Moden und Trends liefern über ihren Selektionsaspekt einen begrenzten Bereich des Typischen, der für Organisationen unsicherheitsabsorbierende Funktion übernehmen kann: „Letztlich scheint es also darum zu gehen, das nur Mögliche mit Form zu versorgen" (Luhmann 1995d, S. 79). Aber das einseitig-komplexitätsreduzierende von Moden ist Czarniawska zufolge nur vermeintlich und trügerisch, denn Moden sind paradoxal konstituiert. Ihre Stabilität ist der permanente Wandel, ihre Legitimation die Präferenz für Neues: „Ganz eindeutig liegt aber der Sinn der Mode darin, dass Neue zu legitimieren, ja zu oktroyieren, und zwar mit der stupenden (um nicht zu sagen: admirablen) Begründung, dass es vergänglich sei" (Luhmann 1995d, S. 81). Czarniawska geht des Weiteren davon aus, dass Moden gleichzeitig homogenisierend und heterogenisierend wirken können. Moden bedeuten, dass viele Personen dasselbe zur gleichen Zeit an verschiedenen Orten tun, aber Moden bedeuten auch, dass diese Personen in relativ kurzer Zeit anderes tun werden. Moden sind ein unruhiger sozialer Mechanismus, der kontinuierlich Wandel produziert (vgl. Czarniawska 2005, S. 144). Unter Rückgriff auf Lyotards Unterscheidung von „Innovation und Invention" geht Czarniawska von folgender paradoxaler Form von Moden aus:

> Its constitutive paradoxes are invention and imitation, variation and uniformity, distance and interest, novelty and conservation, unity and segregation, conformity and deviation, change and status quo, revolution and evolution. And it is indeed translation, side to side with negotiation that is used to resolve these paradoxes in each practical action. (...) Translation comes first. Fashion would not be able to proceed without constant translation, which permits it to appear in many different guises in different times and places (Czarniawska 2005, S. 136 f.).

Moden sind einerseits also ein *Konformitätsausdruck* und gleichzeitig *Antikonformitätsausdruck*. Entscheider können durchaus aus beiden Gründen folgen, einerseits dem Konformitätsaspekt und andererseits dem Abweichungsaspekt (vgl. Czarniawska 2005, S. 144)

Wir können die Übersetzungsanalyse noch weiter anreichern, wenn wir das neoinstitutionalistische Konzept der organisationalen Felder beobachtungstheoretisch durch das Konzept der *wechselseitigen Beobachtungskonstellation* ergänzen, so wie zuvor bereits in der Analyse von Boltanski und Chiapello (Abschn. 3.1). Hedmo, Sahlin-Andersson und Wedlin (2005) bemessen die Bedeutung von organisationalen Feldern für Imitations- und Übersetzungsprozesse sehr hoch. Organisationale Felder lassen sich als relationale Konstellationen und Konfigurationen verstehen, die die wechselseitige Beobachtung von Einheiten in Gang bringen und strukturieren. Im Anschluss an Bourdieu verstehen sie Felder als Beziehungssysteme, in denen dominante Akteure zentrale Positionen einnehmen und periphere Akteure ständig nach Einflusssteigerung und dem Erreichen einer zentralen Position streben, indem sie sich an den zentralen Akteuren messen und den gängigen Sinnlogiken und Erwartungsstrukturen des Feldes folgen. Imitation ist dabei kein passiver Prozess, sondern eine aktive Tätigkeit einer operativen Einheit, bei der sowohl wechselseitige Beobachtungsverhältnisse mit anderen Einheiten (Vergleichsbezüge) als auch Selbstbeobachtungs- und Selbstbeschreibungsoperationen (Identitätsbezüge) eine wesentliche Rolle spielen. Das folgende Zitat verweist deshalb auf ein rekursives Verhältnis zwischen *Imitation* und *Identität*. Wahrgenommene Identitäten regen Imitationen an, während Imitationen Identitäten formen:

> As certain models, actors, or practices become widely known, these shape the wishes, ideals, and desires of others, thus providing the impetus for further imitation. Thus, perceived identity shapes imitation: one imitates those one relates to and these with whom one identifies. The process of imitation involves both self-identification and recognition of what one would like to become. The opposite is also true, however, in that imitation shapes identity. Imitation constructs new relationships, references, and identifications and opens new avenues for comparison and for creating new identities. In this way fashions and trends largely form through processes of imitation (…). Furthermore, because imitation is shaped by and shapes identity, the motives, dynamics, and consequences of imitation may differ between places and over time (Hedmo et al. 2005, S. 194).

Auf den ersten Blick geht es bei Imitation scheinbar um die Herstellung von Gleichförmigkeit. Auf den zweiten Blick geht es aber auch um das „gleich-und-anders-sein" und um das „besser-als-der-andere-sein-wollen". Es geht um die Gleichzeitigkeit von Identität und Differenz: Wer und wie bin ich? Und: Wie kann ich mich unterscheiden? Imitation wird durch die Identitäts- bzw. Selbstbeschreibungsfrage angestoßen, zielt auf die Frage nach der Angemessenheit in Bezug auf typische Identitäten und folgt damit einer Angemessenheitslogik: „Thus in order to be appropriate, one must make a comparison with appropriate others (‚Who am I?' ‚What situation is this?'), in order to conduct the consecutive action based on the perceived action and achievements of other actors – thus, an imitation" (Sahlin-Anderson und Sevón 2003, S. 255). Die Angemessenheitslogik sieht dann Folgendes vor: 1) „matching of own and others' identifications and situations"; 2) „construction of desire to transform"; 3) „institutionalized, appropriate action" (vgl. Sahlin-Anderson und Sevón 2003, S. 256 und Sevón 1996). Imitationsprozesse werden durch Vergleichsoperationen konstituiert und durch Vergleichskonstellationen strukturiert.

In einem weiteren Schritt bezeichnen Hedmo, Sahlin-Andersson und Wedlin Imitation als Übersetzungsprozess und nehmen zur Verdeutlichung den Begriff des „Editierens" hinzu. Sie gehen davon aus, dass Ideen und Praktiken in der Regel in der Form schriftlicher Objekte (z. B. Texte) oder mündlicher Kommunikationen zirkulieren und in verschiedenen Kontexten unterschiedlich angepasst, eben „editiert" werden. In den jeweiligen sozialen Kontexten werden die mitgeteilten Informationen zu kontextspezifisch relevanten Informationen respezifiziert bzw. editiert (vgl. Hedmo et al. 2005, S. 195).[35] Die Richtung des Editierens kann durch verschiedene Selektionsstrukturen sowie Selektionsverstärker gelenkt werden. Hedmo, Sahlin-Andersson und Wedlin unterscheiden verschiedene idealtypische Imitationsmodi wie den „broadcasting mode", den „chain mode of imitation" und den „mediation mode". Diese drei Modi sollen sowohl den Verbreitungsaspekt als auch die spezifischen Selektionsstufen von Wissens- und Ideenzirkulation greifbar machen, sodass die lokale Respezifikation der verbreiteten Themen, Ideen und Praktiken durch verschiedene Selektoren erklärt werden kann. „Broadcasting" meint die Verbreitung ausgehend von einem zentralen Ort und ausgehend von einer „activating entity". „Chain mode" meint die weitere Ausbreitung der Verbreitung durch die kettenförmige Repetition der Idee oder Praktik. Eine Idee oder Praktik wird imitiert, und die Imitation wird dann ihrerseits imitiert. Im dritten Schritt treten Mediatoren dazu, die noch einmal als Selektionsverstärker dienen (vgl. Hedmo et al. 2005, S. 196). Diese Mediatoren und Selektionsverstärker werden als „Editoren" bezeichnet, denn diese greifen aktiv ins Interpretations- und Bedeutungsgeschehen ein (vgl. Hedmo et al. 2005, S. 197). Das Beispiel der internationalen Ausbreitung von Management-Ausbildungsprogrammen (MBA) soll diese Argumentation verdeutlichen. Das MBA-Label wird als Beispiel für die weltweite Verbreitung und Durchsetzung eines Symbols für Erfolg und dessen gleichzeitige differenzielle bzw. diversifizierende Ausgestaltung durch Variationen gesehen. Die Differenzierung folgt entlang des Zentrum/Peripherie-Schemas, dahin gehend, dass eine Adresse (Ort, Region, Organisation) als einflussreich und reputiert dargestellt wird. So entsteht *eine* Zentrumsadresse und *viele* periphere Adressen (vgl. Hedmo et al. 2005, S. 198). Die Selektions- bzw. Mediationsfunktion in diesen Prozessen nehmen sogenannte „monitoring organizations" ein, die die Rolle als Standardisierer übernehmen, denn

> mediating modes of imitation have become increasingly important in these times of globalization, and that this development is related to the expansion of monitoring organizations in contemporary society. Our analysis thus emphasizes the crucial

---

[35]Der Begriff des „Editierens" ist spannend und spannungsreich zugleich, zumal er in der englischen Sprache wenigstens doppeldeutig ist. Einerseits kann man ihn durchaus im Sinne eines eher klassischen Verständnisses als Text- und Textkompositionspraxis (Herausgeberschaft: Editor) verstehen, dann verweist er auf das Edieren von textuellem Sinn. Oder man schließt an die moderne Daten- und Informationssemantik (vgl. Munro 2001) an, dann verweist er auf das Hervorbringen, Bearbeiten und Verändern von Daten. In beiden Fällen geht es um das Manipulieren von Sinn.

importance of monitoring organizations, such as accreditation bodies and media, and other transnational regulatory and monitoring organizations in forming organization fields (Hedmo et al. 2005, S. 205).

Als Ideen- und Wissensmediatoren können auch Forscher, Experten, Berater, Publizisten und internationale Organisationen agieren. Großer Einfluss kommt Akkreditierungsverfahren und -organisationen sowie Medien als Selektionsfaktoren zu. Medienrankings schaffen Sichtbarkeit, sorgen für Öffentlichkeit, Vergleichbarkeit, Wettbewerbs- und Konkurrenzorientierung. Rankings strukturieren dabei die Positionierungen der Einheiten (z. B. Staaten, Organisationen, Personen) im Feld. Rankings und Akkreditierung fungieren als Mittel zur Herstellung von Vergleichbarkeit und Unterscheidung. Während Akkreditierung für die Zulassung bzw. Inklusion in ein Feld sorgt, stellen Rankings *hierarchische Differenzierungen* und eine *feldinterne Inklusionshierarchie* her. Akkreditierung regelt die Teilnahme: Wer gehört überhaupt dazu? Und Rankings geben die Antworten: Wer gehört nach oben, wer ins Mittelfeld und wer ins untere Drittel? Internationale Rankings und Akkreditierungsverfahren werden damit als wichtige Quellen für Reputation und Status eingeschätzt. Aus diesem Grund wird immer mehr und sehr verstärkt auf die PR, die Außendarstellung und das Impression-Management Wert gelegt. Die starke Publikumsorientierung scheint unabdingbar, und die Reichweite des potenziellen Publikums ist unter weltgesellschaftlichen Beobachtungsbedingungen enorm gestiegen, die Aufmerksamkeit gleichzeitig aber äußerst knapp. Aus diesem Grund wird es immer wichtiger, knappe Aufmerksamkeiten auf sich ziehen zu können (vgl. Hedmo et al. 2005, S. 207).

Mit einer Reflexion des Übersetzungsbegriffes entlang des systemtheoretischen Kommunikations- und Medienkonzeptes können wir die bisherigen Argumentationen bündeln und fokussieren.[36] Übersetzung lässt sich als eine kommunikative Sinnoperation konzeptualisieren, in der es um unterschiedlich konditionierte und konditionierbare Sinnanschlüsse geht, in Abhängigkeit vom jeweiligen Kommunikationsmedium. Wir kommen zunächst noch einmal auf den Kommunikationsbegriff der soziologischen Systemtheorie zurück, den wir im zweiten Kapitel eingeführt haben. Sprache wird hier als ein Kommunikationsmedium unter anderen verstanden, wenn auch als ein für die Evolution und Operativität menschlicher Kommunikation grundlegendes (vgl. Luhmann 1984, S. 224; 1990, S. 49, 52, 187; Stäheli 2000, S. 129 ff.). Das für diesen Kontext relevante

---

[36]Vgl. Tyulenev (2012) zu einer umfassenden Diskussion des Übersetzungsbegriffes im Rahmen der soziologischen Systemtheorie.

Argument ist, dass Sprache kein auf ein bestimmtes soziales System in der Gesellschaft beschränktes Medium ist, sondern als ein basales Kommunikationsmedium fungiert, das die Annahmewahrscheinlichkeit von Kommunikation erhöhen kann (vgl. Luhmann 1981, 1997, S. 205 ff.). Sprache ist dabei kein spezifisches und auf Sonderprobleme hin orientiertes Kommunikationsmedium, sondern ist hinreichend neutral, um für unterschiedliche und verschiedenartige Sinnanschlüsse als Medium fungieren zu können. Die Verwendung einzelner Worte ist nicht a priori vorgeschrieben (vgl. Luhmann 1984, S. 224; Luhmann 1997, S. 49). Somit lässt sich von einem multi- und intersystemischen Einsatz von Sprache ausgehen, denn Sprache ist nicht an bestimmte Systemgrenzen gebunden:

> Die *Normalität von Worten* wird (...) nicht nur auf einer außertextuellen Ebene, sondern auch vor der Verwendung von Sprache in einzelnen Systemen verortet. Erst durch Sinnrekursionen der gesellschaftlichen Kommunikation wird die Gleichförmigkeit des Sprachmediums erzeugt. Akzeptiert man diese Prämisse, dass Sinn nicht von einem System in ein anderes transportiert werden kann, dann scheint der multiple Gebrauch von Sprache als gesellschaftliches Medium erklärungsbedürftig (Stäheli 2000, S. 153).

Wenn wir von hier aus auf die organisationssemantischen Analysen zurückschauen, z. B. des Managementbegriffes, lässt sich das sprachtheoretisch mit der Frage nach der starken oder schwachen Stabilität und Identität von Worten verbinden. Man könnte nun die These vertreten, ein in verschiedenen Kontexten verwendetes Wort würde seinem Sinn nach identisch bleiben. Das Wort als Kommunikationselement wäre also denotativ selbstgenügsam (vgl. Luhmann 1995a, S. 167). Um im Kontext zu bleiben. Management im wirtschaftlichen Kontext ist gleichbedeutend mit Management im erzieherischen Kontext. Wer Management sagt, hier oder dort, der weiß auch, was damit gemeint ist und was es bedeutet. Und fast noch wichtiger, die anderen wissen es auch! Dem steht die These entgegen, dass die Bedeutungen von Worten natürlich variieren können, sich verschieben, reduziert oder auch angereichert werden können, sowohl in ein und demselben Sinnkontext als auch durch die Verwendung in einem anderen Sinnkontext (vgl. Luhmann 1997, S. 200 f.). Stäheli liefert uns ein gutes Beispiel, das in unserem Themenkontext hervorragend passt:

> Durch einen vielfältigen Gebrauch erwirbt ein Wort zusätzliche Bedeutung: die ökonomische Bedeutung von shareholder wird zum Beispiel ergänzt durch seine politische Artikulation in New-Labour-Diskurs. Manche Bedeutungen aus dem Sinnspektrum eines Wortes werden häufiger als andere benutzt, wodurch wiederum die Chance dieser Bedeutung, in Zukunft aktualisiert zu werden, steigt. Die

‚ursprüngliche' Bedeutung des Wortes konkurriert mit den variablen Bedeutungen des Wortes, die so sein Bedeutungsspektrum vergrößern. Durch die syntaktische Artikulation in Kommunikationen wird das Vokabular einer Sprache regeneriert und unter Umständen auch bivalent, wobei ihre kommunikative Verwendung Sprache ‚regeneriert', Wortsinn kondensiert und konfirmiert, also anreichert, aber auch nie wieder gebrauchte Worte dem Vergessen überlässt. Die Metapher Anreicherung verweist darauf, dass eine zuvor konstituierte Bedeutung komplexer wird, indem neue Verwendungsmöglichkeiten hinzugefügt werden (Stäheli 2000, S. 149).

Gehen wir noch einen Schritt weiter, dann geht es in diesem Theoriezusammenhang um das Verhältnis von Sprache und typischen Systemkommunikationen. In der typischen Kommunikation von Funktionssystemen wird von der *Rhetorizität der Sprache* weitestgehend abgesehen. Rhetorik als Annahmekatalysator vorgeschlagener Selektionen ist weitgehend entbehrlich, denn die *Typisierung der Semantik* durch das symbolisch generalisierte Kommunikationsmedium bildet den semantischen Konnotationsraum im Sinne typisch generalisierter Sinnverweise (Konnotationen). Die Symbole sind generalisiert. Der zur Bezahlung vorgelegte Geldschein sollte (im Normalfall) als Kaufüberzeugung und -motivation reichen, die gute Absicht zu erziehen (im Normalfall), um sein Kind in die Schule zu schicken, und die appräsentierte Sanktionsgewalt des Rechts (im Normalfall), um nicht den rechten Weg zu verlassen. Der Unterschied besteht nun darin, dass Sprache ein neutrales Medium ist, das durch seine Verwendung noch keinen typischen Anschluss an die mitgeteilte Information vorgibt. Während symbolisch generalisierte Kommunikationsmedien die Einheit des Systems durch die *Ähnlichkeit von Elementen* (Typik) herstellen und garantieren sollen, ist Sprache neutral, weil sie als Medium überall eingesetzt werden kann. Diese Differenz zwischen Sprache als neutralem, multipel und polyvalent anschlussfähigem Medium und symbolisch generalisierten Kommunikationsmedien als sonderproblembezogenen und damit typischen Medien ist an dieser Stelle der wesentliche Punkt, den es festzuhalten gilt. Das Verhältnis von Sprache zu symbolisch generalisierten Kommunikationsmedien liegt somit in der Differenz von unspezifisch/spezifisch. Das ist keinesfalls deckungsgleich mit der Unterscheidung besser/schlechter, dergestalt, dass unspezifische Anschlussfähigkeit irgendwie minderwertiger wäre als spezifische. Nur, und das ist der entscheidende Punkt an dieser Stelle, es ergeben sich aus den Medien unterschiedliche Kommunikationsfunktionalitäten. Um für gesellschaftliche Funktionskontexte als typische Kommunikation fungieren zu können, muss Sprache mit spezifischem Sinn angereichert und supplementiert werden (vgl. Stäheli 2000, S. 154). Das bedeutet, dass derselbe Begriff durchaus in verschiedenen Funktionssystemkontexten verwendet werden kann, ob und welche Konditionierungsleistung und damit Strukturwert er dort allerdings für die problembezogenen Kommunikationen erreicht, ist damit längst noch nicht ausgemacht. Die These ist, dass, wird er nicht spezifisch angereichert und typisch respezifiziert, zwar verwendet wird, die *sozialstrukturelle Plausibilität* und *sinndimensionale Stimmigkeit* aber fragwürdig bleibt. Ein hoher Generalisierungsgrad ermöglicht zwar erleichterte Anschlussfähigkeit, bedeutet aber eben keine Anschlusstypik. Um an das Beispiel zu erinnern. Management im wirtschaftlichen Kontext gesprochen, ist *nicht* schon automatisch gleichbedeutend mit Management im erzieherischen Kontext gesprochen.[37]

Bedeutet die These, dass Sprache für die sinnstimmige Passung in spezifischen Systemkontexten typisch angereichert werden muss, im Umkehrschluss nun auch, dass Sprache im nicht angereicherten Normalzustand Systemgrenzen überschreiten lässt? Stäheli fragt:

> Wird es durch den Normalsinn von Sprache möglich, die operative Schließung von Systemen zu überschreiten und eine Art gemeinsame Basis für verschiedene Systeme zur Verfügung zu stellen? Eine derartige – Minimalgemeinsamkeit wird etwa in Luhmanns Idee eines Mehrsystemereignisses angedeutet, das eine ‚Mehrsystemzugehörigkeit' von Ereignissen annimmt. (...) Sprache ist ein typisches Beispiel für eine Mehrsystemzugehörigkeit, gehört ein Wort doch dem Gesellschaftssystem und allen Systemen, die es verwenden, an und ermöglicht so die strukturelle Kopplung von sozialen und psychischen Systemen. Erst die Idee eines Mehrsystemereignisses ermöglicht es, eine Interdiskursivität zwischen Systemen zu konzipieren, die zusammenfügen soll, was eigentlich nicht zusammengehört. (...) Die sich überlappenden Ereignisse sind das ‚Material' für strukturelle Kopplungen und werden durch ‚productive misreadings' miteinander verbunden, das heißt, sie wiederholen sich in verschiedenen Systemen, werden aber nie genau gleich beobachtet. Es findet also kein Sinntransport zwischen Systemen statt – auch der neutrale Normalsinn überspringt die prinzipielle Hürde der Grenze von autopoietischen Systemen nicht (Stäheli 2000, S. 154).

Stäheli argumentiert, dass es keinen Sinn macht, von so etwas wie einer apriorischen normalen Bedeutung auszugehen. Das wäre ein ontologischer Fehlschluss: „Erst ohne Verankerung von Interdiskursivität in einer allgemeinen Grundlage eines ‚identischen Ereignisses' oder auch nur eines ‚identischen Wortes' wird

---

[37]Die Gegenthese gegen das *Respezifizierungsargument* ist das *Gewohnheitsargument.* Wird ein Begriff nur lange genug regelmäßig verwendet, wird er zum selbstverständlichen Gebrauch und gewinnt selbstverständliche Bedeutung. Er wird sozusagen in den semantischen Haushalt inkorporiert.

die elliptische Logik von Zitierungen zwischen den Systemen sichtbar" (Stäheli 2000, S. 155). Genau diesen Aspekt gilt es hier festzuhalten. Es geht bei Übersetzungen nicht um Sinntransporte, sondern um „elliptische Zitierungen", wobei elliptisch in diesem Sinne auf den Aspekt der respezifizierenden, selektiven, sinndifferenten, nicht-linearen und nicht-trivialen Sinnkonstitution verweist. Die Bedeutung eines Wortes, Begriffes und einer Semantik wird nicht eins zu eins transportiert oder übertragen, sondern kontexttypisch hergestellt. So lässt sich begreifen, dass Sprache vom „Distributions-/Verbreitungsmedium" zum „Disseminationsmedium" wird und dadurch seine Neutralität einbüßt. Statt nur zu Verbreitungen kommt es durch Sprache zu Sinnverstreuungen (vgl. Stäheli 2000, S. 160). Diese kommunikations- und sinntheoretische Grundierung des Übersetzungsbegriffes bestimmt Übersetzungen als kommunikative *Sinngrenzphänomene*.

Mit einem Beispiel aus den Analysen von Gunther Teubner zu „Codes of Conduct" in Bezug auf Standards, Transnationalisierung und globale Steuerungsfragen (vgl. Teubner 2012) möchte ich dieses Unterkapitel schließen und daran zeigen, wie der Übersetzungsbegriff im Rahmen der Verbindung von organisations-, gesellschafts- und kommunikationstheoretischer Argumentation eingebracht werden kann. Es geht in Teubners Argument um die Selbstbindungs- und Selbstverpflichtungsaktivitäten und -programme von Unternehmen im Kontext globaler rechtlicher Regelungslücken und offener Gestaltungsräume. Dabei wird die Frage nach dem Grad der Freiwilligkeit von Selbstverpflichtungen und Lernprozessen aufgeworfen. Teubner ist hier skeptisch und veranschlagt den Zwangsaspekt höher:

Hinter der Metapher der ‚voluntary codes' verbirgt sich also alles andere als Freiwilligkeit. Transnationale Unternehmen erlassen ihre Codes weder aus Einsicht in die Gemeinwohlanforderung noch aus Motiven der Unternehmensethik. ‚Freiwillig' fügen sie sich nur, wenn von außen massive Lernpressionen ausgeübt werden. (…) Es ist nicht hinreichend, dies so zu beschreiben, als würden hier Rechtssanktionen durch soziale Sanktionen ersetzt. (…) In komplizierten ‚Übersetzungsprozessen' werden vielmehr Systemgrenzen überschritten, entsteht ein Pertubationskreislauf zwischen Rechtsakten, Pressionen politischer und gesellschaftlicher Macht, Erkenntnisoperationen von Epistemic Communities und ökonomischen Sanktionen. Die ursprünglichen Normgehalte werden drastisch verändert, wenn sie ‚übersetzt' werden. In die Sprache des Expertenwissens, das Modelle entwirft und Monitoring organisiert, in die interorganisatorische Macht von politischen Verhandlungen zwischen internationalen Organisationen, NGOs und transnationalen Unternehmen, in die Reputationsmechanismen der Öffentlichkeit und in die der monetären Anreize und Sanktionen – und schließlich in die Rechtssprache des Hard Law der unternehmensinternen Codes (Teubner 2012, S. 149 f.).

Diese Argumentation macht den konzeptionellen Stellenwert des Übersetzungsbegriffes im Schnittfeld von Organisations-, Kommunikations- und Gesellschaftstheorie sehr anschaulich, dass Teubner ihn allerdings in Anführungszeichen setzt
und damit unter metaphorisch-heuristischen Vorbehalten nutzt, macht gleichzeitig den Bedarf sinn- und kommunikationstheoretischer Erörterungen und Verge-
wisserungen dieses Begriffes deutlich. In diesem Sinne war dieses Unterkapitel
gemeint.

3.7 (Selbst-)Verkörperungen

In den bisherigen Diskussionen zu Ideenzirkulation, Diffusion, Standards, Texten
und Übersetzung wurde das Verhältnis von Operativität und Materialitäten auf
verschiedenen Ebenen angesprochen. In den Analysen von Boltanski und Chiapello und von Furusten ging es um die Funktion von Textkorpora, die einen ideenförmigen Sinnhaushalt und Resonanzkorpus als Möglichkeitsbedingung für
kommunikative Anschlüsse bilden. In der Übersetzungsthematik wurde der
Begriff der Ideenverpackung („packaging") sowie die Raumsemantik bzw. Raum-
metaphorik des „Wanderns von Ideen" in Zeit und Raum für die Erklärung von
Ideenzirkulation, Ideenannahme und Ideenumsetzung verwendet. Weitere raum-
semantische Verweise kamen durch den Feldbegriff ins Spiel, der Feldpositionen,
Feldrelationen und Feldkonstellationen von Organisationen in ihren relevanten
Umwelten (organisationale Felder und gesellschaftliche Sektoren) thematisiert.
Diese Analysen organisationaler Feldlagen konnten durch kommunikations- und
unterscheidungstheoretische Motive aus dem Diskurs um Diffusion, Standardisierung und Übersetzung ergänzt werden, in denen raumreferenzierende Unterscheidungen wie global/regional, regional/lokal, global/lokal, national/international
und international/transnational in Bezug auf ihre Zuschreibungs- und Begrün-
dungsfunktion für die Konstruktion und Kategorisierung verschiedener organisationaler Umwelt- und Situationslagen hin analysiert werden. Das letzte
Unterkapitel ergänzt und beschließt das Thema Sinnbewegungen und Sinnfestlegungen mit einigen Überlegungen zu Verkörperungs- und Gestaltungsaspekten
organisationaler Materialitäten und Artefakte, in denen es um das Verhältnis von
Verkörperung und Verortung und das Verhältnis von Identität und Design geht.
Die Materialitätsperspektive führt über den Raumbegriff zur Frage nach der
Raumdimensionalität kommunikativer Sinnoperativität, denn materielle Verkör-
perungen von Sinnbezügen können für soziale Systeme als Stellenbesetzungen im
Raum eine Verortungs- und Positionierungsfunktion übernehmen und in diesem
Sinne als Exkorporierungsstellen organisationaler Operativität fungieren, die zur

Typisierung, Selbstbeschreibung und sozialen Positionierung beitragen.[38] Hiermit kommen wir am Ende des Buches auf die grundbegriffliche Diskussion um einen mehrsinndimensionalen Organisationsbegriff und das Verhältnis von Sinn- und Materialitätsperspektive zurück.

Die Materialitätsperspektive wird in den letzten Jahren sowohl vom practical turn als auch vom spatial turn (vgl. Döring 2008; Schroer 2006) in den Sozial- und Kulturwissenschaften betont und dabei die Verbindung von sozialen Prakti- ken, Verkörperung, Artefakten und räumlichen Konstellationen herausgestellt. Als Bezugsphänomene einer verstärkten Materialitäts- und Raumperspektive werden u. a. Globalisierung, die Politisierung von Territorien, die Bedeutungsänderung von Nationalstaatsgrenzen sowie neue Formen gouvernementaler Disziplinierung angeführt (vgl. Bröckling et al. 2000) und dabei die „Grenzen der Enträumli- chung" (Ahrens 2001) und „irreduzible Materialitäten" (Döring und Thielmann 2008, S. 15) konstatiert, denn auch „in der Netzwerkgesellschaft bleibt Territo- rialität als eines der organisierenden Prinzipien sozialer Beziehungen elementar von Bedeutung. Durch gesteigerte Kommunikationsgeschwindigkeiten werden Räume nicht ausgelöscht, sondern zu anderen" (Döring und Thielmann 2008, S. 15). Das zeigt sich sowohl an der Gleichzeitigkeit von weltweiter kommunika- tiver Vernetzung und territorialen Protektionismen als auch an zu beobachtenden Steigerungsverhältnissen zwischen partikularen und universalen Ordnungsmus- tern: „Weltgesellschaftliche Universalität kann dann geradezu Bedingung werden für die kontrastierende Pflege lokaler Besonderheiten" (Luhmann 1997, S. 931).

In Raumfragen geht es oft um „Kontrolle und Verfügung, Zugang und Aus- schluss, Macht und Geld" (Ellrich 2002, S. 92). Mit Kontrolle und Verfügung, Zugang und Ausschluss, Macht und Geld sind soziale Mechanismen (Inklusion und Exklusion) und Einflussmedien (symbolisch generalisierte Kommunikations- medien) angesprochen, deren Handhabung und Regelung in der modernen Gesell- schaft primär von Organisationen wahrgenommen wird. So erscheint es nur stimmig, dass auch die Organisationswissenschaften ihr Interesse am Materialitäts- und Raumthema entdeckt haben. Innerhalb der Organisationswissenschaften wird nach dem „Bringing Society Back in" der 1990er Jahre deshalb seit einiger Zeit vom „Bringing Space Back in" (Kornberger und Clegg 2004; Clegg und Kornber- ger 2006a) gesprochen. Das hängt mit den Einflüssen der genannten Globalisie- rungs- und Weltgesellschaftsprozesse auf Organisationen zusammen, andererseits

---

[38]Vgl. Drepper (2003b) zum „Raum der Organisation". Einige Ideen daraus sind in überar- beiteter Form in dieses Unterkapitel eingegangen.

aber auch mit der Frage nach der aktiven Rolle von Organisationen als Kommunikations- und Entscheidungsagenten in diesen Prozessen. Vor diesem Hintergrund finden sich Forschungen zum Raumbegriff in der Geschichte der Organisationstheorien (vgl. Chanlat 2006) und zum Zusammenhang von „Macht und Architektur" (Clegg und Kornberger 2006c; Markus 2006). Ein theoretischer Rückschritt will dabei vermieden werden, denn beim „Rediscovering Space" (Clegg und Kornberger 2006b, S. 9) soll es um das gleichzeitige Begreifen von Organisationen als kognitive und materielle Einheiten gehen. Im Rahmen operativer Konzeptualisierungen wird deshalb die Rekursivität zwischen Unterscheidungsoperationen und Raumformen herausgestellt: „Space forms as a result of boundary setting and from what we may call distinction-drawing operations" (Hernes et al. 2006, S. 45). Dieses Argument passt zur Perspektive einer „Organizational Epistemology" (Tsoukas) und operativen Sinntheorie der Organisationen, die wir in diesem Buch herausgearbeitet und diskutiert haben. Raumbezüge werden in Organisationen in Entscheidungsprämissen operationalisiert und strukturiert, in Programmfragen, Personalangelegenheiten und Kommunikationswegeregelungen. Hier werden sie für Organisationen zum Thema und zur Aufgabe (z. B. Standortstrategien, Logistik, Personalrekrutierung und -mobilität, Stellen- und Kommunikationswegestruktur) und darauf bezogene Unterscheidungen (hier/dort, oben/unten, vertikal/horizontal, steil/flach) verwendet. Im Falle des internen Aufbaus lässt sich die Relevanz von Raumsemantiken sehen, in Bezug auf den Aufbau und die Positionierung von Unternehmensteilen, Abteilungen und Stellen sowie die Leitungsbreite (‚span of control') und Leitungstiefe, die in Organigrammen visualisiert werden können.[39] Durch Organigramme geben Organisationen sich eine Karte des Selbst, wobei auch in diesem Fall das Diktum von Korzybski gilt, dass die Karte nicht die Landschaft ist (vgl. Korzybski 1994/1933; Bateson 1985, S. 245 ff.; Weick 1985, S. 355 ff.), was bei Organisationen besonders als Hiatus zwischen Vorderbühne und Hinterbühne (Goffman 1980, 1998), formaler Schauseite und faktischer Wirklichkeit (Luhmann 1964; Kühl 2011), talk und action (Brunsson 1989) und Formal- und Aktivitätsstrukturen (Meyer und Rowan 1977) auffällt und beschrieben wird. Die angeführten Begriffe Breite, Tiefe, Aufbau, Position, vertikale vs. horizontale Arbeitsteilung und Über- und Unterordnung sind raumbezo-

---

[39]*Position* ist der englischsprachige Begriff für Stelle (vgl. Achterbergh und Vriens 2009, S. 149). Dadurch wird sehr deutlich die raumimplikative Konnotation betont, dass (Organisations-)Stellen Positionen in einem relationalen Gefüge (Struktur, Feld, Figuration etc.) sind. Eine *Stelle* zu besetzen bedeutet, eine *Position* an- und einzunehmen und einen *Posten* zu besetzen. Hierarchie ist damit immer eine Stellen-, Positions- und Postenordnung, die aus Unter- und Überordnungsrelationierungen gewonnen wird.

gene Begriffe, die zur Beschreibung von Strukturen und Prozessen (Aufbau und Ablauf) eingesetzt werden. Innerhalb der Organisationskommunikation sind raumreferenzierende Unterscheidungen in Anwendung, und deren Kombinationen (Schemata) als wiedergebrauchsfähige und wiedergebrauchsplausible Kausalschemata (Skripte) fungieren strukturierend. Hierarchie kann in diesem Sinne als eine raumreferenzierende Semantik verstanden werden, die in Organisationen in der machtmedialen Personal- und Kommunikationswegeregelung durch die Oben/Unten-Unterscheidung orientierend und ordnend fungiert. Hierarchisierung ist eine Möglichkeit der Konditionierung von Kommunikationswegen (vgl. Luhmann 2000a, S. 302 ff.), die mit der Oben/Unten-Unterscheidung eine asymmetrische Kommunikation antreibt, die Unsicherheit in Sicherheit transformiert und Rangunterschiede stabilisiert, was bedeutet, dass Rang nicht immer wieder neu hergestellt werden muss (vgl. Luhmann 2000b, S. 236 f.). Hierarchie ist damit immer auch „Situationsherrschaft" (Luhmann 1964, S. 156). Die grundlegende Unterscheidung, die Oben/Unten-Differenz, bringt das durch semantische Ordnungsleistungen sinnbildlich zum Ausdruck. Das formale Statussystem der organisationalen Stellenordnung wird

durch die Unterscheidung von ‚oben' und ‚unten' in eine anschauliche Form gegossen und damit zu einem ebenso festen wie handlichen Erlebnisbesitz. Der Vorgesetzte ist höher gestellt, hat einen höheren Status als der Untergebene. Diese dem Raumdenken entliehene Metapher ordnet eine Fülle von sehr verschiedenen Verhaltenserwartungen in glücklicher Weise einander zu. Sie bezieht zahlreiche Regeln des Verhaltens, die an sich unabhängig voneinander denkbar und änderbar wären, auf einen einheitlichen Grundgedanken, als deren Ausdruck sie dann erschienen, der sie rechtfertigt. Sie verschmilzt mindestens die folgenden Momente zu einer homogenen Struktur: 1) Die Vorstellung einer Stellenordnung von relativer Dauer. 2) Die Vorstellung einer ‚Distanz' zwischen den Stellen, die eine volle Gemeinsamkeit der Weltsicht und des Informationsbesitzes ausschließt, also Divergenzen erklärt und eine auswählende Vorsicht bei Kommunikation nach oben oder nach unten erforderlich macht. 3) Die Vorstellung einer Einflussbeziehung, die von oben nach unten läuft. 4) Die Vorstellung eines Rangunterschiedes im Sinne eines Prinzips der Bevorzugung. Darin liegt zugleich 5) ein Gesichtspunkt der Konfliktentscheidung ohne Streit. 6) Die Vorstellung einer Differenzierung des persönlichen Zugangs und der Zugänglichkeit (Ansprechbarkeit). Diese und vielleicht weitere Orientierungsgesichtspunkte werden durch das Oben/Unten-Schema in ein Verhältnis wechselseitiger Stimulierung und Bestätigung gebracht, das nicht im Einzelnen begründet zu werden braucht, weil der Bildzwang überzeugt. Die Kraft des Symbols zeigt sich darin, dass es etwas zustande bringt, wozu rationale Argumentationen niemals fähig wäre: ganz verschiedenartige Verhaltensweisen in vielfältigen Situationen als konsistent und als Ausdruck einer richtigen, gehörigen Ordnung erscheinen zu lassen (Luhmann 1964, S. 162 f.).

Durch den binären Schematismus der Oben/Unten-Unterscheidung werden Ortungsangaben zu Ordnungsvorgaben. Das Oben/Unten-Schema wird zur Ordnung formaler Erwartungen verwendet, dirigiert das Zeichnen von Organisationsplänen und die „Rhetorik formaler Situationen" (Luhmann 1964, S. 163). Hierarchien leben somit von räumlich aufgeladenen Symbolisierungen und Verkörperungen.

Der Zusammenhang von Unterscheidungsgebrauch, Verortung und Verkörperung kann durch den Selbstbeschreibungsbegriff weiter angereichert werden, wenn dieser nicht nur auf Textualität beschränkt bleibt, sondern auch auf weitere Artefakte bezogen wird, die für die Identitätsstiftung und kommunikative Selbstvergewisserung einer Organisation von Relevanz sein können. Wie wir zuvor bereits angesprochen haben (Abschn. 2.3), können Texte oder funktionale Äquivalente eines Textes als Selbstbeschreibungen sozialer Systeme fungieren, bei denen die Identitätsmarkierung über indexical expressions wie „wir", „hier" oder Eigennamen läuft (vgl. Luhmann 2000a, S. 417). Die Funktion von Selbstbeschreibungen liegt darin, die „laufend anfallenden Selbstreferenzen zu bündeln und zu zentrieren, um damit deutlich zu machen, dass es immer um dasselbe ‚Selbst', immer um ein mit sich identisches System geht. Die Selbstbeschreibung dient dem System als ‚offizielle Gedenkkultur', die problemlos kommuniziert werden kann; und ‚problemlos' heißt: ohne Rücksicht auf den, der es wahrnimmt, also öffentlich" (Luhmann 2000a, S. 421 f.). Der Selbstbeschreibungstext kann für eine Organisation das werden, was der Körper für ein Individuum ist:

> Ein Bewusstsein hat einen eigenen ‚Körper', der ihm ein ‚Ich' aufzwingt. Das Ich ist immer da, wo sein Körper ist (…). Es weiß immer, wo es ist und welcher Ort sein Wahrnehmen und Denken zentriert. Für soziale Systeme fehlt eine ähnliche Garantie. Wo ‚sind' sie? Sie können sich mit Plätzen im Raum, mit Gebäuden zum Beispiel identifizieren (…). Soziale Systeme können ihre Plätze verlassen, ohne ihren Körper (vielleicht stattdessen: ihre Schulden) mitnehmen zu müssen. Sie können ihre Kommunikationen auch außerhalb ihrer Plätze, gleichsam exterritorial vollziehen. Was verhindert also, dass sie sich in der Welt ihrer Themen verlieren und nicht zu sich selbst zurückfinden? Oder: was garantiert ihnen die Kontinuität ihrer konstitutiven Differenz von Selbstreferenz und Fremdreferenz? Organisationen haben keinen Körper, aber sie haben einen Text (Luhmann 2000a, S. 422).

Unter dem Identitätsgesichtspunkt können Körper und Texte als funktional äquivalent, und Selbstbeschreibungen als kommunikative Selbstverortungen und Feldpositionsbestimmungen verstanden werden. Erweitert man den Selbstbeschreibungsbegriff durch das Konzept der „Selbstsymbolisierung", dann wird es möglich, die funktionale Äquivalenz von textlichen und räumlichen Symbolisierungen zu thematisieren (vgl. Rehberg 2001). „Symbolizität" beschreibt nicht nur das „zum Zeichen bringen" von Sinngehalten, sondern auch ein „Moment der Verkörperung", das sich reproduziert. Verkörperungen sind in diesem Sinne identitätsgenerierende Verkörperungen des Selbst (vgl. Rehberg 1994, S. 56 ff.).[40] Artefakte können aber nicht mit den Selbstbeschreibungen einer Organisation gleichgesetzt werden, sie sind vielmehr externalisierte Identitätsobjekte, auf die sich die Selbstbeschreibungskommunikation beziehen kann. Bei Selbstsymbolisierung geht es um die symbolische Verkörperung des Selbst. Mit dem Externalisierungsbegriff lässt sich das erhärten: „Der entscheidende Punkt dabei ist, die Rolle des Raumes als Externalisierungsreferenz – also als Adresse interner Operationen, die das System im System so zu behandeln erlauben, als gäbe es externe Bezugspunkte zu behandeln" (Baecker 1998, S. 17).

Machen wir uns das an der Symbolfunktion von Gebäuden und Plätzen beispielhaft deutlich. Mit Organisationstypen sind typische Räume und Örtlichkeiten verbunden wie z. B. Parlamentsgebäude, Gerichte, Universitätscampus, Bürotürme, Fabrikhallen, Produktionswerke, Werkstätten, Labore, Kaufhäuser, Schiffs- und Flughäfen, Schulgebäude, Krankenhäuser, Kasernen, Gefängnisse und Serverfarmen der Digitalwirtschaft. Im Rahmen der organisationstypischen Raumprägungen gibt es dann Möglichkeiten der individuellen Besonderung und Raffinesse, um die eigene Wahrnehmbarkeit zu steigern. Gebäude können als ein „kommunikabler Indikator" (Luhmann 2000a, S. 423) fungieren und als repräsentative Statussymbole die Untermauerung und Versinnbildlichung von Anschauungen und Leitbildern zum Ausdruck bringen. Das Standort-, Gebäude- und Raum*design* kann als Mitteilungsform und „Ausdrucks-Sprache" (Günter 1994, S. 224) genutzt werden. Die Materialitäts- und Raumthematik führt über den Konnex von „Organisation und Ästhetik" (Strati 1999; Linstead und Höpfl 2000) zum Designbegriff, wobei es um das Design von Strukturen, Prozessen, Strategien, Images und ganzen Identitäten gehen kann (vgl. Baecker 2005b; Bellas 2006; Profitt und Zahn 2006; Gustafsson 2006). Der Designbegriff wird in den letzten Jahren sowohl auf organisationale Innenwelten als auch auf äußere Umwelten angewendet. Für den Innenbezug geht es dabei um Fragen, wie Organisationen ihr „Innenleben" kommunikativ gestalten, in Personal-, Sach-, Zeit- und Raumfragen. Das kann von der Gestaltung von Aufgaben, der Kommunikationswege,

---

[40]Rehberg spricht von der „geistigen Atmosphäre von Orten" („genius loci"), die Einfluss auf Vorstellungen, Lebensgefühle, und Lebensstile entwickeln kann. Als Beispiele nennt Rehberg Sportarenen, Chefbüros, Paläste und Parlamente (vgl. Rehberg 1994, S. 60). Vgl. Rehfeld (1999) zum Zusammenhang von Strategie und Räumlichkeit.

der Personalkultur, des Zeitarrangements bis hin zu Raumatmosphären (Architekturen, Klänge, Gerüche, Visualisierungen etc.) führen. Mit äußerem Design kann das Ausgreifen und Ausdehnen von Organisationen und Organisationstypen in soziale Räume verbunden sein, mit z. T. starker Einflussnahme auf regionale und lokale Kontexte (Städte, Metropolregionen, periphere Regionen).[41] Welches Unternehmen etwas auf sich hält, überlässt das Außen- und Innendesign seiner Firmenzentrale nicht dem Zufall und achtet neben Funktionalitäten auch auf Zeitgeist und Moden.[42] Ein hegemonial-feudaler Ausdruck findet sich bspw. in Palästen, Burgen und Türmen, die territorial raumeinnehmend, ausbreitend und aufstrebend angelegt sind. Das manifestiert sich z. B. in den Formationen zum Himmel strebender und die groß- und megastädtischen Skylines prägender Bürotürme. Wer Teil dieser Skylines ist, bringt damit Marktpräsenz und wirtschaftlichen Erfolg zum Ausdruck. Unterschiede werden durch Höhen, baustilistische Extravaganzen und technologische Innovationen markiert. In den Gebäuden selbst symbolisieren sich Macht- und Einflussdifferenziale durch die Anzahl und Belegung von Stockwerken und die Begrenzung der Durchlässigkeiten und Steuerung interner Mobilitäten. Ausdruck protektionistischer Architektur sind abgesteckte Territorien mit klaren Inklusions- und Exklusionsregeln. Nicht alle dürfen überall hin und überall durch.[43] Ein anderes Bild stellen die aktuellen Beispiele organisationaler Campuskultur dar. Gerade im Bereich wissens- und technologieintensiver Unternehmen lassen sich viele Beispiele zur Campuskultur von Firmenzentralen finden, in denen sich Organisationen als offene Begegnungs- und Lernkontexte präsentieren. Die Anlehnung an und Identifikation mit der universitären Wissens- und Lernkultur drückt sich auch in der Nachahmung des Raum- und

---

[41]Zu denken wäre hier z. B. an die Gestaltungsmacht von Branchen für gesamte Regionen. Ein populäres Beispiel hierzu ist das Silicon Valley.

[42]Der Designbegriff führt zum Modebegriff, da Design eine Bedeutungsfeld aufspannt, in dem Unterscheidungen wie modisch/unmodisch, modern/traditionell, avantgardistisch/konventionell und innovativ/konservativ zur Anwendung kommen und Präferenzen vorgeben. Und es lassen sich Wiedereintritte von Unterscheidungen beobachten wie im Fall von trendsetzenden *Retro-Stilen,* in denen altmodisch und traditionsbewusst als *vintage* und *legendär* gelten und damit höchst attraktiv werden.

[43]Vgl. Günter (1994, S. 209 ff.) zum Zusammenhang von organisationaler Macht, Repräsentationsarchitektur und Industrieästhetik. Die territorial-architektonische Ausdruckssprache der klassischen Großindustrie ist die flächige Ausdehnung und ökologische Überformung.

Verkörperungsprinzips aus.[44] Der Campus liefert dabei eine Simulation des Städtischen und Dörflichen zugleich, denn es werden die Annehmlichkeiten moderner funktionaler Lebensvollzüge (comforts) mit der räumlichen Kohäsion, Vertrautheit und dem Zusammengehörigkeitsgefühl kollektiver Gemeinschaften (communities) kombiniert. Der Campus als Verbindung von „comforts and communities" kann sich zum umfassenden und mitunter selbstgenügsamen Kommunikations- und Inklusionsraum entwickeln. Die Organisation wird zur vollinklusiven Heimstatt mit der Entgrenzung von Arbeit und Privatem, und der Arbeitsplatz wird zum Verweilort und Lebensmittelpunkt mit Wohlfühlambiente.[45] Das konnektionistische Ideengut bahnt sich seinen Weg: Alles ist mit allem verbunden, nichts ist mehr getrennt. Es gibt nur noch Durchgängigkeiten und Durchlässigkeiten, soziale Verbindungen und soziale Gemeinschaften, unbegrenzte Möglichkeiten und unendliche Weiten.[46] Als theoretische Einsicht möchte ich hier festhalten, dass *designing* und *defining* zusammenhängen und dass das *designing* von Strukturen, Prozessen, Entitäten und Ideen auch ein *defining* von Identitäten, Situationen, Kontexten und Ideen impliziert. Als Strategiefaktoren sind Designfragen damit nicht einfach nur Stilfragen, sondern sollen *perfekte Proportionen* mit *perfekten Positionen* verbinden.

---

[44]Populäre Beispiele für Campus-Standorte und smartes Gebäudedesign sind Microsoft (Redmond-Campus, Campus Mountain View), Apple (Apple-Campus 2, Cupertino), Google (Googleplex, Mountain View), Facebook (Facebook-Campus, Menlo Park) und Novartis (Novartis-Campus, Basel). Andere und eher schmucklose Beispiele aus der Internet- und Dienstleistungswirtschaft sind Hochregallager, Großraumbüros (vgl. Go und Fenema 2006) und Callcenter-Standorte in Peripherien und strukturschwachen Regionen mit guter logistischer Anbindung und hohem Potenzial an gering qualifizierten Arbeitskräften.

[45]Etwas genauer gefasst, handelt es sich um eine dreiteilige Relation: convenience (materiell-funktionale Ebene der technischen Infrastruktur) – Comfort (Emotionale Ebene des erlebenden Individuums) – community (sozial-kollektive Ebene der Kommunikationsgemeinschaft).

[46]Das klingt etwas überdreht, bezieht sich aber auf das aktuelle Beispiel des Facebook-Headquarters (Campus Menlo-Park), bei dem alles auf einer Ebene angeordnet ist und es sich um ein großes offenes Einzelbüro handelt. Ein Raum für alle Mitarbeiter, flach und einfach, unfertig und ständig in Bewegung, unprätentiös und gleichzeitig ambitioniert. Die Architekturästhetik versteht sich als Übersetzung der konnektionistischen Weltanschauung der unbegrenzten Durchlässigkeit und der uneingeschränkten wechselseitigen Erreichbarkeit, Vernetzung und des sozialen Austausches. Die „unendlichen Weiten" spielen natürlich auf Science Fiction an, wobei diese Assoziation nicht einmal zu weit hergeholt ist, schaut man sich das Design des Apple-Campus 2 in Kalifornien an, bei dem der Vergleich mit einem Raumschiff sehr nahe liegt.

Die sich in der Territorialgestaltung ausdrückende Stilisierung der eigenen Kommunikationsadresse lässt sich nicht nur mit Macht- und Erfolgssymbolik erklären, sondern hängt auch mit Systemdifferenzierungscharakteristika der modernen Gesellschaft zusammen. Organisationen sind als eigenständige Systemtypen gleichzeitig Teilsysteme umfassender Systeme (vgl. Luhmann 2000a, S. 436; Drepper 2003a, S. 201 f., 308). Mit Bezug auf das Gesellschaftssystem sind Organisationen strukturell mit Familien vergleichbar und

> unmittelbar segmentär differenziert (…). Deshalb können Selbstbeschreibungen im Falle dieser Systeme nicht auf ein gesellschaftliches Subsystem bezogen werden. Sie bleiben gebunden an eine jeweils bestimmte Familie (Name, Genealogie, oft auch alter Wohnsitz) bzw. an eine bestimmte Organisation. In der gesellschafts-internen Umwelt eines solchen Systems gibt es dann zahlreiche andere Systeme desselben Typs, während es zum Beispiel in der gesellschaftsinternen Umwelt des Wissenschaftssystems keine anderen Wissenschaftssysteme mit abweichenden Wahrheitsqualifikationen gibt. Welche Konsequenzen ergeben sich aus dieser Sachlage für die Selbstbeschreibung einzelner Organisationen, die in Rechnung stellen müssen, dass es noch andere Organisationen mit anderen Selbstbeschreibungen gibt? (Luhmann 2000a, S. 436).

Eine Folge dieser Strukturlage sind „Überbietungsstrategien" (Luhmann 2000a, S. 438), die sich auch im Gebäudebau und -design ausdrücken können. Organisationen sind als Teilsegmente eben nicht einzigartig, sondern gleichartig und damit austauschbar, was im Besonderen die Identitätssorge antreibt. Wie wir schon bei Boltanski und Chiapello herausgestellt haben, macht gerade der Markt als institutionalisierte Plattform der Beobachtung zweiter Ordnung sehr gut beobachtbar, wer im Feld noch eine Rolle spielt. Der segmentäre Differenzierungsstatus führt zu einem gesteigerten Maß an Abgrenzungsbemühungen. Aus diesem Grund wird auf die „Symbolisierung von Grenzen" (vgl. Luhmann 1997, S. 641) besonderen Wert gelegt und sind auch einzigartige Geschichten so wichtig, die sich in Personenmythen und -mystifizierungen verdichten (z. B. über geniale Gründerinnen und Gründer), denn diese besondern die Organisation durch den Exklusivbezug auf die Person und deren unnachahmliche Geschichte. Die strukturvergleichende Einsicht aus der gesellschaftstheoretischen Differenzierungstheorie liegt damit auf der Hand, dass Teilsysteme segmentär differenzierter Gesellschaften ihre Grenzen primär mit Bezug auf *zugehörige Menschen* und *zugehörige Gebiete* definieren. Personalisierung und räumliche Integration sind dabei elementare Formen der Grenzstabilisierung (vgl. Luhmann 1997, S. 641). Diesen Aspekt kann man m. E. auch auf Segmente wie Familien und Organisationen übertragen, denn in beiden Fällen haben Personalität und Verortung eine wesentliche Funktion.

Organisationen können nicht auf die Personalisierung von Entscheidungen und die Attribution von Entscheidungen auf Entscheider und deren Adressierbarkeit verzichten.

Was bedeutet diese theoretische Perspektive nun für die Diskussion um die virtuelle und entgrenzte Organisation, die seit einigen Jahren den Zusammenhang von Digitalisierung, Virtualität und Grenzziehung thematisiert? Vergegenwärtigen wir uns das anhand einiger aktueller Fragen und Argumentationen. Welchen Einfluss hat der kommunikationstechnologische und informationskybernetische Wandel auf Organisationen unterschiedlicher gesellschaftlicher Bereiche? Müssen interne Abläufe, Strukturen, Personenerwartungen, Publikumsbeziehungen und organisationale Grenzziehungen neu konzeptualisiert werden? Was bedeutet bspw. die Prosumer-Kultur für das Verhältnis von Leistungs- und Publikumsrollen? Welche Auswirkungen haben neue Publikumsformate (Social Media) und öffentliche Transparenzerwartungen auf das Verhältnis von informationaler Offenheit und hinreichender Geheimhaltung? Wie wirkt sich die Steigerung kommunikativer Zugänglichkeit, erwarteter Mitteilungsbereitschaft und öffentlicher Präsenz auf interne Hierarchien und Kommunikationswege aus und fordert intensivierte PR-Strategien? Wie kann reguliert und kontrolliert werden, wer, wann, wo und wie über die eigene Organisation Auskunft gibt und welche Folgen das hat? Wozu führen Produkt-, Dienstleistungs-, Branchen-, Performance- und ganze Organisationsvergleiche durch Rankingpraktiken und Qualitätsdiskurse und welche Dynamiken werden dadurch in Gang gesetzt (vgl. Kette und Tacke 2017)? Werden organisationaler Stress und organisationale Resilienz durch permanentes Vergleichen und Positionieren immer mehr zum Phänomen und Problem (vgl. Endreß und Maurer 2015; Hoffman 2016)? Erzeugt andererseits das Prozessieren „stiller" Algorithmen im Hintergrund eine subkutane konnektionistische Omnipräsenz organisationaler Operationen? Wenn Ordnungsgenese durch Digitalisierung, Mathematisierung und Algorithmisierung Organisationspraktiken des Rechnens und Berechnens, Angleichens und Vergleichens, Urteilens und Beurteilens protegiert und legitimiert, bekommt man es dann möglicherweise zukünftig nicht nur mit neuen Produktionsformen einer Industrie 4.0 zu tun, sondern auch mit Organisationstypen 4.0, in denen eine konnektionistische Weltanschauung die Organisationsanschaulichkeit prägt und dabei ein „neomythisches Potential" (Hauser 2005, 2009, 2016) der optimierten Welt-, Organisationen- und Personengestaltung transportiert, wie es sich derzeit am Beispiel eines umfänglichen *smarten Designs* noch überwiegend digital-affiner Technologiebranchen erahnen lässt? Eine smarte Welt bestehend aus smarten Organisationen, in denen smarte Personen smarte Dinge mit smarten Objekten tun. Die Algorithmisierung der sozialen Welt sorgt für ein umfassendes smartes Design: smarte Technologien – smarte

Orte – smarte Daten – smartes Denken – smartes Sprechen – smarte Strukturen – smarte Personen – smarte Kollektive. Alle und alles sind clever und smart!

Der Diskurs um die virtuelle Organisation hat seit den 1990er Jahren die Konsequenzen und Effekte zu erklären versucht, die für Organisationen sowohl durch weltgesellschaftliche Entwicklungen wie Globalisierung und weltweite Vernetzung als auch durch neue digitale Informations- und Kommunikationstechnologien entstehen (vgl. Paetau 2000, 2001). Herausgestellt wurde dabei besonders die Atopik und raum-zeitliche Entbettung organisationaler Tätigkeiten, Funktionen und Beziehungen, die mit der Globalisierung und Digitalisierung einhergehen. Zunächst wurde überwiegend für Organisationen der Weltwirtschaft die Virtualisierung von Unternehmen als Dekonstruktion „nahezu aller konstituierenden Elemente von Unternehmen" (Littmann und Jansen 2000, S. 49) beschrieben:

> Wir sind gewohnt, uns Unternehmen als abgeschlossene, integrierte Gebilde vorzustellen. Sie sind physisch in Bürogebäuden und Fabrikanlagen untergebracht, in denen sich ihre Mitglieder aufhalten und in denen sich die erforderlichen Materialien, Betriebsmittel und Informationen befinden. Die physischen Standortstrukturen und die arbeits- bzw. gesellschaftsrechtlichen Vertragsbeziehungen zwischen den Unternehmensmitgliedern definieren im Allgemeinen die Grenzen einer Unternehmung. Natürlich überschreitet eine Unternehmung diese Grenzen ständig, indem sie auf Märkten agiert, also z. B. Inputgüter beschafft, Fertigprodukte verkauft, Kapital aufnimmt oder anlegt. Aber diese Grenzüberschreitungen korrespondieren mit einer klaren Vorstellung von innen und außen, von zugehörig und nicht zugehörig, von Schnittstellen und zwischen Unternehmung und Märkten. (...) Die klassischen Grenzen der Unternehmung beginnen zu verschwimmen, sich nach innen wie nach außen zu verändern, teilweise auch aufzulösen. An die Stelle von tief gestaffelten Unternehmenshierarchien, die primär den nach Befehl und Gehorsam funktionieren, treten zunehmend dezentrale, modular zerlegte Gebilde, die von Autonomie, Kooperation und indirekter Führung geprägt sind (Picot et al. 2001, S. 2).[47]

---

[47]Für Türk et al. beginnt der Prozess der Virtualisierung allerdings bereits viel früher und wird durch die Rechtsfigur der juristischen Person ausgelöst:

> In der Gebildedimension der Organisationen setzt sich der im 19. Jh. begonnene Prozess der ‚Virtualisierung' des sozialen Orts- oder Raumkonzepts der Organisation fort. Zeigten zunächst Mauern und Gebäude den Ort der Ordnung an und erfolgte die reelle Subsumtion auch durch räumliche Konzentration, so führte das Konzept der ‚juristischen Person' bereits zu einem allein rechtlich definierten Ortskonzept der Zurechnung von Aufwendungen, Erträgen und Verantwortlichkeiten (Türk et al. 2002, S. 263).

Leitbildsemantiken wie Flexibilität und Mobilität bündeln diesen Prozess im Bild flacher Kommunikationswege. Starre Hierarchieebenen verlieren ihre Bedeutung und rigide gekoppelte Kommunikationsstrukturen werden durch lose gekoppelte Kommunikationen (Netzwerke, Gruppen, Teams, Projekte) ersetzt. Informalität und Kreativität werden zu den Innovationskatalysatoren schlechthin erklärt. Die virtuelle Organisationswelt drückt sich räumlich in alternativen Büroarchitekturen und -ästhetiken aus. Räumliche Kontextgestaltung wird als Möglichkeitsbedingung für bestimmte Atmosphären, soziale Stimmungen und Kommunikationsstile verstanden, in denen sich Flexibilität, Mobilität, Transparenz und Ungezwungenheit zum Innovationsmotor entwickeln sollen.[48] Raumaufstellungen sollen innere Einstellungen und Arbeitshaltungen initiieren und repräsentieren. Büroräume und Angestellte werden mobilisiert und in Dauerbewegung versetzt. Komplette Büros, Stühle, Tische und Wände können nach Bedarf konfiguriert werden. Belebte Gruppenarbeitsräume und ruhige Einzelarbeitsplätze werden zugleich angeboten. Die gezielte Einrichtung von Kommunikationsforen soll ungezwungene Begegnungen mit kreativitätssteigernden Effekten ermöglichen. Atmosphären können der jeweiligen Zusammensetzung der Mitarbeiter angemessen hergestellt werden. Interaktionen werden über IuK-Technologien mediatisiert und räumliche Synchronizität von körperlich Anwesenden mit körperlich Abwesenden bei Bedarf medial hergestellt. Das klassische Büro erscheint vor diesem Hintergrund als räumliche Repräsentation und Sinnbild veralteter Arbeitsstrukturen, als ein Relikt aus analogen Zeiten.[49] Machen wir uns den Zusammenhang von Organisationstypik und Raumtypik am Beispiel des klassischen Büros kurz deutlich. Die Örtlichkeit des Büros ist für die Bürokratie von elementarer Bedeutung, denn die

---

[48]Ich verweise hier auf den Dokumentarfilm „Work Hard – Play Hard" (Regie: Carmen Losmann, Deutschland 2011), in dem die Programmatik eines umfassenden Designs von Körper, Geist und Seele des modernen Organisationsmenschen vorgeführt wird.

[49]Darin liegt mitunter eine moderne archäologische Aufgabe, sich auf die Suche nach analogen Relikten zu begeben. In der Bürowelt sind das vielleicht gelbe Klebezettel an Bürotüren („Bin zu Tisch", „Gleich wieder da!", „Bin weg – für immer!"), Vorzimmer, Filterkaffeemaschinen, Aktenwagen und Postverteilung. Sehr instruktiv und anschauungsreich liest sich in diesem Zusammenhang die theoretisch reflektierte Insiderliteratur von Bartmann (2012) zum Wandel von Bürokratie und Büro im Zeitalter des modernen Managerialismus und neuer Steuerungslehren. Hier findet sich auch ein plakativer Gegenslogan zur positiven Psychologie und Kreativitätseuphorie: „Burnout. Kreativität macht krank" (Bartmann 2012, S. 244 ff.) So wird das „Lob der Routine" (Luhmann 1971b) rehabilitiert und schon fast zum gesundheitsprophylaktischen Programm.

Verwaltung ist im Weber'schen Sinne durch drei elementare Komponenten charakterisiert, das Kontor bzw. das Büro, die Aktenführung und den Befehl. Die Örtlichkeit des Kontors ermöglicht Adressierbarkeit, Schriftlichkeit ermöglicht Protokollierbarkeit und Hierarchie ermöglicht Kontrollierbarkeit (vgl. Baecker 1993, S. 82). Ämter, so schreibt Paris, sind „steingewordene Herrschaft":

> Während das archaische Charisma und die traditionale Autokratie, etwa der absolutistische Monarch, die prächtige Fassade und den üppigen Prunk suchen, ja die Macht eher dem Pomp als der Pomp der Macht dient (…), inszeniert sich die rationale oder legale Herrschaft trotz aller Insignien der Autorität vorrangig als Realisierung von Sachlichkeit, Verfahrenstreue und Funktionalität. Nicht Zierrat und Verschwendung, sondern Effizienz und Organisation sind die Botschaft der Baulichkeiten (Paris 2001, S. 715 f.).

Das Büro ist die architektonische Umsetzung eines bestimmten Arbeits- und Organisationsprinzips, der

> Einzelarbeit in separierten Büros. Die sequenzielle Zergliederung der Arbeiten, die Festlegung klarer Zuständigkeiten, Primat der Schriftlichkeit und hierarchische Kontrolle, all diese Funktionsmerkmale der Bürokratie schlagen sich auch in einem charakteristischen Raumgefüge nieder, in das sich die Menschen einpassen und das ihnen als unabänderliche Voraussetzung und Sachbedingung des Alltags widerfährt (Paris 2001, S. 717)[50].

Schließen wir die Darstellungen theoretisch. Das Verständnis der Organisation als entgrenztes Gebilde hängt entscheidend von dem zugrunde gelegten Organisationsbegriff ab. Nur wenn Räumlichkeit konstitutiv für die Einheit und Begrenzung einer Organisation gehalten wird und nicht als *eine Sinndimension* unter anderen verstanden wird, dann kann Nicht-Räumlichkeit für ein Auflösungs- und Entgrenzungssyndrom gehalten werden. Es bleibt anzunehmen, dass Organisationen

---

[50]Paris (2001) analysiert die Einflüsse von Raumkonfiguration auf Strukturen, Funktionen und Interaktionen und wie der Raum in unterschiedlichen Arbeitsabläufen und Interaktionssituationen unterschiedlichen Sinn annimmt. Der Flur wird zum Indikator verschiedener Sequenzen des Arbeitsalltages. Mal fungiert er als Warteraum, mal als Kommunikationsraum, mal als Durchgangsraum und mal als Ausgang, und das in jeweiliger Abhängigkeit davon, ob sich der Sinn auf die Publikums- oder Leistungsrollen bezieht.

nicht auf ihre Selbstverortung und externe Adressierbarkeit verzichten können, denn kommunikative Adressierbarkeit bedeutet Lokalisierbarkeit und Identifizierbarkeit. Es lässt sich mitunter vermuten, dass die Anstrengungen, eine identifizierbare Adresse zu bilden, umso intensiver werden, desto netzwerkartiger die Bedingungen werden. Keine Organisation wird ganz darauf verzichten können, spezifische Orte und Räume zu gestalten. Das gilt nicht nur für die publikumsorientierten Organisationen der Erziehung, der Sozialen Hilfe, der Medizin und der Verwaltung des Politischen Systems, in denen Personen in Leistungs- und Publikumsrollen räumlich aufeinander treffen. Interaktionen in Organisationen brauchen Orte: Klassenräume, Amtsstuben, Büros, Großraumbüros für Callcenteragenten und Fabrikhallen für (Neo-)Tayloristen, Krankenhauszimmer und Operationssäle, Vorlesungssäle und Seminarräume, Feuerwehrwachen, Polizeiwachen, Kasernen, Gerichtssäle, Parlamente etc. Mit Interaktionen kommt auch der Körper und mit ihm der Raum ins organisatorische Spiel, selbst wenn Kopräsenz durch Kommunikationsmedien medial generiert wird, wie z. B. in Telefon- und Videokonferenzen. Körper sind in an irgendeinem Ort in irgendeinem Raum. Es geht um die organisational konditionierte Platzierung von Körpern, Vernetzung von Bewusstseinen und Herstellung von Personenpräsenzen und Interaktionsgelegenheiten. Wenn Kommunikation „auf Interaktion angewiesen ist, gewinnt die Raumabhängigkeit an Bedeutung. (…) Interaktionsgebundenheit heißt aber immer auch: Raumgebundenheit" (Luhmann 2000b, S. 263). Der Raum „behält trotz aller Errungenschaften seine Bedeutung als Interaktionssubstrat" (Luhmann 1975a, S. 60). Das betrifft aber schon heute nicht mehr nur menschliche Interaktionen, sondern im verstärkten Maße auch Mensch-Maschine- und Maschine-Maschine-Interaktionen, denn Organisationen sind nicht mehr nur Kontexte „where people meet", sondern in denen Computer und Roboter stehen und gehen und Raum- und Materialitätsbedingungen als relevante Kontextvariablen für digitale Operationen gelten. Das lässt sich an dem, vielleicht etwas exotisch klingenden, Beispiel von Klimafaktoren für Server-Farmen deutlich machen. Es geht dabei um die Bedeutung von Geothermik, denn auch Maschinen brauchen angemessene klimatische Bedingungen, damit sie optimal funktionieren können. So gilt z. B. Island als beliebter Standort riesiger energieintensiver Server-Farmer der Digitalwirtschaft, denn hier kann „Geld aus heißer Luft" gewonnen werden. Die optimalen Standortvariablen ergeben sich aus der Kombination aus kalter Luft, heißen Quellen und günstigem Strom. Dass das Motiv der „Wohlfühlatmosphäre für Computer" ein wenig an den Beginn und die Argumente der Human Relations-Bewegung erinnert, schließt dieses Buch mit einer ungeahnt nachdenklichen Note.

Literatur

Abrahamson, Eric (1991): Managerial Fads and Fashions: The Diffusion and Rejection of Innovations. In: Academy of Management Review 16 (3), S. 586–612.

Abrahamson, Eric (1996): Management Fashion. In: Academy of Management Review 21 (1), S. 254–285.

Achterbergh, Jan/Riesewijk, Bernard (1999): Polished by Use. Four Windows on Organizations. Delft: Eburon.

Achterbergh, Jan/Vriens, Dirk (2009): Organizations. Social Systems Conducting Experiments. Heidelberg: Springer.

Ackroyd, Stephen/Batt, Rosemary/Thompson, Paul/Tolbert, Pamela S,. (Hrsg.) (2005): The Oxford Handbook of Work and Organization. Oxford: Oxford University Press.

Adorno, Theodor W. (1986): Die musikalischen Monographien. Frankfurt am Main: Suhrkamp.

Adorno, Theodor W. (1989): Einleitung in die Musiksoziologie. Zwölf theoretische Vorlesungen. 7. Auflage. Frankfurt am Main: Suhrkamp.

Adorno, Theodor W. (1991): Dissonanzen. Musik in der verwalteten Welt. 7. Auflage. Göttingen: Vandenhoeck & Ruprecht.

Ahrens, Daniela (2001): Grenzen der Enträumlichung. Weltstädte, Cyberspace und transnationale Räume in der globalisierten Moderne. Opladen: Leske + Budrich.

Ahrne, Göran/Brunsson, Nils/Garsten, Christina (2000): Standardizing through organizations. In: Brunsson, Nils/Jacobsson, Bengt (Hrsg.): A World of Standards, Oxford: Oxford University Press, S. 50–68.

Allport, Floyd H. (1940): An Event-System Theory of Collective Action: With Illustrations from Economic and Political Phenomena and the Production of War. In: The Journal of Social Psychology 11, S. 417–445.

Allport, Floyd H. (1954): The Structuring of Events: Outline of a General Theory with application to Psychology. In: The Psychological Review 61, S. 281–303.

Alvesson, Mats/Thompson, Paul (2005): Post-Bureaucracy? In: Ackroyd, Stephen et al. (Hrsg.): The Oxford Handbook of Work and Organization. Oxford: Oxford University Press, S. 485–507.

Assmann, J. (1992): Das kulturelle Gedächtnis. Schrift, Erinnerung und politische Identität in frühen Hochkulturen. München: C.H. Beck.

© Springer Fachmedien Wiesbaden GmbH 2017   169
T. Drepper, *Operativität und Typik,*
DOI 10.1007/978-3-658-17649-5

Austin, John L. (1975): How to do things with words. 2nd Edition, hrsg. von J.O. Urmson. Cambridge: Harvard University Press.

Badelt, Christoph (2002): Handbuch der Nonprofit Organisation. Strukturen und Management. Stuttgart: Schäffer-Poeschel.

Baecker, Dirk (1993): Die Form des Unternehmens. Frankfurt am Main: Suhrkamp.

Baecker, Dirk (1998): Ein Mehr von Unentscheidbarkeiten. Interview mit Rudolf Maresch. In: Telepolis. Magazin der Netzkultur. http://www.heise.de

Baecker, Dirk (1999): Organisation als System. Frankfurt am Main: Suhrkamp.

Baecker, Dirk (2002): Die gesellschaftliche Form der Arbeit. In: ders. (Hrsg.): Archäologie der Arbeit, Berlin: Kadmos, S. 203–245.

Baecker, Dirk (2003): Organisation und Management. Frankfurt am Main: Suhrkamp.

Baecker, Dirk (2005a): Kommunikation. Stuttgart: Reclam.

Baecker, Dirk (2005b): The Design of Organization in Society. In: Becker, Kai-Helge/ Seidl, David (Hrsg.): Niklas Luhmann and Organization Studies. Copenhagen: Liber & Copenhagen Business School Press, S. 145–170.

Baecker, Dirk (2007): Form und Formen der Kommunikation. Frankfurt am Main: Suhrkamp.

Baecker, Dirk (2011): Organisation und Störung. Frankfurt am Main: Suhrkamp.

Ball, Philip (2011): The Music Instinct. How music works and why we can't do without it. London: Vintage.

Bardmann, Theodor M. (1994): Wenn aus Arbeit Abfall wird. Aufbau und Abbau organisatorischer Realitäten. Frankfurt am Main: Suhrkamp.

Bardmann, Theodor M./Groth, Torsten (Hrsg.) (2001): Zirkuläre Positionen 3. Organisation, Management und Beratung. Wiesbaden: Westdeutscher Verlag.

Bartmann, Christoph (2012): Leben im Büro. Die schöne neue Welt der Angestellten. München: Hanser.

Barnard, Chester (1938): The Functions of the Executive. Cambridge (Mass.): Harvard University Press.

Bateson, Gregory (1985): Ökologie des Geistes. Anthropologische, psychologische, biologische und epistemologische Perspektiven. Frankfurt am Main: Suhrkamp.

Becker, Kai Helge (2005): Luhmann's Systems Theory and Theories of Social Practices. In: Seidl, David/Becker, Kai Helge (Hrsg.): Niklas Luhmann and Organizations Studies. Malmö et al.: Liber&Copenhagen Business School Press, S. 215–247.

Becker, Alexander/Vogel, Matthias (Hrsg.) (2007): Musikalischer Sinn. Beiträge zu einer Philosophie der Musik. Frankfurt am Main: Suhrkamp.

Becker, Markus (Hrsg.) (2008): Handbook of Organizational Routines. Cheltenham/Northhampton: Edward Elgar.

Bellah, Robert et al. (1987): Habits of the Heart. Individualism and Commitment in American Life. Berkeley et al.: University of California Press.

Bellas, Jean (2006): Interface between Organisational Design and Architectural. In: Clegg, Stewart R./Kornberger, Martin (Hrsg.): Space, Organizations and Management Theory. Advances in Organization Studies. Kopenhagen: Liber & Copenhagen Business School Press, S. 241–247.

Benders, Jos/van Veen, Kees (2001): What's in a Fashion? Interpretative Viability and Management Fashions. In: Organization, Volume 8 (1), S. 33–53.

Berger, Peter L./Luckmann, Thomas (1980): Die gesellschaftliche Konstruktion der Wirklichkeit. Eine Theorie der Wissenssoziologie. Frankfurt am Main: Fischer.

Berthoin, Ariane et al. (2001): Organizational Learning and Knowledge: Reflections on the dynamics of the field and challenges for the future. In: Dierkes, Meinolf et al. (Hrsg.): Handbook of Organizational Learning. Oxford: Oxford University Press, S. 921–939.

Blanning, Tim (2008): The Triumph of Music. London: Penguin.

Blumer, Herbert (1969): Symbolic Interactionism: Perspective and Method. Berkeley: University of California Press.

Bonazzi, Giuseppe (2008): Geschichte des organisatorischen Denkens. Wiesbaden: VS.

Bongaerts, Gregor (2006): Handelt der Leib? – Zum Verhältnis von Handlungstheorie und Practice Turn. Vortrag auf dem Soziologentag der DGS in der Ad-Hoc-Gruppe „Phänomenologie in der Soziologie", Kassel 2006.

Bongaerts, Gregor (2007): Soziale Praxis und Verhalten – Überlegungen zum Practice Turn in Social Theory. In: Zeitschrift für Soziologie 36, S. 246–260.

Bongaerts, Gregor (2012): Sinn. Bielefeld: transcript.

Bogenrieder, Irma/Nooteboom, Bart (2004): The Emergence of Knowledge Communities: A Theoretical Analysis. In: Tsoukas, Haridimos/Mylonopoulos, Nikolaos (Hrsg.): Organizations as Knowledge Systems. Knowledge, Learning and Dynamic Capabilities. Houndsmill: Palgrave Macmillan, S. 46–66.

Boje, David M. (2008): Storytelling Organizations. London/Tsousand Oaks: Sage Publications.

Boje, David M. (2011): Storytelling and the Future of Organizations. An narrative Handbook. New York: Routledge.

Boltanski, Luc/Chiapello, Ève (2003): Der neue Geist des Kapitalismus. Konstanz: UVK.

Bromley, Patricia/Meyer, John W. (2015): Hyper-Organization. Global Organizational Expansion. Oxford: OUP.

Bröckling, Ulrich (2000): Totale Mobilmachung. Menschenführung im Qualitäts- und Selbstmanagement. In: Bröckling, Ulrich/Krasmann, Susanne/Lemke, Thomas (Hrsg.): Gouvernementalität der Gegenwart. Studien zur Ökonomisierung des Sozialen. Frankfurt am Main 2000: Suhrkamp, S. 131–167.

Bröckling, Ulrich/Krasmann, Susanne/Lemke, Thomas (Hrsg.) (2000): Gouvernementalität der Gegenwart. Studien zur Ökonomisierung des Sozialen: Frankfurt am Main: Suhrkamp.

Brown, Tim (2016): Change by Design: Wie Design Thinking Organisationen verändert und zu mehr Innovationen führt. München: Vahlen.

Brunsson, Nils (1985): The Irrational Organization: Irrationality as a Basis for Organizational Action and Change. Chichester: John Wiley & Sons.

Brunsson, Nils (1989): The Organization of Hypocrisy. Talk, Decisions, and Actions in Organizations. Chichester: John Wiley & Sons.

Brunsson, Nils (2000a): Organization, Markets, and Standardization. In: Brunsson, Nils/Jacobsson, Bengt (2000): A World of Standards, Oxford: Oxford University Press, S. 21–39.

Brunsson, Nils (2000b): Standardization and Uniformity. In: Brunsson, Nils/Jacobsson, Bengt (Hrsg.): A World of Standards, Oxford: Oxford University Press, S. 138–150.

Brunsson, Nils (2000c): Standardization and Fashion Trends. In: Brunsson, Nils/Jacobsson, Bengt (Hrsg.): A World of Standards, Oxford: Oxford University Press, S. 151–168.

Brunsson, Nils (2006): Mechanisms of Hope. Maintaining the Dream of the Rational Organization. Copenhagen: Copenhagen Business School Press.

Brunsson, Nils/Jacobsson, Bengt (2000): A World of Standards, Oxford: Oxford University Press.

Brunsson, Nils/Jacobsson, Bengt (2000a): The Contemporary Expansion of Standardization. In: Brunsson, Nils/Jacobsson, Bengt (Hrsg.): A World of Standards, Oxford: Oxford University Press, S. 1–17.

Brunsson, Nils/Jacobsson, Bengt (2000b): Following Standards. In: Brunsson, Nils/Jacobsson, Bengt (Hrsg.): A World of Standards, Oxford: Oxford University Press, S. 125–138.

Brunsson, Nils/Jacobsson, Bengt (2000c): The Pros and Cons of Standardization – An Epilogue. In: Brunsson, Nils/Jacobsson, Bengt (Hrsg.): A World of Standards, Oxford: Oxford University Press, S. 169–173.

Buchanan, David/Huczynski, Andrej (2004): Organizational Behaviour. An Introductary Text. Fifth Edition. Harlow et al.: Prentice Hall.

Bude, Heinz (1997): Die Hoffnung auf den unternehmerischen Unternehmer. In: Universitas 52, S. 850–858.

Bühler (1934): Sprachtheorie. Jena: Verlag von Gustav Fischer.

Burell, Gibson/Morgan, Gareth (1979): Sociological Paradigms and Organizational Analysis. London: Heinemann.

Burke, Kenneth (1969): A Grammar of Motives. Berkeley/Los Angeles: University of California Press.

Casimir, Torsten (1991): Musikkommunikation und ihre Wirkungen – Eine systemtheoretische Kritik. Wiesbaden: DUV.

Castells, Manuel (2001): Der Aufstieg der Netzwerkgesellschaft. Das Informationszeitalter: Wirtschaft – Gesellschaft – Kultur. Bd. 1. Opladen: Leske + Budrich.

Chanlat, Jean-Francois (2006): Space, Organisation and Management Thinking: a Socio-Historical Perspective. In: Clegg, Stewart R./Kornberger, Martin (Hrsg.): Space, Organizations and Management Theory. Advances in Organization Studies. Kopenhagen: Liber & Copenhagen Business School Press, S. 17–43.

Chia, Robert/King, Ian (2001): The Language of Organization Theory. In: Westwood, Robert/Linstead, Stephen (Hrsg.): The Language of Organization. London/Thousand Oaks/New Delhi: Sage Publications, S. 310–328.

Child, John/Heavens, Sally J. (2001): The Social Constitution of Organizations and its Implications for Organizational Learning. In: Dierkes, Meinolf et al. (Hrsg.): Handbook of Organizational Learning. Oxford: Oxford University Press, S. 309–326.

Chomsky, Noam (1968): Language and Mind. New York: Cambridge University Press.

Clegg, Stewart R./Hardy, Cynthia (Hrsg.) (1999): Studying Organization. Theory and Method. London/Thousand Oaks/New Delhi: Sage Publications.

Clegg, Stewart R./Kornberger, Martin (Hrsg.) (2006a): Space, Organizations and Management Theory. Advances in Organization Studies. Kopenhagen: Liber & Copenhagen Business School Press.

Clegg, Stewart R./Kornberger, Martin (2006b): Introduction: Rediscovering Space. In: Clegg, Stewart R./Kornberger, Martin (Hrsg.): Space, Organizations and Management Theory. Advances in Organization Studies. Kopenhagen: Liber & Copenhagen Business School Press, S. 8–16.

Clegg, Stewart R./Kornberger, Martin (2006c): Organising Space. In: Clegg, Stewart R./Kornberger, Martin (Hrsg.): Space, Organizations and Management Theory. Advances in Organization Studies. Kopenhagen: Liber & Copenhagen Business School Press, S. 143–162.

Cole, Robert E./Scott W. Richard (Hrsg.) (2000): The Quality Movement & Organization Theory, Thousand Oaks/London/New Delhi: Sage Publications.

Cooley, Charles Horton (1909): Social Organization. New York: C. Scribners.

Crozier, Michel/Friedberg, Erhard (1993): Die Zwänge kollektiven Handelns: Über Macht und Organisationen. Neuausgabe der Originalausgabe (1979): Frankfurt am Main: Hain.

Cyert, Richard M./March, James G. (1963): A Behavioral Theory of the Firm. Englewood Cliffs: Prentice-Hall.

Czarniawska, Barbara (1997): Narrating the Organization. Dramas of Institutional Identity. Chicago: University of Chicago Press.

Czarniawska, Barbara (1998): A Narrative Approach to Organization Studies. Thousand Oaks et al.: Sage Publications.

Czarniawska, Barbara (2004): Narratives in Social Science Research. London/Thousand Oaks/New Delhi: Sage Publications.

Czarniawska, Barbara/Sevón, Guje (Hrsg.) (1996): Translating Organizational Change, Berlin/New York: Walter de Gruyter.

Czarniawska, Barbara/ Sevón, Guje (Hrsg.) (2003): The Northern Lights. Organization Theory in Scandinavia. Copenhagen: Liber/Copenhagen Business Press.

Czarniawska, Barbara/ Sevón, Guje (Hrsg.) (2005): Global Ideas. How Ideas, Objects and Practices Travel in the Global Economy. Copenhagen: Liber/Copenhagen Business Press.

Deleuze, Gilles (1992): Differenz und Wiederholung. München: Wilhelm Fink.

Deutsch, Karl W. (1963) The Nerves of Government: Models of Political Communication and Control. New York: The Free Press of Glencoe.

Deutsches Wörterbuch von Jacob und Wilhelm Grimm. 16 Bde. in 32 Teilbänden. Leipzig 1854–1961. Quellenverzeichnis Leipzig 1971.

Deutschmann, Christoph (1997): Die Mythenspirale. Eine wissenssoziologische Interpretation industrieller Rationalisierung. In: Soziale Welt 48, S. 55–70.

Deutschmann, Christoph (2002): Postindustrielle Industriesoziologie. Theoretische Grundlagen, Arbeitsverhältnisse und soziale Identitäten, Weinheim/München: Juventa.

Deutschmann, Christoph/Faust, Michael et al. (1995): Veränderungen der Rolle des Managements im Prozess reflexiver Rationalisierung. In: Zeitschrift für Soziologie 24, S. 436–450.

Diaz-Bone, Rainer (2009): Konvention, Organisation und Institution. Der institutionentheoretische Beitrag der „Économie des conventions". In: Historical Social Research Vol. 34, No.2, S. 235–264.

Diaz-Bone, Rainer (Hrsg.) (2011): Soziologie der Konventionen: Grundlagen einer pragmatischen Anthropologie. Frankfurt am Main: Campus.

DiMaggio, Paul J. (1997): Culture and Cognition. In: Annual Review of Sociology. Vol. 23, S. 263–287.

DiMaggio, Paul J./Powell, Walter W. (1991a): Introduction. In: Powell, Walter W./ DiMaggio, Paul J. (Hg.): New Institutionalism in Organizational Analysis. Chicago/London: The University of Chicago Press, S. 1–38.

DiMaggio, Paul J./Powell, Walter W. (1991b): The Iron Cage Revisited: Institutional Isomorphism and Collective Rationality in Organizational Fields. In: Powell, Walter W./DiMaggio, Paul J. (Hg.): New Institutionalism in Organizational Analysis. Chicago/London: The University of Chicago Press, S. 63–82.

Dobbin, Frank R. (1994): Cultural Models of Organization: The Social Construction of Rational Organizing Principles. In: Crane, Diane (Hrsg.): The Sociology of Culture. Cambridge M.A.: Blackwell, S. 117–141.

Donellon, Anne (1986): Language and Communication in Organizations: Bridging Cognition and Behavior. In: Sims, Henry P. Jr./Gioia, Dennis A. et al. (Hrsg.): The Thinking Organization. San Francisco/London: Jossey-Bass Publishers, S. 136–164.

Douglas, Mary (1991): Wie Institutionen denken. Frankfurt am Main: Suhrkamp.

Döring, Jörg (Hrsg.) (2008): Spatial Turn. Das Raumparadigma in den Kultur- und Sozialwissenschaften. Bielefeld: transcript.

Döring, Jörg/Thielmann, Tristan (2008): Was lesen wir im Raume? Der Spatial Turn und das geheime Wissen der Geographen. In: Döring, Jörg (Hrsg.): Spatial Turn. Das Raumparadigma in den Kultur- und Sozialwissenschaften. Bielefeld: transcript, S. 7–48.

Dumont, Louis (1991): Individualismus. Zur Ideologie der Moderne. Frankfurt am Main / New York: Campus.

Drepper, Thomas (1992): Überlegungen zu einer systemtheoretischen Modellierung von Kunst und Musik. Unveröffentlichtes Manuskript: Essen.

Drepper, Thomas (1996): Das Gedächtnis des Sozialen. Zu Form und Funktion des Gedächtnisses sozialer Systeme. Unveröffentlichte Magisterarbeit Universität Essen.

Drepper, Thomas (1998): „Unterschiede, die keine Unterschiede machen". Inklusionsprobleme im Erziehungssystem und Reflexionsleistungen der Integrationspädagogik im Primarbereich. In: Soziale Systeme 4 (1). Zeitschrift für Soziologische Theorie, S. 59–85.

Drepper, Thomas (2003a): Organisationen der Gesellschaft. Gesellschaft und Organisation in der Systemtheorie Niklas Luhmanns. Wiesbaden: Westdeutscher Verlag.

Drepper, Thomas (2003b): Der Raum der Organisation – Annäherung an ein Thema. In: Krämer-Badoni, Thomas/Kuhm, Klaus (Hrsg.): Die Gesellschaft und ihr Raum. Raum als Gegenstand der Soziologie. Opladen: Leske + Budrich, S. 103–129.

Drepper, Thomas (2005a): Die Grenzenlosigkeit des Managements – Organisations- und gesellschaftstheoretische Überlegungen. In: Drepper, Thomas/Göbel, Andreas/Nokielski, Hans (Hrsg.): Sozialer Wandel und kulturelle Innovation. Historische und systematische Perspektiven. Berlin: Duncker & Humblot, S. 449–477.

Drepper, Thomas (2005b): Organization and Society – on the desideratum of a society theory of organizations in the work of Niklas Luhmann. In: Becker, Kai-Helge/Seidl, David (Hrsg.): Niklas Luhmann and Organization Studies. Copenhagen: Liber & Copenhagen Business School Press, S. 171–190.

Drepper, Thomas (2006a): Vertrauen, organisationale Steuerung und Reflexionsangebote. In: Götz, Klaus (Hrsg.): Vertrauen in Organisationen. München/Mering: Hampp, S. 185–204.

Drepper, Thomas (2006b): Rezension zu Boltanski, Luc/Chiapello, Ève (2003): Der neue Geist des Kapitalismus. Konstanz: UVK. In: Sociologia Internationalis 44, Heft 1/2006, S. 159–163.

Drepper, Thomas (2007): Organisation und Wissen. In: Schützeichel, Rainer (Hrsg.): Handbuch Wissenssoziologie und Wissensforschung. Konstanz: UVK, S. 588–612.

Drepper, Thomas (2008a): „Natürlich – Der Mensch steht im Mittelpunkt!" – Zur organisationalen Funktion anthropologischer Präsuppositionen in der Personalsemantik moderner Organisationen. In: Die Natur der Gesellschaft. Verhandlungen des 33. Kongresses der DGS in Kassel 2006, Frankfurt am Main: Campus, S. 3197–3206.

Drepper, Thomas (2008b): Organisationssoziologie im Kontext sozialwissenschaftlicher Organisationsforschung. In: Soziologische Revue. 31. Jg., Heft 2 2008, S. 147–159.

Drepper, Thomas (2008c): „Der gute Sinn der Organisation – Regeln und Routinen". Zu einer Sinntheorie und Wissenssoziologie des Regelbegriffes im Organisationskontext. Unveröffentlichtes Vorlesungsmanuskript, Essen.

Drepper, Thomas (2010): Soziale personenbezogene Dienstleistungsorganisationen aus neoinstitutionalistischer Perspektive. In: Klatetzki, Thomas (Hrsg.): Soziale personenbezogene Dienstleistungsorganisationen. Soziologische Perspektiven. Wiesbaden: VS Verlag, S. 129–165.

Drepper, Thomas/Tacke, Veronika (2010): Zur gesellschaftlichen Bestimmung und Fragen der Organisation „personenbezogener sozialer Dienstleistungen". Eine systemtheoretische Sicht. In: Klatetzki, Thomas (Hrsg.): Soziale personenbezogene Dienstleistungsorganisationen. Soziologische Perspektiven. Wiesbaden: VS Verlag, S. 241–283.

Drepper, Thomas/Tacke, Veronika (2012): Schule als Organisation. In: Apelt, Maja/Tacke, Veronika (Hrsg.): Handbuch Organisationstypen. Wiesbaden: VS Verlag, S. 205–238.

Drepper, Thomas/Tacke, Veronika (2017): Grundlagen der Organisationssoziologie. Wiesbaden: VS Verlag (i.E. 2017). Zitiert nach dem Manuskript.

Drori, Gili/Meyer, John W./Hokyu Hwang (Hrsg.) (2006a): Globalization and Organization. World Society and Organizational Change. Oxford: Oxford University Press.

Drori, Gili/Meyer, John W./Hokyu Hwang (Hrsg.) (2006b): Introduction. In: Globalization and Organization. World Society and Organizational Change. Oxford: Oxford University Press.

Drösser, Christoph (2009): Hast Du Töne? Warum wir alle musikalisch sind. Reinbek: Rowohlt.

Drucker, Peter F. (1999): Management Challenges for the 21st century. Oxford et al.: Harper Business Press.

Eberle, Thomas S./Hoidn, Sabine/Sikavica, Katarina (Hrsg.) (2007): Fokus Organisation: Sozialwissenschaftliche Perspektiven und Analysen. Konstanz: UVK.

Eco, Umberto (1992): Das Foucaultsche Pendel. München: dtv.

Ellrich, Lutz (2002): Die Realität virtueller Räume. Soziologische Überlegungen zur Verortung des Cyberspace. In: Maresch, Rudolf/Werber, Niels (Hrsg.): Raum. Wissen. Macht. Frankfurt am Main: Suhrkamp, S. 92–113.

Endreß, Martin/Matys, Thomas (Hrsg.) (2009): Die Ökonomie der Organisation – Die Organisation der Ökonomie. Wiesbaden: VS Verlag.

Endreß, Martin/Maurer, Andrea (Hrsg.) (2015): Resilienz im Sozialen. Theoretische und empirische Analysen. Wiesbaden.

Erlingsdóttir, Gudbjörg/Lindberg, Kajsa (2005): Isomorphism, Isopraxism, and Isonymism: Complementary or Competing Processes. In: Czarniawska, Barbara/ Sevón, Guje (Hrsg.): Global Ideas. How Ideas, Objects and Practices Travel in the Global Economy. Copenhagen: Liber/Copenhagen Business Press, S. 47–70.

Etzioni, Amitai (1975): Die aktive Gesellschaft. Eine Theorie gesellschaftlicher und politischer Prozesse, Opladen: Westdeutscher Verlag, im englischen Original erschienen 1968. The Active Society. A Theory of Societal and Political Processes. New York: The Free Press.

Etzioni, Amitai (1998): Die Entdeckung des Gemeinwesens. Das Programm des Kommunitarismus. Frankfurt am Main: Fischer.

Faust, Michael (2002): Warum boomt die Managementberatung – und warum nicht zu allen Zeiten und überall? In: Schmidt, Rudi/Gergs, Hans-Joachim/Pohlmann, Markus (Hrsg.): Managementsoziologie. Themen, Desiderate, Perspektiven München/Mering: Hampp, S. 19–55.

Faust, Michael/Jauch, Peter/Deutschmann, Christoph (1998): Reorganisation des Managements: Mythos und Realität des „Intrapreneurs". In: Industrielle Beziehungen 5, S. 101–118.

Feldman, Martha S./March, James G. (1990): Information in Organisationen als Signal und Symbol. In: March, James G. (1990): Entscheidung und Organisation. Wiesbaden: Gabler, S. 455–477.

Filippov, Alexander (1998): Der Raum der Systeme und die großen Reiche. Über die Vieldeutigkeit des Raumes in der Soziologie. In: Honegger, Claudia/Hradil, Stefan/Traxler, Franz (Hrsg.): Grenzenlose Gesellschaft? Verhandlungen des 29. Kongresses der deutschen Gesellschaft für Soziologie, des 16. Kongresses der Österreichischen Gesellschaft für Soziologie, des 11. Kongresses der Schweizerischen Gesellschaft für Soziologie in Freiburg i. BR. 1998. Opladen: Leske + Budrich, S. 344–358.

Fligstein, Neil (2001): The Architecture of Markets. An Economic Sociology of Twenty-First-Century Capitalist Societies. Princeton, N.J.: Princeton University Press.

Forssell, Anders/Jansson, David (1996): The Logic of Organizational Transformation: On the Conversion of Non-Business Organizations. In: Czarniawska, Barbara/Sevón, Guje (Hrsg.): Translating Organizational Change, Berlin/New York: Walter de Gruyter, S. 93–115.

Friedberg, Erhard (1995): Ordnung und Macht. Dynamiken organisierten Handelns. Frankfurt am Main/New York: Campus.

Friedland, Roger/Alford, Robert R. (1991): Bringing Society Back In: Symbols, Practices and Institutional Contradictions. In: Powell, Walter W./DiMaggio, Paul J. (Hrsg.): New Institutionalism in Organizational Analysis. Chicago/London: The University of Chicago Press, S. 232–266.

Fuchs, P. (1987): Vom Zeitzauber der Musik, in: Baecker, D./Markowitz, J./Stichweh, R./ Tyrell, H./Willke, H. (Hrsg.), Theorie als Passion, Festschrift Niklas Luhmann, Frankfurt am Main 1987, 214–237.

Fuchs, Peter (1992a): Die Erreichbarkeit der Gesellschaft. Zur Konstruktion und Imagination gesellschaftlicher Einheit. Frankfurt am Main: Suhrkamp.

Fuchs, P. (1992b): Die soziale Funktion der Musik, Ms. 1992.

Fuchs, Peter (1993): Moderne Kommunikation. Zur Theorie des operativen Displacements. Frankfurt am Main: Suhrkamp.

Fuchs, Peter (1994a): Die Form beratender Kommunikation. Zur Struktur einer kommunikativen Gattung. In: Fuchs, Peter/Pankoke, Eckart: Beratungsgesellschaft. Hrsg. von Gerhard Krems. Veröffentlichungen der Katholischen Akademie Schwerte 42: Schwerte, S. 13–25.

Fuchs, Peter (1994b): Und wer berät die Gesellschaft? Gesellschaftstheorie und Beratungsphänomen in soziologischer Sicht. In: Fuchs, Peter/Pankoke, Eckart: Beratungsgesellschaft. hrsg. Von Gerhard Krems. Veröffentlichungen der Katholischen Akademie Schwerte 42: Schwerte, S. 67–77.

Fuchs, Peter (2002): Hofnarren und Organisationsberater. Zur Funktion der Narretei, des Hofnarrentums und der Organisationsberatung. In: Organisationsentwicklung 21 (3), S. 4–15.

Fuchs, Peter (1997): Adressabilität als Grundbegriff der soziologischen Systemtheorie. In: Soziale Systeme 3 (1). Zeitschrift für soziologische Theorie, S. 57–79.

Fuchs, Peter (2004): Die magische Welt der Beratung. In: Schützeichel, Rainer/Brüsemeister, Thomas (Hrsg.): Die beratene Gesellschaft. Zur gesellschaftlichen Bedeutung von Beratung. Wiesbaden: VS Verlag, S. 239–257.

Fuchs, Peter (2005): Wie man die Welt am Einheitshaken aufhängen kann – Magische Beobachtung in der Moderne am Beispiel der Frühromantik und der Systemtheorie. In: Drepper, Thomas/Göbel, Andreas/Nokielski, Hans (Hrsg.): Sozialer Wandel und kulturelle Innovation. Historische und systematische Perspektiven. Berlin: Duncker & Humblot, S. 187–210.

Fuchs, Peter/Mahler, Enrico (2000): Form und Funktion von Beratung. In: Soziale Systeme 6 (2), Zeitschrift für Soziologische Theorie, S. 349–368.

Furusten, Staffan (1999): Popular Management Books. How they are made and what they mean for organisations. London/New York: Routledge.

Furusten, Staffan (2000): The Knowledge Base of Standards. In: Brunsson, Nils/Jacobsson, Bengt (Hrsg.): A World of Standards, Oxford: Oxford University Press, S. 71–84.

Garfinkel, Howard (1967): Studies in ethnomethodology. Englewood Cliffs: Prentice Hall.

Gergen, Kenneth J. (1999): An Invitation to Social Construction. London: Sage Publications.

Giddens, Anthony (1984): Interpretative Soziologie. Eine kritische Einführung. Frankfurt am Main/New York: Campus.

Giddens, Anthony (1992): Die Konstitution der Gesellschaft. Frankfurt a. M.

Giddens, Anthony (1995): Konsequenzen der Moderne. Frankfurt am Main: Suhrkamp.

Gioia, Dennis A. (1986): Symbols, Scripts, and Sensemaking: Creating Meaning in the Organizational Experience, in: Sims, Henry P. Jr./Gioia, Dennis A. et al. (Hrsg.): The Thinking Organization. San Francisco/London: Jossey-Bass Publishers, S. 49–74.

Gioia, Dennis A./ Sims, Henry P. Jr. (1986): Introduction: Social Cognition in Organizations. In: Sims, Henry P. Jr./Gioia, Dennis A. et al. (Hrsg.): The Thinking Organization. San Francisco/London: Jossey-Bass Publishers, S. 1–19.

Go, Frank/Fenema, Pal C. (2006): Moving Bodies and Connecting Minds in Space: a Matter of Mind over Matter. In: Clegg, Stewart R./Kornberger, Martin (Hrsg.): Space, Organizations and Management Theory. Advances in Organization Studies. Kopenhagen: Liber & Copenhagen Business School Press, S. 64–78.

Goffman, Erving (1980): Rahmenanalyse. Ein Versuch über die Organisation von Alltagserfahrungen. Frankfurt am Main: Suhrkamp.

Goffman, Erving (1998): Wir alle spielen Theater. 7. Auflage. München/Zürich: Piper.

Goody, Jack/Watt, Ian/Gough, Kathleen (1991): Entstehung und Folgen der Schriftkultur. 2. Auflage. Frankfurt am Main: Suhrkamp.

Gora, Walter/Bauer, Harald (Hrsg.) (2001): Virtuelle Organisationen im Zeitalter von E-Business und E-Government. Einblicke und Aussichten. Berlin et al.: Springer

Göbel, Markus (2001): Die Rolle der Universitäten in der Ausdifferenzierung von Wissenschaft. Soziologie in Deutschland und den USA. In: Tacke, Veronika (Hrsg.): Organisation und gesellschaftliche Differenzierung. Wiesbaden: Westdeutscher Verlag: 84–111.

Grant, David/Oswick, Cliff (Hrsg.) (1996): Metaphor and Organizations. London/ Thousand Oaks: Sage Publications.

Grant, David/Keenoy, Tom W./Oswick, Cliff (Hrsg.) (1998): Discourse and Organization. London/Thousand Oaks: Sage Publications.

Greenwood, Royston/Oliver, Christine/Suddaby, Roy/Sahlin-Anderson, Kerstin (Hrsg.) (2008): The SAGE Handbook of Organizational Institutionalism. London/Thousand Oaks: Sage Publications.

Großmann, R. (1991): Musik als Kommunikation. Zur Theorie musikalischer Kommunikationshandlungen, Braunschweig: Vieweg.

Gründer, Karlfried/Gabriel, Gottfried (1992): „Regel". In: Ritter, Joachim/Gründer, Karlfried/Gabriel, Gottfried (Hrsg.): Historisches Wörterbuch der Philosophie Bd. 8. Basel: Schwabe Verlag, S. 427–450.

Guetzkow, Harold (1965): Communications in Organization. In: March, James G. (Hrsg.): Handbook of Organizations. Chicago: Rand McNally, S. 534–573.

Günter, Roland (1994): Im Tal der Könige. Ein Reisebuch zu Emscher, Rhein und Ruhr. Essen: Klartext.

Gumbrecht, Hans-Ulrich/Pfeiffer, Ludwig-K. (Hrsg.) (1988): Materialität der Kommunikation. Frankfurt am Main: Suhrkamp.

Gustafsson, Cecilia (2006): Organisations and Physical Space. In: Clegg, Stewart R./ Kornberger, Martin (Hrsg.): Space, Organizations and Management Theory. Advances in Organization Studies. Kopenhagen: Liber & Copenhagen Business School Press, S. 221–240.

Gutenberg, Erich (1958): Einführung in die Betriebswirtschaftslehre. Wiesbaden: Gabler.

Habermas, Jürgen (1981): Theorie des kommunikativen Handelns. 2 Bände. Frankfurt a. M.

Haefliger, Stefan/von Krogh, Georg (2004): Knowledge Creation in Open source Software Development. In: Tsoukas, Haridimos/Mylonopoulos, Nikolaos (Hrsg.): Organizations as Knowledge Systems. Knowledge, Learning and Dynamic Capabilities. Houndsmill: Palgrave Macmillan, S. 109–129.

Haferkamp, Hans (Hrsg.) (1990). Sozialstruktur und Kultur. Frankfurt am Main: Suhrkamp.

Hall, Peter A./Soskice, David (Hrsg.) (2001): Varieties of Capitalism. The Institutional Foundations of Comparative Advantage, Oxford: Oxford University Press.

Hancock, Philip/Tyler, Melissa (2001): Work, Postmodernism and Organization. London/ Thousand Oaks: Sage Publications.

Hannan, Micheal T./Pólos, László/Carroll, Glenn R. (2007): Logics of Organization Theory. Audiences, Codes, and Ecologies. Princeton: Princeton University Press.

Hassard, John (1993): Sociology and organization theory. Positivism, paradigms and postmodernity. Cambridge: Cambridge University Press.

Hassard, John/Parker, Martin (Hrsg.) (1993). Postmodernism and Organization. London/ Newbury Park/New Delhi: Sage Publications.

Hasse, Raimund (2003): Die Innovationsfähigkeit der Organisationsgesellschaft. Organisation, Wettbewerb und sozialer Wandel aus institutionentheoretischer Sicht. Wiesbaden: Westdeutscher Verlag.

Hasse, Raimund/Krücken, Georg (1999): Neo-Institutionalismus. Bielefeld: transcript Verlag.

Hasse, Raimund/Krücken, Georg (2005): Der Stellenwert von Organisationen in Theorien der Weltgesellschaft. Eine kritische Weiterentwicklung systemtheoretischer und neo-institutionalistischer Forschungsperspektiven. In: Heintz, Bettina/Münch, Richard/ Tyrell, Hartmann (Hrsg.): Weltgesellschaft. Theoretische Zugänge und empirische Problemlagen. Stuttgart: Lucius & Lucius, S. 186–204.

Hasse, Raimund/Krücken, Georg (2008): Systems Theory, Societal Contexts, and Organizational Heterogeneity. In: Greenwood, Royston/Oliver, Christine/Suddaby, Roy/ Sahlin- Anderson, Kerstin (Hrsg.): The SAGE Handbook of Organizational Institutionalism. London/Thousand Oaks: Sage Publications, S. 539–559.

Hatch, Mary Jo/Yanow, Dvora (2003): Organization Theory as an Interpretative Science. In: Tsoukas, Haridimos/Knudsen, Christian (Hrsg.): The Oxford Handbook of Organization Theory. Oxford/New York: Oxford University Press, S. 63–86.

Hauriou, Maurice (1965): Die Theorie der Institution und zwei weitere Aufsätze. Hrsg. von Roman Schnur. Berlin: Duncker & Humblot

Hauser, Linus (2005): Kritik der Neomythischen Vernunft. Band 1: Menschen als Götter der Erde 1800-1945. Paderborn: Ferdinand Schöningh.

Hauser, Linus (2009): Kritik der Neomythischen Vernunft. Band 2: Neomythen der beruhigten Endlichkeit. Die Zeit ab 1945. Paderborn: Ferdinand Schöningh.

Hauser, Linus (2016): Kritik der Neomythischen Vernunft. Band 3: Die Fiktionen der Science auf dem Wege in das 21. Jahrhundert. Paderborn: Ferdinand Schöningh.

Heider, Fritz (1977): Psychologie der interpersonalen Beziehungen. Stuttgart: Ernst Klett Verlag.

Hernes, Tor/Bakken, Tore/Olsen, Per Ingvar (2006): Spaces as Process: Developing a Recursive Perspective on Organisational Space. In: Clegg, Stewart R./Kornberger, Martin (Hrsg.): Space, Organizations and Management Theory. Advances in Organization Studies. Kopenhagen: Liber & Copenhagen Business School Press, S. 44–63.

Hiller, Petra (2005): Organisationswissen. Eine wissenssoziologische Neubeschreibung der Organisation. Wiesbaden: VS Verlag.

Hirschman, Albert O. (1974): Abwanderung und Widerspruch. Tübingen: J.C.B. Mohr (Paul Siebeck).

Hoffmann, Gregor Paul (2016): Organisationale Resilienz. Grundlagen und Handlungsempfehlungen für Führungskräfte. Wiesbaden: Springer.

Hondrich, Karl Otto (2001): Der neue Mensch, Frankfurt am Main: Edition Suhrkamp.

Huseman, Richard C./Goodman, Jon P. (1999): Leading with knowledge. The Nature of Competition in the 21st Century. Thousand Oaks/London/New Delhi: Sage Publications.

Huysman, Marleen (2004): Communities of Practice: Facilitating Social Learning while Frustrating Organizational Learning. In: Tsoukas, Haridimos/Mylonopoulos, Nikolaos (Hrsg.): Organizations as Knowledge Systems. Knowledge, Learning and Dynamic Capabilities. Houndsmill: Palgrave Macmillan, S. 67–85.

Hwang, Hokyu/Suarez, David (2005): Lost and found in the Translation of Strategic Plans and Websites. In: Czarniawska, Barbara/ Sevón, Guje (Hrsg.): Global Ideas. How Ideas, Objects and Practices Travel in the Global Economy. Copenhagen: Liber/Copenhagen Business Press, S. 71–93.

Hymes, Dell (1979): Soziolinguistik. Zur Ethnographie der Kommunikation. Eingeleitet und herausgegeben von Florian Coulmas. Frankfurt am Main: Suhrkamp.

Jacobsson, Bengt (2000): Standardization and Expert Knowledge. In: Brunsson, Nils/ Jacobsson, Bengt (Hrsg.): A World of Standards. Oxford: Oxford University Press, S. 40–49.

Kärreman, Dan (2001): The Scripted Organization: Dramaturgie from Burke to Baudrillard. In: Westwood, Robert/Linstead, Stephen (Hrsg.): The Language of Organization. London/Thousand Oaks/New Delhi: Sage Publications, S. 89–111.

Keefe, Rosanna/Smith, Peter (Hrsg.) (1999): Vagueness: A Reader. Cambridge/MA: MIT Press.

Kette, Sven (2012): Das Unternehmen als Organisation. In: Apelt, Maja/Tacke, Veronika (Hrsg.): Handbuch Organisationstypen. Wiesbaden: VS Verlag, S. 21–42.

Kette, Sven/Tacke, Veronika (2017): Dynamiken des Leistungsvergleichs im Kontext von Organisationen der Wirtschaft. In: Dorn, Christopher/Tacke, Veronika (Hrsg.), Vergleich und Leistung in der funktional differenzierten Gesellschaft. Wiesbaden: Springer-VS (i. E.).

Kieser, Alfred (2002): Wissenschaft und Beratung, Heidelberg: Universitätsverlag Winter.

Kieser, Alfred (2004): The Americanisation of Academic Management Education in Germany. In: Journal of Management Inquiry, Vol. 13 (2), S. 90–97.

Kieser, Alfred (2006a): Max Webers Analyse der Bürokratie. In: Kieser, Alfred/Ebers, Mark (Hrsg.): Organisationstheorien. 6. Auflage. Stuttgart: Kohlhammer, S. 63–92.

Kieser, Alfred (2006b): Managementlehre und Taylorismus. In: Kieser, Alfred/Ebers, Mark (Hrsg.): Organisationstheorien. 6. Auflage. Stuttgart: Kohlhammer, S. 93–133.

Kieser, Alfred (2006c): Human Relations-Bewegung und Organisationspsychologie, in: Kieser/Ebers (Hrsg.) (2006),Organisationstheorien, 6. Auflage, Stuttgart: Kohlhammer, S. 133–168.

Kieser, Alfred/Woywode, Michael (2006): Evolutionstheoretische Ansätze, in: Kieser/Ebers (Hrsg.) (2006),Organisationstheorien, 6. Auflage, Stuttgart: Kohlhammer, S. 309–352.

Kiss, Gábor (1989): Evolution soziologischer Grundbegriffe. Stuttgart: Ferdinand Enke.

Klatetzki, Thomas (2012a): Professionelle Organisationen. In: Apelt, Maja/Tacke, Veronika (Hrsg.): Handbuch Organisationstypen. Wiesbaden: VS Verlag, S. 165–184.

Klatetzki, Thomas (2012b): Regeln, Emotionen und Macht: Eine interaktionistische Skizze. In: Duschek, Stephan/Gaitanides, Michael/Matiaske, Wenzel/Ortmann, Günther (Hrsg.): Organisationen regeln. Die Wirkmacht korporativer Akteure. Wiesbaden: Springer VS, S. 93–109.

Knoll, Lisa (Hrsg.) (2014): Organisationen und Konventionen. Wiesbaden: Springer VS.

Kornberger, Martin/Clegg, Stewart R. (2004): Bringing Space Back In: Organizing the Generative Building. In: Organization Studies 25 (7), S. 1095–1114.

Korte, Helmut /Schäfers, Bernhard (1998): Einführung in die Hauptbegriffe der Soziologie. 4. Auflage. München.

Korzybski, Alfred (1994): Science and Sanity. An Introduction to Non-Aristotelian Systems and General Semantics. Preface by Robert P. Pula. Original erschienen 1933. 5te Auflage. New York: Institute of General Semantics.

Koselleck, Reinhard (1977): „Neuzeit". Zur Semantik moderner Bewegungsbegriffe. In: Koselleck, Reinhard (Hrsg.): Studien zum Beginn der modernen Welt (Industrielle Welt Bd. 20). Stuttgart: Klett-Cotta Verlag, S. 352–374.

Kracauer, Siegfried (1971): Die Angestellten. Frankfurt am Main: Suhrkamp.

Krämer, Sybille (2001): Sprache, Sprechakte, Kommunikation. Frankfurt am Main.

Kremser, Waldemar (2016): Interdependente Routinen. Wiesbaden: Springer VS.

Krücken, Georg (2005): Der ‚world-polity'-Ansatz in der Globalisierungsdiskussion. In: Meyer, John W.: Weltkultur. Wie die westlichen Prinzipien die Welt durchdringen. Frankfurt am Main.: Suhrkamp, S. 299–318.

Kühl, Stefan (2004): Arbeits- und Industriesoziologie. Bielefeld: transcript.

Kühl, Stefan (2011): Organisationen: Eine sehr kurze Einführung. Wiesbaden.

Lasswell, Harold D. (1927): Propaganda Techniques in the World War. New York: P. Smith

Lazarsfeld, Paul/Berelson, Bernard/Gaudet, Hazel (1944): The People's Choice. How the Voter Makes Up his Mind in a Presidential Campaign. New York: Columbia University Press.

Lemken, Birgit/Cremers, Armin B. (2001): Virtuelle Organisationen – organisatorische und technische Aspekte. In: Keil-Slawik, Reinhard (Hrsg.): Digitale Medien und gesellschaftliche Entwicklung. Arbeit, Recht und Gemeinschaft in der Informationsgesellschaft. Münster et al.: Waxmann, S. 127–147.

Lenk, Hans (1995): Schemaspiele: Über Schemainterpretation und Interpretationskonstrukte. Frankfurt am Main: Suhrkamp.

Levitin, Daniel J. (2006): This is Your Brain on Music: The Science of a Human Obsession: New York: Penguin.

Levitin, Daniel J. (2008): The World in Six Songs. How the musical brain created human nature. New York: Penguin.

Lieckweg, Tania/Wehrsig, Christof (2001): Zur komplementären Ausdifferenzierung von Organisationen und Funktionssystemen. Perspektiven einer Gesellschaftstheorie der Organisation. In: Tacke, Veronika (Hrsg.), Organisation und gesellschaftliche Differenzierung. Wiesbaden: Westdeutscher Verlag: 39–60.

Link, Jürgen (1997): Versuch über den Normalismus. Wie Normalität produziert wird. Opladen: Westdeutscher Verlag.

Linstead, Stephen/Höpfl, Heather Joy (Hrsg.) (2000): The Aesthetics of Organization. London/Thousand Oaks: Sage Publications.

Lord, Robert G./Foti, Roseanne J. (1986): Schema Theories, Information Processing, and Organizational Behavior. In: Sims, Henry P. Jr./Gioia, Dennis A. et al. (Hrsg.): The Thinking Organization. San Francisco/London: Jossey-Bass Publishers, S. 20–48.

Luhmann, Niklas (1964): Funktionen und Folgen formaler Organisation Berlin: Duncker & Humblot.

Luhmann, Niklas (1968): Zweckbegriff und Systemrationalität. Über die Funktion von Zwecken in sozialen Systemen. Tübingen: Mohr (zitiert nach dem Neudruck 1973, Frankfurt am Main: Suhrkamp).

Luhmann, Niklas (1971a): Sinn als Grundbegriff der Soziologie. In: Habermas, Jürgen/ Luhmann, Niklas: Theorie der Gesellschaft oder Sozialtechnologie. Frankfurt am Main: Suhrkamp, S. 25–100.

Luhmann, Niklas (1971b): Lob der Routine. In: Luhmann, Niklas: Politische Planung. Aufsätze zur Soziologie von Politik und Verwaltung. Opladen: Westdeutscher Verlag: 113–142.

Luhmann, Niklas (1975a): Die Weltgesellschaft. In: Luhmann, Niklas: Soziologische Aufklärung 2. Opladen: Westdeutscher Verlag, S. 51–71.

Luhmann, Niklas (1975b): Allgemeine Theorie organisierter Sozialsysteme. In: Luhmann, Niklas, Soziologische Aufklärung 2. Opladen: Westdeutscher Verlag, S. 39–50.

Luhmann, Niklas (1980a): Gesellschaftliche Struktur und semantische Tradition. In: Luhmann, Niklas: Gesellschaftsstruktur und Semantik. Studien zur Wissenssoziologie der modernen Gesellschaft. Band 1. Frankfurt am Main: Suhrkamp: S. 9–71.

Luhmann, Niklas (1980b): Temporalisierung von Komplexität: Zur Semantik neuzeitlicher Zeitbegriffe. In: Luhmann, Niklas: Gesellschaftsstruktur und Semantik. Studien zur Wissenssoziologie der modernen Gesellschaft. Band 1. Frankfurt am Main: Suhrkamp: S. 235–300.

Luhmann, Niklas (1981): Die Unwahrscheinlichkeit der Kommunikation. In: Luhmann, Niklas: Soziologische Aufklärung 3. Soziales System, Gesellschaft, Organisation. Opladen: Westdeutscher Verlag, S. 25–34.

Luhmann, Niklas (1982): Autopoiesis, Handlung und kommunikative Verständigung, in: ZFS, Jg. 11/4, S. 366–379.

Luhmann, Niklas (1984): Soziale Systeme. Grundriß einer allgemeinen Theorie. Frankfurt am Main: Suhrkamp.

Luhmann, Niklas (1990): Die Wissenschaft der Gesellschaft. Frankfurt am Main: Suhrkamp.

Luhmann, Niklas (1992): Beobachtungen der Moderne. Opladen: Westdeutscher Verlag.

Luhmann, Niklas (1993): Ethik als Reflexionstheorie der Moral. In: Luhmann, Niklas: Gesellschaftsstruktur und Semantik. Studien zur Wissenssoziologie der modernen Gesellschaft. Band 3. Frankfurt am Main: Suhrkamp, S. 358–447.

Luhmann, Niklas (1995a): Die Kunst der Gesellschaft. Frankfurt am Main: Suhrkamp.

Luhmann, Niklas (1995b): Die Soziologie des Wissens: Probleme ihrer theoretischen Konstruktion. In: ders.: Gesellschaftsstruktur und Semantik. Studien zur Wissenssoziologie der modernen Gesellschaft. Band 4. Frankfurt am Main: Suhrkamp, S. 151–180.

Luhmann, Niklas (1995c): Kultur als historischer Begriff. In: ders.: Gesellschaftsstruktur und Semantik. Studien zur Wissenssoziologie der modernen Gesellschaft. Band 4. Frankfurt am Main: Suhrkamp, S. 31–54.

Luhmann, Niklas (1995d): Die Behandlung von Irritationen: Abweichung oder Neuheit. In: ders.: Gesellschaftsstruktur und Semantik. Studien zur Wissenssoziologie der modernen Gesellschaft. Band 4. Frankfurt am Main: Suhrkamp, S. 55–100.

Luhmann, Niklas (1997): Die Gesellschaft der Gesellschaft. 2 Bände. Frankfurt am Main: Suhrkamp.

Luhmann, Niklas (2000a): Organisation und Entscheidung, Opladen/Wiesbaden: Westdeutscher Verlag.

Luhmann, Niklas (2000b): Die Politik der Gesellschaft. Frankfurt am Main: Suhrkamp.

Luhmann, Niklas (2002): Einführung in die Systemtheorie. Hrsg. von Dirk Baecker. Heidelberg: Carl-Auer.

Luhmann, Niklas/Schorr, Karl-Eberhard (1981): Wie ist Erziehung möglich? In: *Zeitschrift für Staats- und Europawissenschaften* 1.1., S. 37–54.

March, James G. (Hrsg.) (1965): Handbook of Organizations. Chicago: Rand McNally.

March, James G. (1990): Entscheidung und Organisation. Wiesbaden: Gabler.

March, James G. (1999): The Pursuit of Organizational Intelligence. Oxford: Blackwell Business.

March, James G./Simon, Herbert A. (1976): Organisation und Individuum. Menschliches Verhalten in Organisationen, Wiesbaden: Gabler. Originalausgabe erschienen 1958 unter dem Titel „Organizations". New York: Wiley & Son.

March, James G./Sevón, Guje (1990): Unterhaltung, Information und Entscheidungsfindung. In: March, James G.: Entscheidung und Organisation. Wiesbaden: Gabler, S. 479–494.

March, James/Schulz, Martin/Zhou, Xueguang (2000): The Dynamics Of Rules. Change in Written Organizational Codes. Stanford: Stanford University Press.

Maresch, Rudolf/Werber, Niels (2002) (Hrsg.): Raum. Wissen. Macht. Frankfurt am Main: Suhrkamp.

Markus, Thomas A. (2006): Built Space and Power. In: Clegg, Stewart R./Kornberger, Martin (Hrsg.): Space, Organizations and Management Theory. Advances in Organization Studies. Kopenhagen: Liber & Copenhagen Business School Press, S. 129–142.

Martens, Wil (1989): Entwurf einer Kommunikationstheorie der Unternehmung. Akzeptanz, Geld und Macht in Wirtschaftsorganisationen, Frankfurt am Main: Campus.

Martens, Wil (2001): Literaturbesprechung Niklas Luhmann: Organisation und Entscheidung. In: Kölner Zeitschrift für Soziologie und Sozialpsychologie 53: S. 355–360.

Martens, Wil (2006a): The Distinctions within Organization: Luhmann from a Cultural Perspective. In: Organization, Vol. 13 (1), S. 83–108.

Martens, Wil (2006b): Der Sinn des Handelns. Esser und Weber. In: Gresshoff, Rainer/Schimank, Uwe (Hrsg.): Integrative Sozialtheorie? Esser – Luhmann – Weber. Wiesbaden: VS Verlag, S. 289–335.

Martens, Wil (2010): Handlung und Kommunikation als Grundbegriffe der Soziologie. In: Albert, Gert/Greshoff, Rainer/Schützeichel, Rainer (Hrsg.): Dimensionen und Konzeptionen von Sozialität. Wiesbaden: VS Verlag, S. 173–206.

Mayntz, Renate (1961): Die Organisationssoziologie und ihre Beziehungen zur Organisationslehre, in: Schnaufer, Erich/Agathe, Klaus (Hrsg.): Organisation. TFB-Handbuch, erster Band, Berlin/Baden-Baden: Deutscher Betriebswirte-Verlag, S. 29–54.

McKinley, Alan (2005): Knowledge Management. In: Ackroyd, Stephen et al. (Hrsg.) (2005): The Oxford Handbook of Work and Organization. Oxford: Oxford University Press, S. 242–262.

Mead, George Herbert (1934): Mind, Self and Society from the Standpoint of a Social Behaviorist. Edited by Charles W. Morris. Chicago: University of Chicago.

Mead, George Herbert (1938): Philosophy of the Act. Edited by Charles W. Morris et al. Chicago: University of Chicago.

Mead, George Herbert (1969): Philosophie der Sozialität. Aufsätze zur Erkenntnisanthropologie. Frankfurt am Main: Suhrkamp.

Mead, George Herbert (1988): Geist, Identität und Gesellschaft. Aus der Sicht des Sozialbehaviorismus, hg. von Charles W. Morris. 7. Auflage. Frankfurt am Main: Suhrkamp.

Mendel, Peter (2006): The Making and Expansion of International Management Standards: The Global Diffusion of ISO 9000 Quality Management Certificates. In: Drori, Gili/Meyer, John W./Hokyu Hwang (Hrsg.): Globalization and Organization. World Society and Organizational Change. Oxford: Oxford University Press, S. 137–166.

Merten, Klaus (1977): Kommunikation. Eine Begriffs- und Prozessanalyse. Opladen: Westdeutscher Verlag.

Merton, Robert K. (1971): Bürokratische Struktur und Persönlichkeit. In: Mayntz, Renate (Hrsg.): Bürokratische Organisation. 2te Auflage. Köln: Kiepenheuer & Witsch, S. 265–277.

Meyer, John W. (1994): Rationalized Environments. In: Scott, W. Richard/Meyer, John W. (Hrsg.): Institutional Environments and Organizations. Structural Complexity and Individualism, Thousand Oaks: Sage Publications, S. 28–54.

Meyer, John W. (1994): Institutional and Organizational Rationalization in the Mental Health System. In: Scott, W. Richard/Meyer, John W. (1994) (Hrsg.): Institutional Environments and Organizations. Structural Complexity and Individualism, Thousand Oaks: Sage Publications, S. 215–227.

Meyer, John W. (2002): Globalization and the Expansion and Standardization of Management. In: Sahlin-Andersson, Kerstin/Engwall, Lars (Hrsg.): The Expansion of Management Knowledge. Carriers, Flows, and Sources. Stanford: Stanford University Press, S. 33–44.

Meyer, John W. (2005): Weltkultur. Wie die westlichen Prinzipien die Welt durchdringen. Frankfurt am Main: Suhrkamp.

Meyer, John W./Rowan, Brian (1977): Institutionalized Organizations: Formal Structure as Myth and Ceremony. In: American Journal of Sociology 83 (2), S. 340–363.

Meyer, John W./Rowan, Brian (1991): Institutionalized Organizations: Formal Structure as Myth and Ceremony. In: Powell, Walter W./DiMaggio, Paul J. (Hrsg.): The New Institutionalism in Organizational Analysis, Chicago/London: University of Chicago Press, S. 41–62.

Meyer, John W./Boli, John/Thomas, George M. (1987): Ontology and Rationalization in the Western Cultural Account. In: Thomas, George/Meyer, John W./Ramirez, Francisco O./Boli, John (Hrsg.): Institutional Structure. Constituting State, Society and the Individual: Newbury Park/CA et al.: Sage Publications, S. 12–37.

Meyer, John W./ Jepperson, Ronald L. (2000): The „Actors" of Modern Society: The Cultural Construction of Social Agency. In: Sociological Theory 18 (1), S. 100–119.

Meyer, John W./Drori, Gili/Hokyu Hwang (2005): World Society and the Proliferation of Formal Organizations. In: Drori, Gili et al. (2006): Globalization and Organization, S. 25–49.

Meyer, Heinz-Dieter/Rowan, Brian (Hrsg.) (2006a): The New Institutionalism in Education. New York: State University of New York Press.

Meyer, Heinz-Dieter/Rowan, Brian (2006b): Institutional Analysis and the Study of Education. In: Meyer, Heinz-Dieter/Rowan, Brian (Hrsg.): The New Institutionalism in Education. New York: State University of New York Press, S. 1–13.

Mikl-Horke, Getraude (2005): Die Diffusion von Unternehmens- und Managementkonzepten als Aspekt der Globalisierung. In: Mayrhofer, Wolfgang/Iellatchitch (Hrsg.): Globalisierung und Diffusion. Frankfurt am Main/London: Iko Verlag, S. 7–58.

Morgan, Gareth (1997): Images of Organization. 2. Auflage. Thousand Oaks et al.: Sage Publications.

Morgan, Gareth (2002): Bilder der Organisation. 3. Auflage. Stuttgart: Klett-Cotta.

Mronga, Martina I. (2013): Die Konstruktion von Männlichkeit im Management: Eine Analyse entgrenzter Arbeitsstrukturen. Wiesbaden: Springer VS.

Munro, Rolland (2001): After Knowledge: The Language of Information. In: Westwood, Robert/Linstead, Stephen (Hrsg.): The Language of Organization. London/Thousand Oaks/New Delhi: Sage Publications, S. 199–216.

Myers, Paul S. (1996): Knowledge Management and Organizational Design. Boston: Butterworth-Heinemann.

Nassehi, Armin (2008): Soziologie. Zehn einführende Vorlesungen. Wiesbaden: VS Verlag.

Nassehi, Armin (2009): Der soziologische Diskurs der Moderne. Frankfurt am Main: Suhrkamp.

Neuberger, Oswald (2001): Führen und führen lassen. Ansätze, Ergebnisse und Kritik der Führungsforschung, 6. völlig neu bearbeitet und erweiterte Auflage. Stuttgart: Lucius & Lucius.

Nigsch, Otto (1997): Management – ein Weg zur gesellschaftlichen Generalsanierung? In: Soziale Welt 48, S. 417–429.

North, Klaus (1999): Wissensorientierte Unternehmensführung. Wertschöpfung durch Wissen. Wiesbaden: Gabler.

Nonaka, Ikujiro/Takeuchi, Hiroshi/Umemoto, Katsuhiro (1996): A theory of organizational knowledge creation. In: International Journal of Technology Management, 11/7, S. 833–845.

Ong, Walter J. (1987): Oralität und Literalität. Die Technologisierung des Wortes. Opladen: Westdeutscher Verlag.

Ortmann, Günter (2003), Regel und Ausnahme. Paradoxien sozialer Ordnung. Frankfurt am Main: Suhrkamp.

Ortmann, Günther (2004): Als Ob. Fiktionen und Organisationen. Wiesbaden: VS Verlag.

Ortmann, Günther (2008): Regeln der Klugheit? In: Scherzberg, Arno (Hrsg.): Klugheit. Begriff – Konzept – Anwendungen. Tübingen: Mohr Siebeck, S. 45–92.

Ortmann, Günther (2011): Die Kommunikations- und die Exkommunikationsmacht in und von Organisationen. Unter besonderer Berücksichtigung der Macht zur Produktion von Identität. In: Die Betriebswirtschaft Jg. 71, H. 4, S. 355–378.

Ortmann, Günther (2012): Enabling limits. Organisationen regeln, was zählt und *als was* es zählt. In: Duschek, Stephan/Gaitanides, Michael/Matiaske, Wenzel/Ortmann, Günther (Hrsg.): Organisationen regeln. Die Wirkmacht korporativer Akteure. Wiesbaden: Springer VS, S. 59–94.

Ortmann, Günther/Sydow, Jörg/Türk, Klaus (Hrsg.) (1997a): Theorien der Organisation. Die Rückkehr der Gesellschaft. Opladen: Westdeutscher Verlag.

Ortmann, Günther/Sydow, Jörg/Türk, Klaus (1997b): Organisation, Strukturation, Gesellschaft. Die Rückkehr der Gesellschaft in die Organisationstheorie. In: Ortmann, Günther/Sydow, Jörg/Türk, Klaus (Hrsg.): Theorien der Organisation. Die Rückkehr der Gesellschaft. Opladen: Westdeutscher Verlag, S. 15–34.

Ortmann, Günther/Sydow, Jörg/Windeler, Arnold (1997c): Organisation als reflexive Strukturation. In: Ortmann, Günther/Sydow, Jörg/Türk, Klaus (Hrsg.): Theorien der Organisation. Die Rückkehr der Gesellschaft. Opladen: Westdeutscher Verlag, S. 315–354.

Paetau, Michael (2000): Virtuelle Unternehmen zwischen Interaktion und Organisation. In: Boss, Margarete/Jonas, Kai J./Sassenberg, Kai (Hrsg.): Computervermittelte Kommunikation in Organisationen. Göttingen et al.: Hogrefe, S. 129–163.

Paetau, Michael (2001): Virtuelle Unternehmung: Netzwerk oder soziales System? In: Keil-Slawik, Reinhard (Hrsg.): Digitale Medien und gesellschaftliche Entwicklung. Arbeit, Recht und Gemeinschaft in der Informationsgesellschaft. Münster et al.: Waxmann, S. 149–171.

Pankoke, Eckart (1977): Fortschritt und Komplexität. Die Anfänge moderner Sozialwissenschaft in Deutschland. In: Koselleck, Reinhard (Hrsg.): Studien zum Beginn der modernen Welt (Industrielle Welt Bd. 20). Stuttgart: Klett-Cotta Verlag, S. 352–374.

Pankoke, Eckart (1991): Gesellschaftslehre. Bibliothek der Geschichte und Politik. Band 18, Frankfurt am Main: Deutscher Klassiker Verlag.

Pankoke, Eckart (1997): Grenzgänger des Glaubens. Paradoxien theologischer Professionalität. In: Loccumer Protokolle 9, S. 149–160.

Pankoke, Eckart (2000): Anstifter und Grenzgänger auf dem Markt der Kultur. In: Hettlage Robert/Vogt, Ludgera (Hrsg.): Identitäten in der modernen Welt, Wiesbaden: Westdeutscher Verlag, S. 253–274.

Pankoke, E./Marx, P. (1989): „Gedankenverkehr", „Gefühlsausdruck", „Ideenkampf". Zur geschichtlichen Dynamik moderner Kommunikationstechnik, in: Rammert, Werner (Hrsg.): Technik und Gesellschaft, Jahrbuch 5, Computer, Medien, Gesellschaft. Frankfurt am Main/New York: Campus, S. 66–85.

Parker, Martin (2002): Against Management. Organization in the Age of Managerialism, Cambridge: Polity Press.

Paris, Rainer (2001): Warten auf Amtsfluren. In: Kölner Zeitschrift für Soziologie und Sozialpsychologie 53 (4), S. 705–733.

Parsons, Talcott (1968): The Structure of Social Action. Volume 1. New York.

Pfeffer, Jeffrey (1997): New Directions for Organization Theory: Problems and Prospects. Oxford/New York: Oxford University Press.

Picot, Arnold/Reichwald, Ralf/Wigand, Rolf T. (2001): Die grenzenlose Unternehmung. Information, Organisation und Management. 4. vollst. überarbeitete u. erweiterte Auflage. Wiesbaden: Gabler.

Powell Walter W./Gammal, Denise/Simard, Caroline (2005): Close Encounters. The Circulation and Reception of Managerial Practices in the San Francisco Bay Area Non Profit Community. In: Czarniawska, Barbara/ Sevón, Guje (Hrsg.): Global Ideas. How Ideas, Objects and Practices Travel in the Global Economy. Copenhagen: Liber/Copenhagen Business Press, S. 233–258.

Power, Michael (1997): The Audit Society. Rituals of Verification. Oxford: University Press.

Power, Michael (2002): Standardization and the Regulation of Management Control Practices, In: Soziale Systeme 8 (2). Zeitschrift für Soziologische Theorie, S. 191–204.

Pollitt, Christopher (1993): Managerialism and the Public Services. Cuts or Cultural Change in the 1990s, 2nd edition, Oxford: Blackwell Business.

Pretor-Pinney, Gavin (2011): Kleine Wellenkunde für Dilettanten. Berlin: Rogner & Bernhard.

Priddat, Birger P. (2004): Organisation und Sprache. In: Jäger, Josef (Hrsg.): Governanceethik im Diskurs. Marburg: Metropolis, S. 147–180.

Profitt, W. Trexler/Zahn, Lawrence (2006): Design, but Align: the Role of Organisational Physical Space, Architecture and Design in Communicating Organisational Legitimacy. In: Clegg, Stewart R./Kornberger, Martin (Hrsg.) (2006): Space, Organizations and Management Theory. Advances in Organization Studies. Kopenhagen: Liber & Copenhagen Business School Press, S. 204–220.

Putnam, Linda L. (1983): The Interpretive Perspective: An Alternative to Functionalism. In: Putnam, Linda L./Pacanowsky, Michael E. (Hrsg.): Communication and Organizations. An Interpretive Approach. Beverly Hills/London/New Delhi: Sage Publications, S. 31–54.

Putnam, Linda L./Phillips, Nelson/Chapman, Pamela (1999): Metaphors of Communication and Organization. In: Clegg, Stewart R./Hardy, Cynthia (Hrsg.): Studying

Organization. Theory and Method. London/Thousand Oaks/New Delhi: Sage Publications, S. 125–158.

Putnam, Linda L./Nicotera, Anne Maydan (Hrsg.) (2009): Building Theories of Organization. The Constitutive Role of Communication. New York/London: Routledge.

Preisendörfer, Peter (2005): Organisationssoziologie. Grundlagen, Theorien und Problemstellungen. Wiesbaden: VS Verlag.

Reckwitz, Andreas (2000): Die Transformation der Kulturtheorien. Zur Entwicklung eines Theorienprogrammes. Weilerswist: Velbrück.

Reckwitz, Andreas (2003): Grundelemente einer Theorie sozialer Praktiken. In: Zeitschrift für Soziologie 32 (4), S. 282–301.

Reed, Michael I. (1989): The Sociology of Management, New York: Harvester Wheatsheaf.

Reed, Michael I. (1996): Expert power and control in late modernity: An empirical review and a theoretical synthesis. In: Organization Studies 17, S. 573–597.

Rehberg, Karl-Siegbert (1994): Institutionen als symbolische Ordnungen. Leitfragen und Grundkategorien zur Theorie und Analyse institutioneller Mechanismen. In: Göhler, Gerhard (Hrsg.): Die Eigenart der Institutionen: zum Profil politischer Institutionentheorie. Baden-Baden: Nomos Verlag, S. 47–84.

Rehberg, Karl-Siegbert (2001): Institutionelle Repräsentanz und Verkörperung. Institutionelle Analyse und Symboltheorien – Eine Einführung in systematischer Absicht. In: Melville, Gert (Hrsg.): Institutionalität und Symbolisierung. Verstetigungen kultureller Ordnungsmuster in Vergangenheit und Gegenwart. Köln: Böhlau Verlag, S. 3–49.

Rehfeld, Dieter (1999): Räumliche Dimensionen globaler Unternehmensstrategien. In: Brose, Hanns-Georg/Voelzkow, Helmut (Hrsg.): Institutioneller Kontext wirtschaftlichen Handelns und Globalisierung. Marburg: Metropolis-Verlag, S. 259–289.

Renn, Joachim (2006): Übersetzungsverhältnisse. Perspektiven einer pragmatistischen Gesellschaftstheorie. Weilerswist: Velbrück.

Richards, David S. (2001): Talking Sense: Ethnomethodology, Postmodernism and Practical Action. In: Westwood, Robert/Linstead, Stephen (Hrsg.): The Language of Organization. London/Thousand Oaks/New Delhi: Sage Publications, S. 20–46.

Richter, Klaus Peter (1997): Soviel Musik war nie. Eine musikalische Kulturgeschichte. München: Luchterhand.

Rogers, Everett M. (2003): Diffusion of Innovations. 5te Auflage. New York: Free Press.

Rotter, F. (1985): Musik als Kommunikationsmedium. Soziologische Medientheorien und Musiksoziologie, Berlin: Duncker & Humblot.

Røvik, Kjell Arne (1996): Deinstitutionalization and the Logic of Fashion. In: Czarniawska, Barbara/Sevón, Guje (Hrsg.) (1996): Translating Organizational Change, Berlin/New York: Walter de Gruyter, S. 139–172.

Røvik, Kjell Arne (2002): The Secrets of the Winners: Management Ideas that flow. In: Sahlin-Andersson, Kerstin/Engwall, Lars (Hrsg.): The Expansion of Management Knowledge. Carriers, Flows, and Sources. Stanford: Stanford University Press, S. 113–144.

Ruesch, Jürgen/Bateson, Gregory (1951): Communication. The Social Matrix of Psychiatry. New York: Norton.

Ryle, Gilbert (2009): The Concept of Mind. London/New York: Routledge. First published 1949 by Hutchinson.

Sacks, Harvey (1992): Lectures on Conversation. 2 Bde. Oxford: Blackwell.

Sacks, Oliver (2008): Der einarmige Pianist. Über Musik und das Gehirn. Reinbek: Rowohlt.

Sahlin-Anderson, Kerstin (2000): Arenas as Standardizers. In: Brunsson, Nils/Jacobsson, Bengt (2000): A World of Standards, Oxford: Oxford University Press, S. 100–113.

Sahlin-Andersson, Kerstin/Engwall, Lars (Hrsg.) (2002): The Expansion of Management Knowledge. Carriers, Flows, and Sources. Stanford: Stanford University Press.

Sahlin-Andersson, Kerstin/Sevón, Guje (2005): Imitation and Identification as Performatives. In: Czarniawska, Barbara/ Sevón, Guje (Hrsg.): The Northern Lights. Organization Theory in Scandinavia. Copenhagen: Liber/Copenhagen Business Press, S. 249–265.

Sandhu, Swaran (2009): Legitimationsexperten in eigener Sache? Zur sozialen Konstruktion der PR-Beratung. In: Röttger, Ulrike/Zielmann, Sarah (Hrsg.): PR-Beratung. Theoretische Konzepte und empirische Befunde. Wiesbaden: VS Verlag, S. 151–171.

Saner, Hans (1976): „Kommunikation I". In: Ritter, Joachim/Gründer, Karlfried/Gabriel, Gottfried (Hrsg.): Historisches Wörterbuch der Philosophie Bd. 4. Basel: Schwabe Verlag, S. 853–855.

Schatzki, Theodore/Knorr-Cetina, Karin (Hrsg.) (2001): The Practice Turn in Contemporary Social Theory. London/New York: Routledge.

Schäfers, Bernhard (Hrsg.) (1995): Grundbegriffe der Soziologie. 4. Auflage. Opladen:Leske + Budrich.

Schelsky, Helmut (1965): Berechtigung und Anmaßung in der Managerherrschaft, in: Schelsky, Helmut: Auf der Suche nach Wirklichkeit, Düsseldorf/Köln: Diederichs, S. 17–32.

Scherer, Andreas Georg (2006): Kritik der Organisation oder Organisation der Kritik? – Wissenschaftstheoretische Bemerkungen zum kritischen Umgang mit Organisationstheorien. In: Kieser, Alfred/Ebers, Mark (Hrsg.): Organisationstheorien. 6. Auflage. Stuttgart: Kohlhammer.

Schimank, Uwe (2005): Die Entscheidungsgesellschaft. Komplexität und Rationalität der Moderne. Wiesbaden: VS Verlag.

Schroer, Markus (2006): Räume, Orte, Grenzen. Auf dem Weg zu einer Soziologie des Raums. Frankfurt am Main: Suhrkamp.

Schütz, Alfred (1971): Das Problem der sozialen Wirklichkeit. Gesammelte Aufsätze Bd.1. Den Haag: Martinus Nijhoff.

Schütz, Alfred (1982): Das Problem der Relevanz. Frankfurt am Main: Suhrkamp.

Schützeichel, Rainer (2004): Soziologische Kommunikationstheorien. Konstanz.

Schützeichel, Rainer (2007): Soziale Kognitionen. In: Schützeichel, Rainer (Hrsg.) (2007): Handbuch Wissenssoziologie und Wissensforschung. Konstanz: UVK, S. 433–449.

Schweer, Dieter/Thieme, Wolf (1998) (Hrsg.): „Der gläserne Riese". RWE – Ein Konzern wird transparent. Wiesbaden: Gabler.

Scott, W. Richard (1986): Grundlagen der Organisationstheorie. Frankfurt am Main: Campus.

Scott, W. Richard (1994): Institutions and Organizations. Toward a Theoretical Synthesis. In: Scott, W. Richard/Meyer, John W. (Hrsg.): Institutional Environments and Organizations. Structural Complexity and Individualism, Thousand Oaks: Sage Publications, S. 55–80.

Scott, W. Richard (1995): Institutions and Organizations, Thousand Oaks: Sage Publications.

Scott, W. Richard/Meyer, John W. (1994) (Hrsg.): Institutional Environments and Organi-
zations. Structural Complexity and Individualism, Thousand Oaks: Sage Publications.
Scott, Richard W./Christensen, Soren (Hrsg.) (1995): The Institutional Construction of
Organizations. International and Longitudinal Studies. Thousand Oaks/London/New
Delhi: Sage Publications.
Searle, John R. (1971): Sprechakte. Ein sprachphilosophischer Essay. Frankfurt am Main:
Suhrkamp.
Searle, John R. (1982): Ausdruck und Bedeutung. Untersuchungen zur Sprechakttheorie.
Frankfurt am Main: Suhrkamp.
Searle, John R. (1997): Die Konstruktion der gesellschaftlichen Wirklichkeit. Zur Ontolo-
gie sozialer Tatsachen. Reinbek: Rowohlt.
Serres, Michel (1987): Der Parasit. Frankfurt am Main: Suhrkamp.
Shannon, Claude E./Weaver, Warren (1949): The Mathematical Theory of Communication.
Urbana: The University of Illinois Press.
Silverman, Hugh J. (1994): Textualities: Between Hermeneutics and Deconstruction. New
York: Routledge.
Simmel, Georg (1992): Soziologie. Untersuchungen über die Formen der Vergesellschaf-
tung. Hrsg. von Rammstedt, Otthein (GA Bd. 11). Frankfurt am Main: Suhrkamp.
Simon, Herbert A. (1946): The Proverbs of Administration. In: Public Administration
Review 6, S. 53–67.
Simon, Herbert A. (1947): Administrative Behavior. A Study of Decision-Making Proces-
ses in Administrative Organizations. New York/London: Basic Books.
Simon, Herbert A. (1981): Entscheidungsverhalten in Organisation. Eine Untersuchung
von Entscheidungsprozessen in Management und Verwaltung. Übersetzung der 3. stark
erweiterten und mit einer Einführung versehenen englischsprachigen Auflage. Lands-
berg am Lech: Verlag Moderne Industrie. Originalausgabe erschienen 1945 unter dem
Titel „Administrative Behavior": New York.
Simon, Herbert A. (1982): Models of Bounded Rationality. 2 Bde. Cambridge Mass.: MIT
Press.
Sims, Henry P. Jr./Gioia, Dennis A. et al. (Hrsg.) (1986): The Thinking Organization. San
Francisco/London: Jossey-Bass Publishers.
Sparrow, John (1998): Knowledge in Organizations. Access to Thinking at Work. London/
Thousand Oaks/New Delhi: Sage Publications.
Spitzer, Manfred (2002): Musik im Kopf. Hören, Musizieren, Verstehen und Erleben im
neuronalen Netzwerk. Stuttgart/New York: Schattauer.
Sprenger, Reinhard K. (2008): Gut aufgestellt. Fußballstrategien für Manager. Frankfurt/
New York: Campus.
Starbuck, William H. (2003): The Origins of Organization Theory. In: Tsoukas, Haridimos/
Knudsen, Christian (Hrsg.): The Handbook of Organization Theory: Meta-Theoretical
Perspectives. Oxford: Oxford University Press, S. 143–182.
Stäheli, Urs (2000): Sinnzusammenbrüche. Eine dekonstruktive Lektüre von Niklas Luh-
manns Systemtheorie. Weilerswist: Velbrück.
Stewart, Thomas A. (1997): Intellectual Capital: The New Wealth of Organizations. New
York: Doubleday.
Stewart, Thomas A. (2001): The Wealth of Knowledge. Intellectual Capital and the Twenty-
First Century Organization. New York/London/Toronto/Sydney/Auckland: Currency.

Stichweh, Rudolf (2000a): Die Weltgesellschaft. Soziologische Analysen, Frankfurt am Main: Suhrkamp.

Stichweh, Rudolf (2000b): Systems Theory as an Alternative to Action Theory? The Rise of ‚Communication' as a Theoretical Option, in: Acta Sociologica Vol. 43, S. 5–13.

Stichweh, Rudolf (2000c): Semantik und Sozialstruktur. Zur Logik einer systemtheoretischen Unterscheidung. In: Soziale Systeme 6 (2). Zeitschrift für Soziologische Theorie, S. 237–250.

Stichweh, Rudolf (2003): Raum und moderne Gesellschaft. Aspekte der sozialen Kontrolle des Raumes. In: Krämer-Badoni, Thomas/Kuhm, Klaus (Hrsg.): Die soziale Konstruktion des Raumes. Opladen: Leske + Budrich, S. 93–102. Zitiert nach dem Ms.

Stichweh, Rudolf (2005): Wissen und Profession in einer Organisationsgesellschaft. In: Klatetzki, Thomas/Tacke, Veronika (Hrsg.): Organisation und Profession. Wiesbaden: VS Verlag, S. 31–44.

Stinchcombe, Arthur L. (1990): Information and Organizations. Berkeley/Los Angeles/ Oxford: University of California Press.

Stölner, Robert (2009): Erziehung als Wertsphäre. Eine Institutionenanalyse nach Max Weber. Bielefeld: transcript.

Strati, Antonio/Nicolini, Davide (1997): Cognitivism in Organization Studies. In: Ortmann, Günther/Sydow, Jörg/Türk, Klaus (Hrsg.): Theorien der Organisation. Die Rückkehr der Gesellschaft. Opladen: Westdeutscher Verlag, S. 388–416.

Strati, Antonio (1999): Organization and Aesthetics. London/Thousand Oaks: Sage Publications.

Sturdy, Andrew (2004): The Adoption of Management Ideas and Practices. Theoretical Perspectives and Possibilities. In: Management Learning 35 (2), S. 155–179.

Tacke, Veronika (2000): Netzwerk und Adresse. In: Soziale Systeme 6 (2). Zeitschrift für Soziologische Theorie, S. 291–319.

Tacke, Veronika (2015): Formalität und Informalität. Zu einer klassischen Unterscheidung der Organisationssoziologie. In: von Groddeck, Victoria / Wilz, Sylvia Marlene (Hrsg.), Formalität und Informalität in Organisationen, Wiesbaden: Springer, S. 37–92.

Tacke, Veronika/Drepper, Thomas (2017): Grundlagen der Organisationssoziologie. Wiesbaden: Springer (i.E.), zitiert nach dem Manuskript.

Tenbrunsel, Ann E./Galvin, Tiffany L./Neale, Margaret A./Bazerman, Max H. (1999): Cognitions in Organizations. In: Clegg, Stewart R./Hardy, Cynthia/Nord, Walter R. (Hrsg.): Managing Organizations. Current Issues. London/Thousand Oaks/New Delhi: Sage Publications, S. 63–87.

Teubner, Gunther (2012): Verfassungsfragmente. Gesellschaftlicher Konstitutionalismus in der Globalisierung. Frankfurt am Main: Suhrkamp.

Thatchenkery, Tojo Joseph (2001): Mining for Meaning. Reading Organizations using Hermeneutik Philosophy. In: Westwood, Robert/Linstead, Stephen (Hrsg.): The Language of Organization. London/Thousand Oaks/New Delhi: Sage Publications, S. 113–131.

Thayer, Lee (1967): Communication and organization theory, in: Dance, Frank E. X. (Hrsg.): Human communication theory: Comparative Essays, New York: Holt, S. 70–115.

Thayer, Lee (1968): Communication and communication systems in organizations, management and interpersonal relations, Homewood/Illinois: Irwin.

Thommen, Jean-Paul (2000): Managementorientierte Betriebswirtschaftslehre. Zürich: Versus Verlag AG.

Thompson, James D. (1967): Organizations in Action. New York: McGraw Hill.

Thorpe, Richard/Holt, Robin (Hrsg.) (2008): The Sage Dictionary of Qualitative Management Research. London/Thousand Oaks: Sage Publications.

Thrift, Nigel (1996): Spatial Formations. London/Thousand Oaks/New Delhi: Sage Publications.

Tietze, Susanne/Cohen, Laurie/Musson, Gill (2003): Understanding Organizations through language. London/Thousand Oaks/New Delhi: Sage Publications.

Toqueville, Alexis de (1985): Über die Demokratie in Amerika. Stuttgart: Reclam.

Trappmann-Korr, Birgit (2010): Hochsensitiv: Einfach anders und trotzdem ganz normal. Leben zwischen Hochbegabung und Reizüberflutung. Kirchzarten: VAK.

Tsoukas, Haridimos (2005): Complex knowledge. Studies in Organizational Epistemology. Oxford: Oxford University Press.

Tsoukas, Haridimos/Knudsen, Christian (Hrsg.) (2003): The Oxford Handbook of Organization Theory. Oxford/New York: Oxford University Press.

Tsoukas, Haridimos/Mylonopoulos, Nikolaos (Hrsg.) (2004a): Organizations as Knowledge Systems. Knowledge, Learning and Dynamic Capabilities. Houndsmill: Palgrave Macmillan.

Tsoukas, Haridimos/Mylonopoulos, Nikolaos (2004b): What does it mean to view organizations as knowledge systems? In: Tsoukas, Haridimos/Mylonopoulos, Nikolaos (Hrsg.): Organizations as Knowledge Systems. Knowledge, Learning and Dynamic Capabilities. Houndsmill: Palgrave Macmillan, S. 1–26.

Türk, Klaus (1995): „Die Organisation der Welt". Herrschaft durch Organisation in der modernen Gesellschaft. Opladen: Westdeutscher Verlag.

Türk, Klaus (1997): Organisation als Institution der kapitalistischen Gesellschaftstheorie. In: Ortmann, Günther/Sydow, Jörg/Türk, Klaus (Hrsg.): Theorien der Organisation. Die Rückkehr der Gesellschaft. Opladen: Westdeutscher Verlag, S. 124–176.

Türk, Klaus (1999): Organisation und moderne Gesellschaft. Einige theoretische Bausteine. In: Edeling, Thomas/Jann, Werner/Wagner, Dieter (Hrsg.): Institutionenökonomie und Neuer Institutionalismus. Überlegungen zur Organisationstheorie. Opladen: Leske + Budrich, S. 43–80.

Türk, Klaus (Hrsg.) (2000): Hauptwerke der Organisationstheorie. Wiesbaden: Westdeutscher Verlag.

Türk, Klaus/Lemke, Thomas/Bruch, Michael (2002): Organisation in der modernen Gesellschaft. Eine historische Einführung. Wiesbaden: Westdeutscher Verlag.

Tyulenev, Sergey (2012): Applying Luhmann to translation studies: translation in society. New York: Routledge.

Varela, Francisco J. (1990): Kognitionswissenschaft – Kognitionstechnik. Eine Skizze aktueller Perspektiven. Frankfurt am Main: Suhrkamp.

Verwoert, Jan (Hrsg.) (2003): Die Ich-Ressource – Zur Kultur der Selbst-Verwertung. München: Volk Verlag.

Vollmer, Hendrik (2002): Ansprüche und Wirklichkeiten des Verwaltens im Reformdiskurs der neunziger Jahre: Die diskursive Ordnung von Reformkommunikation. In: Zeitschrift für Soziologie 31, S. 44–65.

Vollmer, Hendrik (2003): Grundthesen und Forschungsperspektiven einer Soziologie des Rechnens. Sociologia Internationalis 41, S. 1–23.

Vollmer, Hendrik (2004): Folgen und Funktionen organisierten Rechnens. Zeitschrift für Soziologie 33, S. 450–470.

Walgenbach, Peter (2006): Neoinstitutionalistische Ansätze in der Organisationstheorie. In: Kieser, Alfred (Hrsg.): Organisationstheorien. 6., erweiterte Auflage. Stuttgart/Köln/Berlin: Kohlhammer, S. 353–401.

Watzlawick, Paul/Beavin, Janet H./Jackson, Donald D. (1967): Pragmatics of Human Communication. New York: Norton.

Weber, Max (1920): Gesammelte Aufsätze zur Religionssoziologie. Tübingen: Mohr Siebeck.

Weber, Max (1922): Wirtschaft und Gesellschaft. Grundriß der verstehenden Soziologie. Zitiert nach der fünften, revidierten Auflage. Besorgt von Johannes Winckelmann. Tübingen 1972: J. C. B. Mohr (Paul Siebeck).

Wehrsig, Christof (1986): Komplexe Organisation, Information und Entscheidung. In: Seltz, Rüdiger (Hrsg.): Organisation als soziales System: Kontrolle und Kommunikationstechnologie in Arbeitsorganisationen. Berlin: Edition Sigma, S. 93–102.

Wehrsig, Christof/Tacke, Veronika (1992): Funktionen und Folgen informatisierter Organisationen. In: Malsch/Mill (Hrsg.): ArByte. Modernisierung der Industriesoziologie? Berlin: Edition Sigma, S. 219–239.

Weick, Karl (1985): Der Prozeß des Organisierens. Deutsche Übersetzung. Frankfurt am Main: Suhrkamp.

Weick, Karl (1995): Sensemaking in Organizations. Thousand Oaks: Sage Publications.

Westwood, Robert/Linstead, Stephen (2001): The Language of Organization. London/Thousand Oaks/New Delhi: Sage Publications.

Wiener, Norbert (1948): Cybernetics, or control and communication in the animal and the machine. New York: Wiley.

Williams, Raymond (1976): Keywords: A vocabulary of culture and society. London: Flamingo.

Williams, Raymond (1983): Innovationen: Über den Prozeßcharakter von Literatur und Kultur. Frankfurt am Main: Suhrkamp.

Wimmer, Rudolf (2004): Organisation und Beratung. Systemtheoretische Perspektiven für die Praxis. Heidelberg: Carl-Auer-Systeme Verlag.

Wortmann, Hendrik (2010): Zum Desiderat einer Evolutionstheorie des Sozialen: Darwinistische Konzepte in den Sozialwissenschaften. UVK: Konstanz.

The manufacturer's authorised representative in the EU is Springer
Nature Customer Service Centre GmbH, Europaplatz 3, 69115 Heidelberg,
Germany. If you have any concerns regarding our products, please
contact ProductSafety@springernature.com

Printed and bound by CPI Group (UK) Ltd, Croydon, CR0 4YY
27/04/2026
02097656-0002